安徽省高等学校省级质量工程项目“课程思政建设先行高校”（2020kcszxxgx27）、“课程思政建设示范中心”（2020szzx23）、“课程思政教学资源库”（2021kcszzyk005）建设成果

课程思政
教学设计案例选编

第二辑

主　编 / 许继荣　闵永新
副主编 / 潘锦云　阮建玲
编　委 / （按姓氏笔画排序）
王　平　方玉芬
刘华圆　刘海军
张　铭　陈素根
庞　韬　彭传山

中国科学技术大学出版社

内 容 简 介

为深入学习贯彻习近平总书记关于教育的重要论述，落实全国高校思想政治工作会议精神，安庆师范大学制定了一系列关于推进和深化课程思政建设的文件，强化课堂教学改革，推进课程思政建设。本书是学校在落实课程思政建设要求、深化课程思政教学改革的阶段性成果。全书共选编了22个课程思政教学设计案例，涵盖学校9个学科门类的19个专业，每个教学设计案例在思政资源挖掘、教学目标设计和教学实施中均取得了较好的思政育人效果。

图书在版编目(CIP)数据

课程思政教学设计案例选编.第二辑/许继荣，闵永新主编.—合肥：中国科学技术大学出版社，2023.8

ISBN 978-7-312-05742-7

Ⅰ.课… Ⅱ.①许… ②闵… Ⅲ.思想政治教育—教学设计—教案(教育)—高等学校 Ⅳ.G641

中国国家版本馆CIP数据核字(2023)第131422号

课程思政教学设计案例选编(第二辑)

KECHENG SIZHENG JIAOXUE SHEJI ANLI XUANBIAN (DI-ER JI)

出版 中国科学技术大学出版社
安徽省合肥市金寨路96号，230026
http://press.ustc.edu.cn
https://zgkxjsdxcbs.tmall.com

印刷 合肥市宏基印刷有限公司

发行 中国科学技术大学出版社

开本 787 mm×1092 mm 1/16

印张 16

字数 367千

版次 2023年8月第1版

印次 2023年8月第1次印刷

定价 70.00元

前　言

国无德不兴，人无德不立。中华民族历来有崇德重德、尚德倡德的优良传统，特别强调品德修养对于个人成长成才的重要意义。习近平总书记对广大师生明确提出“明大德、守公德、严私德”的要求。育人的根本在于立德，要把立德树人作为教育的根本任务，把立德树人的成效作为检验学校一切工作的根本标准。教育不仅仅要给学生传授知识，还要培养能力，更要在知识传递过程中塑造价值。

习近平总书记一再强调，“要坚持把立德树人作为中心环节，把思想政治工作贯穿教育教学全过程”，要求“思想政治理论课要坚持在改进中加强……其他各门课都要守好一段渠、种好责任田，使各类课程与思想政治理论课同向同行，形成协同效应”，实现“全员育人、全过程育人、全方位育人”，真正做到以文化人、以德育人。《高等学校课程思政建设指导纲要》指出，全面推进课程思政建设就是要寓价值观引导于知识传授和能力培养之中，引导学生正确认识世界和中国发展大势、正确认识中国特色和国际比较、正确认识时代责任和历史使命、正确认识远大抱负和脚踏实地，成为又红又专、德才兼备、全面发展的中国特色社会主义合格建设者和可靠接班人。教育能不能做到立德树人，事关中华民族的伟大复兴，决定着党的事业是不是后继有人。

课程思政伴随新时代“立德树人”根本任务应运而生。课程思政的本质是坚持以德立身、以德立学、以德施教，从而实现“立德树人”，其结构是实现知识传授、价值塑造和能力培养的有机统一。习近平总书记强调，教师是传播知识、传播思想、传播真理的人，是塑造灵魂、塑造生命、塑造新人的人。怎样全面落实立德树人工作是我们全体教师应该思考的重大科学问题，尤其是如何科学地挖掘各门课程的育人元素，并有效地融入各门课程的课堂教学，在给学生传授知识、培养能力的过程中塑造价值，需要我们对每一门课程和每一节课进行精心设计，“使之像空气和盐一样，无处不在、无时不有”。

一直以来，安庆师范大学始终坚持“扎根中国大地办教育”这一教育基本规律，始终坚持把社会主义核心价值观贯穿于学校办学育人全过程。2021年3月，学校制定了课程思政教学三年规划，以期打造一批学生真心喜爱、终身受益的思想政治理论课课堂，为学生点亮理想的灯、照亮前行的路；培养一批具有亲和力和影响力的课程思政教学名师和团队，引领教师成为塑造学生品格、品行、品味的“大先生”。

本书为安徽省高等学校省级质量工程项目“课程思政建设先行高校”(2020kcszxxgx27)、“课程思政建设示范中心”(2020szzx23)、“课程思政教学资源库”(2021kcszzyk005)建设成果，共征集了22个课程思政教学设计案例，分为人文篇、理工篇和艺体篇。所选案例系统深入地挖掘了学校不同类型课程所蕴含的思政育人元素，具有较强的针对性、创新性和示范性，有助于各专业课程与思想政治理论课程同向同行，有助于实现“知识传授”和“价值引领”有机统一，完善了学校“大思政课”铸魂育人体系建设。然而，由于时间仓促、水平有限，在案例收集和思政元素挖掘等方面还存在一些不足，望广大读者批评指正。

编　者

目　录

理 工 篇

艺 体 篇

人 文 篇

“法学概论”课程思政教学设计案例

一、课程简介

1. 课程性质

“法学概论”是思想政治教育专业的专业基础课，在大一第一学期开设，共42学时，3学分。

2. 课程内容

本课程是一门综合性的法学基础课程，旨在阐释法的一般原理和我国宪法及其他基本法律的主要规定。主要内容包括法学基础理论、我国现行的主要法律和国际法等三个方面。法学基础理论讲述关于法的最基本、最一般的原理；我国现行的主要法律讲述宪法、民法、刑法、行政法、商经法和三大诉讼法的基本理论；国际法讲述国际公法、国际私法和国际经济法的基本内容。

3. 授课教师

陈道发，博士，讲师，研究方向为中国特色社会主义法治理论与实践、高校思想政治理论课教学。主讲法学概论、民法总论、毛泽东思想和中国特色社会主义理论体系、习近平新时代中国特色社会主义思想概论和新时代中国特色社会主义理论与实践等课程。

二、课程思政资源分析

（一）课程思政建设目标

本课程坚持以习近平法治思想为指导，将社会主义核心价值观融入教育教学全过程，引导学生牢固树立法治观念，坚定走中国特色社会主义法治道路的理想和信念，深化对法治理念、法治原则、重要法律概念的认知，提高运用法治思维和法治方式维护自身权利、参与社会公共事务、化解矛盾纠纷的意识和能力。

思政目标 1:政治认同。通过课程学习，使学生深刻认识到习近平法治思想是马克思主义法治理论中国化的最新成果，是新时代全面依法治国必须长期坚持的指导思想；深刻理解社会主义法律的本质特征；整体把握中国特色社会主义法治道路、法治体系的精髓；坚决拥护党对全面依法治国的集中统一领导。

思政目标 2:价值认同。通过课程学习，使学生深切领会社会主义核心价值观在法治建设中的引领作用，了解社会主义核心价值观在具体法律制度中的作用，深入理解社会主义核心价值观的功能和规范，培养学生正确的价值观，并进一步引领其在日常学习与生活中予以实践和落实。

思政目标 3:使命担当。通过课程学习，使学生深刻认识到自身在社会主义法治建设中的主体作用，推进全面依法治国需要全社会共同参与。大学生是未来国家建设的中坚力量，要积极培养法治思维，正确理解依法行使权利和履行义务，不断提升法治素养，自觉尊法学法守法用法，成为社会主义法治的忠实崇尚者、自觉遵守者、坚定捍卫者。

(二) 课程思政融入方式

法学概论是一门综合性的法学基础课程，是习近平法治思想的鲜明体现，是社会主义核心价值观的制度载体，蕴含着丰富的课程思政元素，主要采用教学渗透、案例示范和实践感知等融入方式。

(1) 教学渗透。通过学习法的一般原理和我国宪法及其他基本法律的主要规定，理解我国法律制度中蕴含的马克思主义法学的立场、观点和方法，弘扬社会主义法治理念，感悟习近平法治思想的真理魅力，坚定中国特色社会主义法治的理论自信、道路自信、制度自信、文化自信。

(2) 案例示范。在理论教学的同时，选取弘扬社会主义核心价值观的典型司法案例，通过“有是非、有力量、有温度”的案例剖析，充分体现社会主义核心价值观融入法治建设的生动实践成果，彰显我们国家大力践行和弘扬社会主义价值观的坚定决心，培养学生正确的价值观。

(3) 实践感知。根据教学大纲的安排，本课程有 4 学时实践。在实践教学环节中，通过“中国庭审公开网”，选取代表性的民事或刑事案件，开展线上旁听庭审活动，更加直观地了解案件审理过程，感受法律威严，见证司法公正，自觉尊法学法守法用法。

三、教学案例展示

捍卫英雄烈士的荣光

英烈事迹和英烈精神是中华民族的共同历史记忆，也是社会主义核心价值观的重要体现。一段时间内，社会上一度出现以各种手段歪曲历史事实，诋毁、侮辱英雄人物和烈士的现象，尤其是网络上恶搞红色经典，恶意解构、丑化英雄烈士形象的事件，给社会带来不良影响。这种行为要承担什么样的法律责任呢？让我们一起学习《民法典》中的“保护英烈”条款，捍卫英雄烈士的荣光。

（一）教学目标

1. 情感态度与价值观目标

（1）通过本专题的教学，引导学生缅怀英烈、崇尚英雄。
（2）通过本专题的教学，引导学生厚植爱国主义情怀。

2. 知识与技能目标

（1）通过本专题的教学，引导学生准确理解《民法典》中“保护英烈”条款的主要内容与精神实质。
（2）通过本专题的教学，引导学生学会用法治来维护英烈权益、捍卫英烈荣光。

3. 过程与方法目标

（1）通过案例的讲授，引导学生感悟英烈精神，充分认识到在《民法典》中写入“保护英烈”条款的必要性。
（2）通过启发式的问答，引导学生自觉抵制“历史虚无主义”，严厉批判“侮辱英雄烈士”的不良现象。

（二）教学重难点

教学重点：《民法典》“保护英烈”条款的主体界定。
教学难点：“损害社会公共利益”是否作为侵害英雄烈士人格利益而承担民事责任的构成要件。

（三）教学方法、教学资源

教法：案例分析法、问题引导法、视频讲授法。
学法：自主学习法、探究学习法。
教学资源：
（1）吴祖谋，李双元. 法学概论[M]. 14 版. 北京：法律出版社，2021.
（2）谷春德，杨晓青. 法学概论[M]. 6 版. 北京：中国人民大学出版社，2021.
（3）本书编写组. 思想道德与法治：2021 年版[M]. 北京：高等教育出版社，2021.
（4）法治深壹度. http://tv.cctv.com/lm/fzsyd/index.shtml.

（四）教学过程

教学环节一：新课导入

习近平总书记在庆祝中国共产主义青年团成立 100 周年大会上的讲话中指出：“‘清

澈的爱，只为中国'，成为当代中国青年发自内心的最强音。"以习近平总书记的这一重要讲话引导学生思考并回答"清澈的爱，只为中国"出自哪里。

在学生回答后，讲解写下"清澈的爱，只为中国"这句爱国箴言的陈祥榕烈士的英勇事迹。然后，引导学生评析"旅游博主踩烈士墓碑摆拍"的事件。进而导入正文，《民法典》的"保护英烈"条款，即《民法典》第一百八十五条：侵害英雄烈士等的姓名、肖像、名誉、荣誉，损害社会公共利益的，应当承担民事责任。

思政元素融入设计：将习近平总书记的重要讲话精神融入专业课教学；从陈祥榕烈士的英勇事迹中感悟爱国主义，激发学生的爱国情怀。

教学环节二：新课讲解

(1) "英雄烈士等"的范围界定。《民法典》第一百八十五条所保护的对象是"英雄烈士等"。那么，"英雄烈士等"的范围应当如何界定呢？引导同学思考、讨论并回答。

在同学们回答后，结合《英雄烈士保护法》的规定，讲清楚对英雄烈士的认定，应当重点注意把握三点：一是英雄烈士的时代范围主要为"近代以来"，重点是中国共产党、人民军队和中华人民共和国历史上的英雄烈士。二是经依法评定为烈士的，当然属于"英雄烈士"的范畴。三是英雄烈士是指已经牺牲、去世的英雄。

思政元素融入设计：引导学生对中华民族的英雄烈士心怀崇敬，立志报效祖国，做一个对国家对社会有用的人。

(2) 英雄烈士人格利益的保护范围。《民法典》第一百八十五条采取列举的方式，将受法律保护的英雄烈士人格利益的范围界定为姓名、肖像、名誉、荣誉。

思政元素融入设计：让学生理解英雄烈士人格利益的保护范围，自觉同任何污蔑贬损抹黑诋毁英雄烈士事迹及精神的行为作斗争。

(3) 侵害英雄烈士等人格利益的侵权责任。引导学生思考《民法典》第一百八十五条中的"损害社会公共利益"，是不是作为侵害英雄烈士生前人格利益而承担民事责任的必要构成要件？

首先，从一般死者人格利益保护的角度来看近亲属在英雄烈士人格利益保护中的地位。其次，从英雄烈士人格利益特殊性的角度看这一条款中"损害社会公共利益"规定的意义，是为国家有关机关通过特定方式追究侵权人的侵权责任提供法律依据。再次，对于侵害英雄烈士人格利益的，侵权人应当承担侵权责任类型，主要是非财产责任形式如停止侵害、消除影响、恢复名誉、赔礼道歉，财产责任形式主要是精神损害赔偿。最后，回到"旅游博主踩烈士墓碑摆拍"案例，分析旅游博主最后应承担的法律责任。

思政元素融入设计：让学生深刻理解英雄烈士的人格利益已经内化为民族精神的有机组成部分，体现了社会主义核心价值观。掌握有关国家机关在英雄烈士人格利益保护中的诉讼主体地位，体现了鲜明的价值导向。让学生从具体案例中体会法治在维护英烈权益、捍卫英烈荣光方面的重要作用，感悟法治力量。

教学环节三：应用拓展

引导学生思考，为什么要在《民法典》中专门设立"保护英烈"条款。

思政元素融入设计：学生不仅要知其然，更要知其所以然。在掌握"保护英烈"条款主要内容和精神实质的基础上，深入思考这一法条制定的必要性，进一步激发学生对英烈的崇敬之情。

教学环节四：课程小结

习近平总书记在2014年全军政治工作会议上指出："我们要在全社会树立崇尚英雄、缅怀先烈的良好风尚。对为国牺牲、为民牺牲的英雄烈士，我们要永远怀念他们，给予他们极大的荣誉和敬仰，不然谁愿意为国家和人民牺牲呢？"以习近平总书记的这一重要讲话作为本次课程的结束语，并布置实践作业：

请同学们查阅资料，了解党的十八大以来，在以习近平同志为核心的党中央坚强领导下，我们国家在崇尚英雄、尊重英烈、保护英烈等工作方面都采取了哪些举措。作为新时代的大学生，我们应该如何崇尚英烈、捍卫英烈、学习英烈？

思政元素融入设计：进一步坚定学生的爱国情怀，积极践行社会主义核心价值观，自觉向一切侮辱诽谤英烈的行径，坚决说"不"。

（五）教学反思

英雄烈士是中华民族的脊梁，是国家崇高理想和民族精神的体现，是引领社会风尚的标杆。英雄烈士的人格利益不容亵渎、不容诋毁。《民法典》的"保护英烈"条款是捍卫英雄烈士人格利益的有力法律武器。通过教学，引导学生崇尚英烈，厚植爱国主义情怀，践行社会主义核心价值观，自觉抵制"历史虚无主义"，严厉批判"侮辱英雄烈士"的不良现象。

四、课件

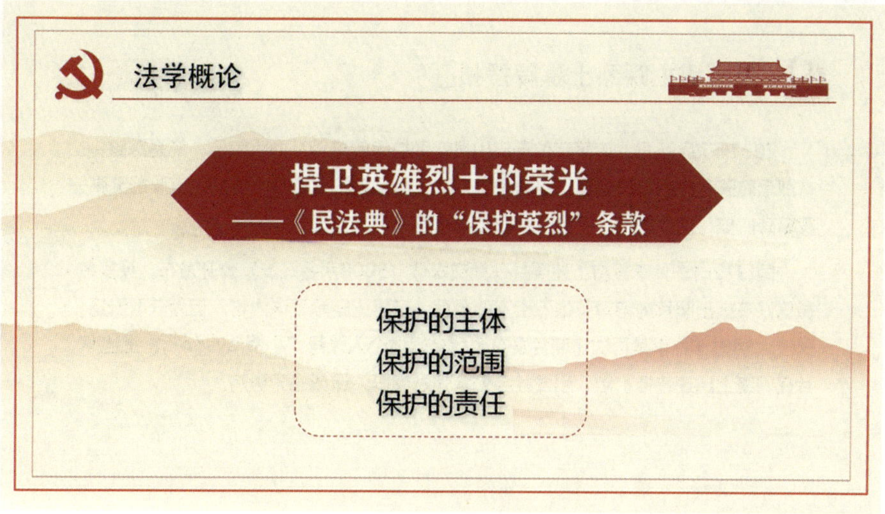
法学概论
捍卫英雄烈士的荣光
——《民法典》的“保护英烈”条款
保护的主体
保护的范围
保护的责任

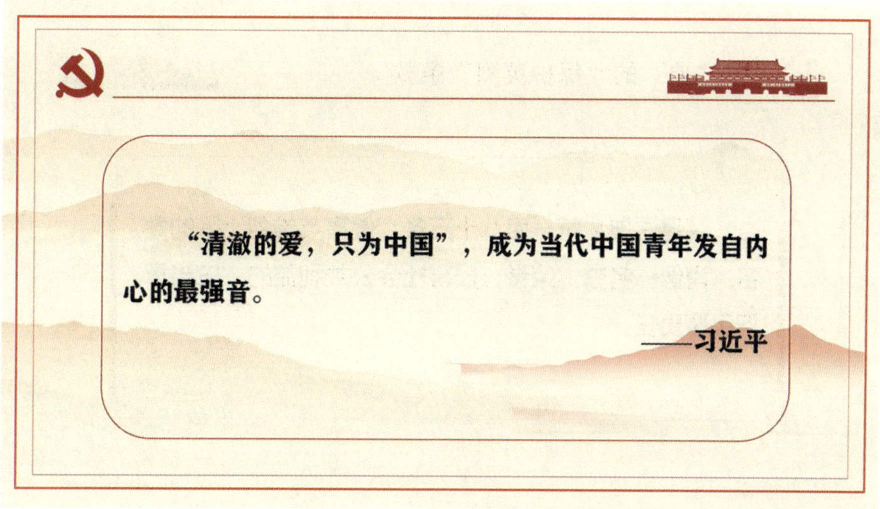
“清澈的爱，只为中国”，成为当代中国青年发自内心的最强音。
——习近平

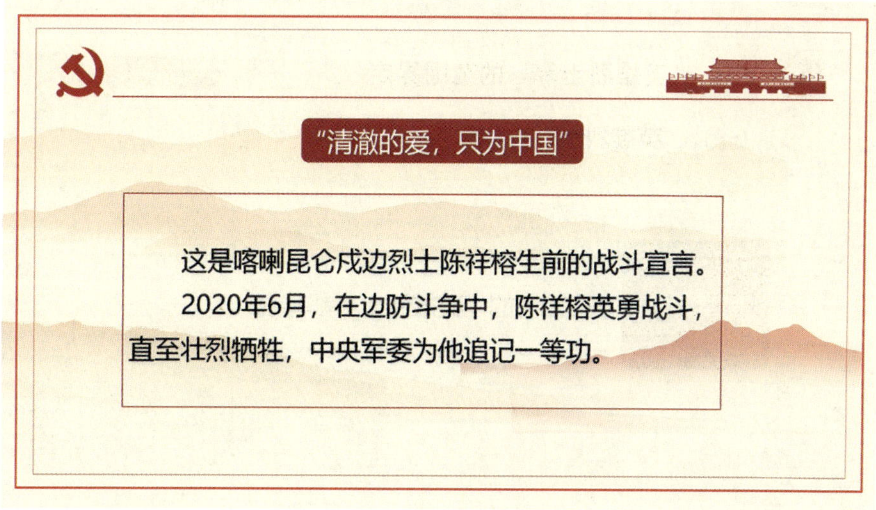
“清澈的爱，只为中国”
这是喀喇昆仑戍边烈士陈祥榕生前的战斗宣言。
2020年6月，在边防斗争中，陈祥榕英勇战斗，直至壮烈牺牲，中央军委为他追记一等功。

旅游博主踩烈士墓碑摆拍

2021年7月15日，李某在位于皮山县赛图拉镇的康西瓦烈士陵园，先是踩踏刻有烈士陵园名称的石碑底座、斜倚碑身摆拍，后又到陈祥榕烈士墓前，满脸嬉笑脚踩墓碑底座，用手比作“手枪”状对着烈士墓碑再次摆拍。

同日12时许，李某将上述照片在社交媒体（5000余名好友）公开发布。经多名微信好友指出照片内容对英雄烈士不尊重后，李某遂删除了该内容。但为获取流量关注，14时许，李某再次将照片发布至社交媒体个人账号“小贤Jayson”。上述照片在网络上迅速传播扩散，引发社会公众强烈愤慨，造成恶劣影响。

《民法典》的“保护英烈”条款

《民法典》第一百八十五条：侵害英雄烈士等的姓名、肖像、名誉、荣誉，损害社会公共利益的，应当承担民事责任。

一、“英雄烈士等”的范围界定

（一）“英雄烈士”的含义

课堂调查　你知道的“英雄烈士”都有谁？

一、“英雄烈士等”的范围界定

（一）“英雄烈士”的含义

《英雄烈士保护法》第二条第二款：“近代以来，为了争取民族独立和人民解放，实现国家富强和人民幸福，促进世界和平和人类进步而毕生奋斗、英勇献身的英雄烈士，功勋彪炳史册，精神永垂不朽。”

一、“英雄烈士等”的范围界定

（二）“英雄烈士等”中“等”的含义

想一想

还有谁应该受到这一条款的保护？

二、英烈人格利益的保护范围

《民法典》第一百八十五条采取列举的方式，将受法律保护的英烈人格利益的范围界定为姓名、肖像、名誉、荣誉。

三、侵害英烈人格利益的民事责任

《民法典》第一百八十五条：侵害英雄烈士等的姓名、肖像、名誉、荣誉，损害社会公共利益的，应当承担民事责任。

讨论题

“损害社会公共利益”是否作为侵害英烈人格利益而承担民事责任的必要构成要件？为什么？

三、侵害英烈人格利益的民事责任

民事责任的类型

非财产责任形式：停止侵害、消除影响、恢复名誉、赔礼道歉等；

财产责任形式：精神损害赔偿等。

“旅游博主踩烈士墓碑摆拍”被判了

2021年11月，李某涉嫌侵害英雄烈士名誉、荣誉案由检察机关提起公诉。法院判处李某犯侵害英雄烈士名誉、荣誉罪，判处有期徒刑7个月，并责令其自判决生效之日起十日内通过国内媒体公开赔礼道歉，消除影响。

2022年3月，他通过“正义网”向社会道歉，为自己不尊重烈士的行为向戍边英雄烈士、英雄烈士的家人和全国人民表达真诚的歉意和忏悔，希望得到全社会的谅解。

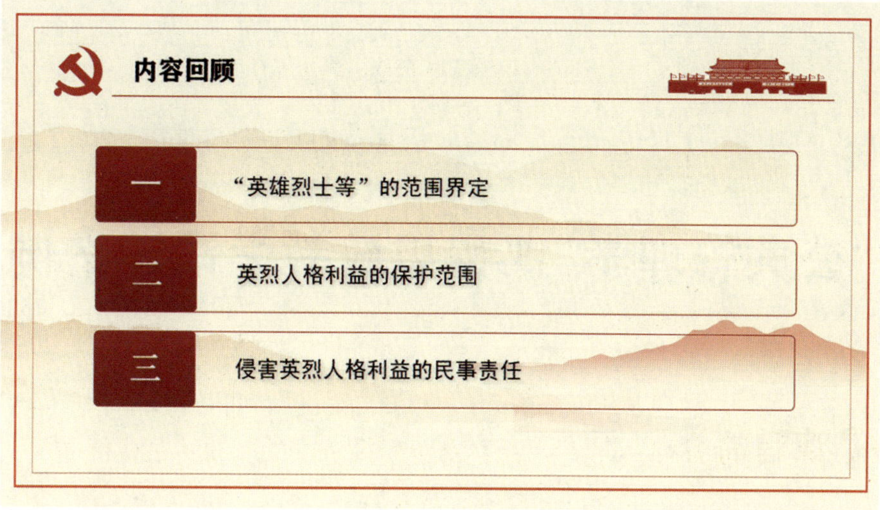
内容回顾
一
“英雄烈士等”的范围界定
二
英烈人格利益的保护范围
三
侵害英烈人格利益的民事责任

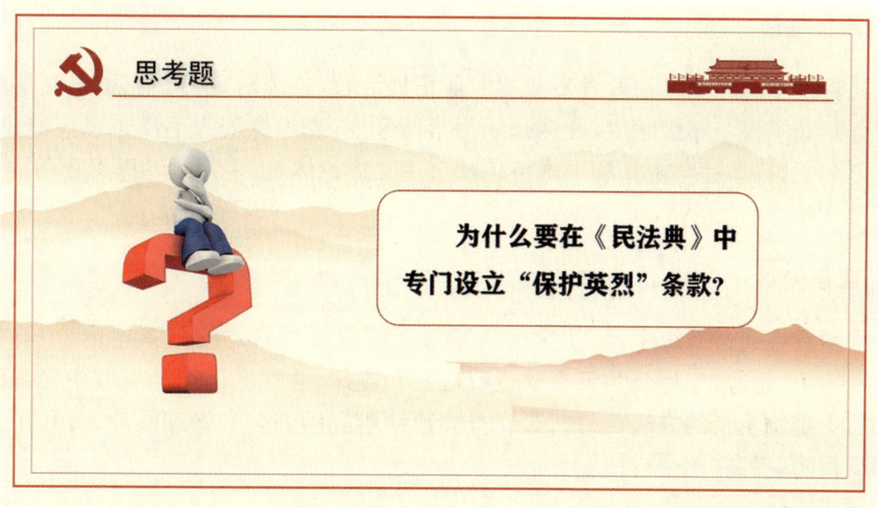
思考题
为什么要在《民法典》中
专门设立“保护英烈”条款?

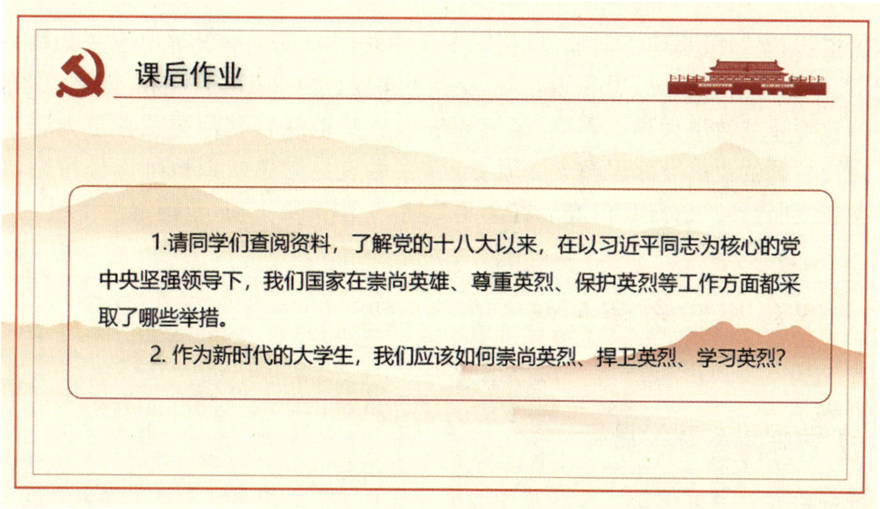
课后作业
1.请同学们查阅资料，了解党的十八大以来，在以习近平同志为核心的党中央坚强领导下，我们国家在崇尚英雄、尊重英烈、保护英烈等工作方面都采取了哪些举措。
2. 作为新时代的大学生，我们应该如何崇尚英烈、捍卫英烈、学习英烈?

“公共管理学”课程思政教学设计案例

一、课程简介

1. 课程性质

公共管理学是思想政治教育专业的专业拓展课程，修读对象为马克思主义学院思想政治教育专业本科二年级学生，开课时间为第四学期，先修课程为毛泽东思想概论、中国近现代史纲要、科学社会主义和中国特色社会主义理论体系、中国政治思想史等，共计 34 学时，2 学分。

2. 课程内容

本课程旨在通过系统学习，使学生从整体上掌握公共管理的基本理论，了解公共管理的发展历史、趋势；掌握公共管理的运行机制和规律，并学会运用马克思主义辩证唯物主义和历史唯物主义的方法、原则，客观全面地评析我国的公共管理活动，有利于拓宽学生的知识视野，提高“四个自信”。

3. 授课教师

梅盈盈，国家二级心理咨询师，马克思主义学院副教授。发表学术论文 7 篇，主讲公共管理学、中国政治思想史、思想道德与法治等课程。自 2018 年以来，获第三届长三角师范院校教师智慧教学大赛二等奖，第三届安徽省师范院校教师智慧教学大赛二等奖，安徽省高校教师就业指导课程教学大赛银奖，安徽省优秀思政课教师岗位津贴，多次指导学生参加“创青春”大赛，获得安徽省金奖 2 项，全国银奖 1 项，全国铜奖 1 项。

二、课程思政资源分析

(一) 课程思政建设目标

本课程旨在帮助学生在了解公共管理的发展历程，在系统学习公共管理的基本理论时，学会站在马克思主义的立场，运用马克思主义的方法、原则去客观全面地评析我国的公共管理活动。在学习专业知识的同时，有效融入政治认同、使命担当和科学精神教育，不断坚定中国特色社会主义道路自信、理论自信、制度自信和文化自信。

思政目标1：政治认同。通过课程学习，使学生深刻认识到习近平新时代中国特色社会主义思想中贯穿有我国行政思想的精华——江山就是人民，人民就是江山，坚决维护习近平总书记党中央的核心、全党的核心地位，坚决维护党中央权威和集中统一领导；理解人民群众是历史的创造者，把握人类社会发展规律，坚定中国特色社会主义道路；把握文化的实质与作用，坚持和发展中国特色社会主义文化。

思政目标2：教育情怀。坚定马克思主义信仰和中国特色社会主义信念，热爱思想政治教育事业，坚持立德树人、依法执教，遵守新时代教师职业道德，具有良好的人文底蕴、科学精神、审美能力和家国情怀，成为"政治要强、情怀要深、思维要新、视野要广、自律要严、人格要正"的思想政治理论课教师。

思政目标3：使命担当。通过透彻的学理分析、完整的思想理论、强大的真理力量，促进大学生全面认知"使命担当"的历史逻辑、理论逻辑和现实逻辑。将教学内容融入大学生的学习和生活中，促进大学生从党和国家、社会、集体、个人等多方面，认识理解时代赋予的责任担当。鼓励大学生将个人理想与国家发展结合起来，将爱国情、强国志和报国行，自觉融入坚持和发展中国特色社会主义事业、建设社会主义现代化强国和实现中华民族伟大复兴的奋斗之中。

（二）课程思政融入方式

公共管理学是思想政治教育专业的专业拓展课，含有丰富的课程思政元素。通过本课程的教学，不仅要使学生系统掌握公共管理学的相关概念、运行原理和应用方法，同时更要站在马克思主义的立场，运用马克思主义的原理、观点和方法，去分析公共管理活动和公共政策的制定执行。因此，在教学方法上，主要采取案例分析、小组讨论、自主探究和社会实践等方式来强化思政效果，实现课程思政目标。在具体教学设计中，主要运用习近平总书记提出的思政课教学改革方法，做到坚持"八个统一"，即坚持政治性和学理性相统一、价值性和知识性相统一、建设性和批判性相统一、理论性和实践性相统一、统一性和多样性相统一、主导性和主体性相统一、灌输性和启发性相统一、显性教育和隐性教育相统一。

（1）教学渗透。在教学过程中，自觉站在马克思主义的立场，运用马克思主义的原理、观点和方法，分析评价行政思想的出现、公共管理学学科的建立和发展，潜移默化地影响学生用马克思主义原理、方法去解决学习生活中遇到的问题。

（2）案例示范。通过鲜活的案例，激发学生对中国传统文化的情感认同，增强对中国特色社会主义文化的自信；坚定走中国特色社会主义道路，增强学生的政治认同。

（3）小组讨论。通过分组讨论，让学生认识并深刻理解习近平生态文明思想，认识到人类命运共同体建设的美好未来，看到中国的大国担当，以"使命在肩、强国有我"的精神，自觉将个人的前途命运与国家、民族的前途命运紧紧联系在一起。

（4）课后实践。布置与课程相关的拓展作业，将实践教学与课后作业相结合，进一步巩固学生的政治认同和科学精神，使课程思政由知到行。引导学生成为"政治要强、情怀要深、思维要新、视野要广、自律要严、人格要正”的思想政治理论课教师。

三、教学案例展示

中国传统行政思想

教学展示内容选自课程教材第一章“公共管理概念”第二节“公共管理的发展历程”。本节内容主要有四目:中国传统行政思想,西方行政思想,行政学的发展,公共管理学的发展。本案例主要讲授“中国传统行政思想”部分,授课时长为2学时。

(一) 教学目标

1. 情感态度与价值观目标

(1) 通过本课程的学习,使学生深刻理解党和国家制定的路线、方针和政策中体现的中国传统行政思想,从而坚定“四个自信”。

(2) 通过本课程的学习,使学生深刻认识习近平新时代中国特色社会主义思想从理论和实践上系统回答了新时代坚持和发展什么样的中国特色社会主义、怎样坚持和发展中国特色社会主义这一重大的时代课题,从而做到“两个维护”。

2. 知识与技能目标

(1) 通过本节课的学习,使学生真正领会中国传统行政思想中民本思想、和谐思想的精髓,深刻理解当前我国政治生活中相关路线、方针、政策的历史逻辑。

(2) 通过本节课的学习,使学生具备运用公共管理学相关知识分析解决班级管理中遇到的现实问题的能力。

3. 过程与方法目标

(1) 以教学内容为核心,提供多层级多方面案例,运用一系列问题链,引导学生分析思考教学内容,理解把握相关知识。

(2) 运用自主学习、小组讨论、实践教学和课后探究等方式,提升学生综合能力,实现知和行的统一。

(二) 教学重难点

教学重点:从中国传统行政思想的视角,理解把握党和国家路线、方针、政策的历史逻辑、理论逻辑和现实逻辑。

教学难点:从中国传统行政思想中得到启发,思考班级管理的有效途径,具备班级管理的基本知识和能力。

(三) 教学方法、教学资源

教法：迁移教学法、案例分析法、问题引导法。

学法：自主学习法、小组讨论法、探究学习法。

教学资源：

(1) 蔡立辉，王乐夫. 公共管理学[M]. 2 版. 北京：中国人民大学出版社，2018.

(2) 陈振明. 公共管理学[M]. 北京：中国人民大学出版社，2017.

(3) 欧文・休斯. 公共管理导论[M]. 北京：中国人民大学出版社，2001.

(4) 张成福，党秀云. 公共管理学[M]. 北京：中国人民大学出版社，2001.

(5) 冬奥会开幕式倒计时《二十四节气》. https://play.tudou.com/v_show/id_XNTg2ODU5OTg2OA==.html.

(6) 视频《江山就是人民，人民就是江山》. https://www.bilibili.com/video/BV1F44y147Av/。

(7) 视频《人民至上，生命至上》. https://tv.cctv.com/2021/07/02/VIDE3mFUKlocHVStjjLsVkpO210702.shtml.

(8) 视频《六尺巷》. https://www.bilibili.com/video/av78560705/.

(9) 视频《卫星眼中的人类命运共同体》. https://v-wb.youku.com/v_show/id_XNDYwODAzNDU2NA==.html.

(四) 教学过程

教学环节一：新课导入

播放 2022 年北京冬奥会开幕式倒计时视频《二十四节气》(时长 1 分 12 秒)，引导学生思考短片中包含的中国传统文化元素，进而导入课程正文：传统文化的瑰宝之一——中国传统行政思想。

思政元素融入设计：

(1) 将传统文化教育融入专业课教学。

(2) 利用热点话题——2022 北京冬奥会开幕，激发学生的学习兴趣，引导学生思考，完成对新课的导入。

教学环节二：新课讲授

知识点一：民本思想。

解决"是什么"：介绍民本思想的起源、确立及发展过程，结合上学期学习的"中国政治思想史"相关内容，带领学生回忆儒家民本思想在不同时期的代表人物有哪些，他们关于民本思想的论述及主要观点是什么。

解决"为什么"：观看视频《江山就是人民，人民就是江山》(时长 4 分 42 秒)，引导学生思考民本思想在习近平新时代中国特色社会主义思想中的体现。学习《在庆祝中国共产党成立 100 周年上的讲话》精神，分析"江山就是人民，人民就是江山"中体现的历史唯物主义观点：从社会存在决定社会意识的基本观点出发，认识社会发展的历史首先是物质资料生产发展的历史，而人民群众是物质生产方式的主体，是社会历史的创造者。

解决"怎么做"：观看视频《人民至上，生命至上》，分组讨论抗疫过程中"民本"思想的体现，作为大学生，你准备怎么做？

思政元素融入设计：

(1) 将传统文化教育融入专业课教学。结合先学课程，回顾中国传统行政思想的精髓之一——民本思想，体会民本思想在治国理政中发挥的作用。

(2) 专业课与思政课同向同行。

通过对"江山就是人民，人民就是江山"蕴含的唯物史观的分析，让学生理解党和国家关于疫情防控政策、措施的正确性，认识到党和国家制定政策的出发点是"一切为了人民"，中国共产党的初心和使命就是为中国人民谋幸福，为中华民族谋复兴，增强大学生的政治认同，引导学生自觉遵守疫情防控相关规定，并积极投身到疫情防控相关志愿服务工作中去。

知识点二：和谐思想。

介绍和谐思想的内涵，包含四个方面：人与自然的和谐、人与人的和谐、人与自身的和谐、世界的和谐。

内涵1：人与自然的和谐。介绍儒、道两种学派对人与自然和谐的不同理解，播放大学生拍摄的环保宣传片《原来我也能做到》(时长1分58秒)，组织讨论现代生态文明观：绿水青山就是金山银山。

内涵2：人与人的和谐。介绍儒、道两种学派对人际和谐的理解，播放《六尺巷》，提出问题：如何实现人与人的和谐？

内涵3：人与自身的和谐。介绍古代知识分子重视人的身心和谐与个体的人格完善，妥善处理义与利、精神追求与物质追求的关系。

内涵4：世界的和谐。通过案例"丝绸之路和大唐对外文化交流"，向学生传达中国古代在处理民族关系和国家关系上，主张无争无讼，平等待人，和谐共处，协和万邦，重视睦邻友好，互惠互利。

播放视频《卫星眼中的人类命运共同体》(时长2分41秒)，思考：你眼中的人类命运共同体是什么样的？

得出结论：构建人类命运共同体，建设持久和平、普遍安全、共同繁荣、开放包容、清洁美丽的世界。

思政元素融入设计：

(1) 专业课与思政课同向同行。通过视频和课堂讨论，让学生认识并深刻理解"绿水青山就是金山银山"的理念。

(2) 让地方优秀传统文化进课堂，用六尺巷的故事告诉学生，谦让的美德是人与人和谐相处的关键。

(3) 将使命担当教育融入专业课教学。通过观看视频和讨论，让学生认识到人类命运共同体建设的美好未来，看到中国的大国担当，以"使命在肩、强国有我"的精神，自觉将个人的前途命运与国家民族的前途命运紧紧联系在一起。

教学环节三：课后延伸

布置实践作业：五人一组，去实习学校参加班队活动一次。

小组讨论：中国古代行政思想对中学班级管理有哪些启示？

提交作业：针对讨论问题撰写小论文，下节课交流。

思政元素融入设计：将实践教学与课后作业相结合，进一步巩固学生的政治认同和科学精神，使课程思政由知到行，突出实践育人和全过程育人，推动课程思政教学目标的实现。引导学生将中国传统行政思想中的民本思想、和谐思想运用到中学班级管理中，利用校园文化、社会实践活动、社团活动等隐性教育因素和教育信息技术，对学生进行教育和引导，树立"以生为本"的育人理念，牢记为党育人、为国育才的使命，使其成为"政治要强、情怀要深、思维要新、视野要广、自律要严、人格要正"的思想政治理论课教师。

（五）教学反思

公共管理学的学科建设开始于西方，虽然我国公共管理学的学科发展稍滞后于国外，但是行政思想我们自古就有，而且很多思想对今天的全球治理仍然具有重要的借鉴意义，一定要让学生了解我们的传统行政思想，增强学生的政治认同和文化自信。

在课堂教学中，注重案例的时代性，紧扣社会热点，多使用学生感兴趣的思政素材，能提升学生参与课堂教学的热情。学生喜欢视频教学和分组讨论，视频教学的多感官调动和小组讨论法突出学生的课堂主体地位，给学生展示发言的机会，能提升学生的参与感、获得感和满意度。

四、课件

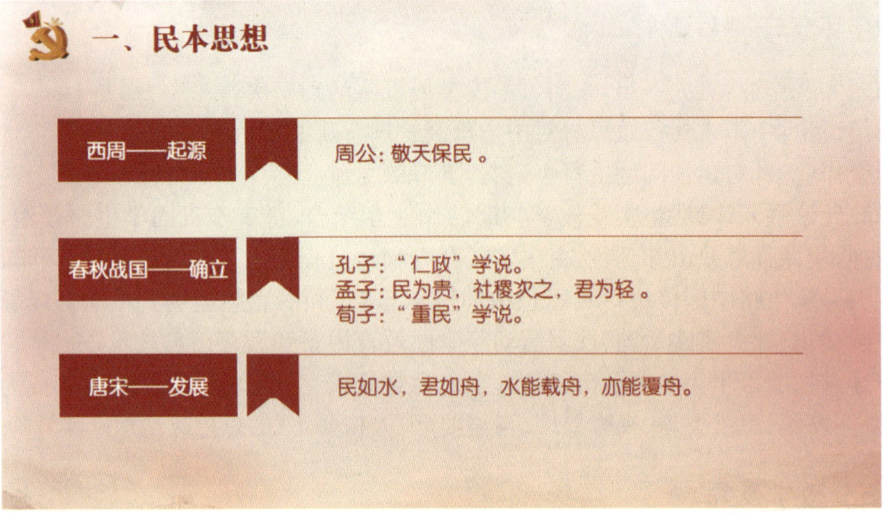
一、民本思想
西周——起源
周公：敬天保民。
春秋战国——确立
孔子："仁政"学说。
孟子：民为贵，社稷次之，君为轻。
荀子："重民"学说。
唐宋——发展
民如水，君如舟，水能载舟，亦能覆舟。

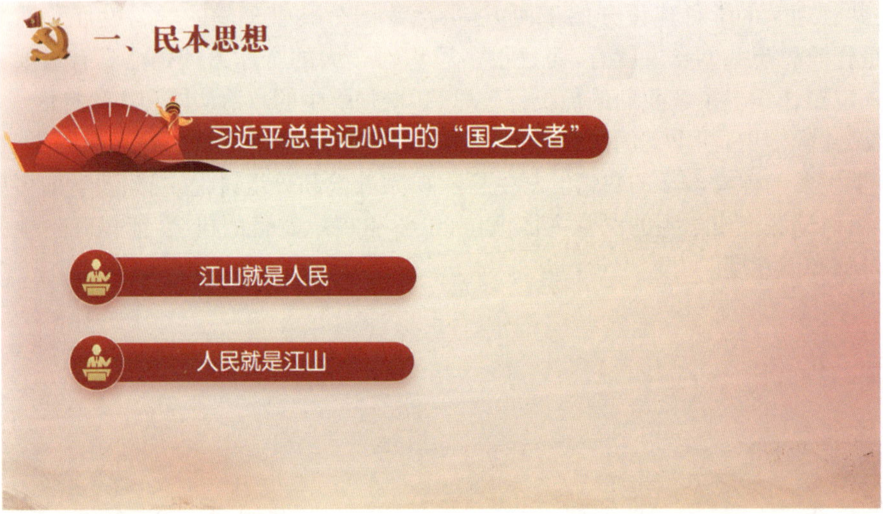
一、民本思想
习近平总书记心中的"国之大者"
江山就是人民
人民就是江山

一、民本思想
小组讨论
观看视频，
讨论抗疫过程中"民本"思想的体现，
你准备怎么做？

二、和谐思想
1.人与自然的和谐
儒 家
人是自然的一部分，应认识自然、尊重并保护自然，不能破坏自然。
道 家
人与自然和谐共生，天人合一，道法自然。
道法自然

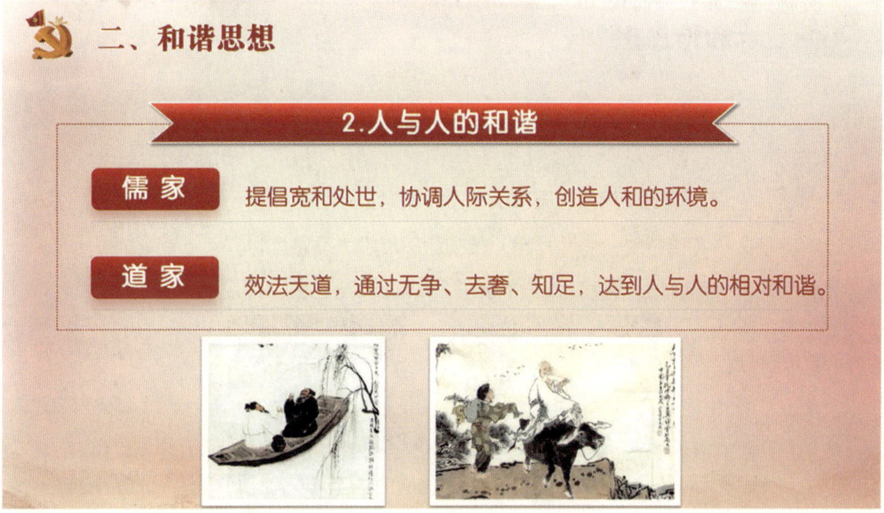
二、和谐思想
2.人与人的和谐
儒 家
提倡宽和处世，协调人际关系，创造人和的环境。
道 家
效法天道，通过无争、去奢、知足，达到人与人的相对和谐。

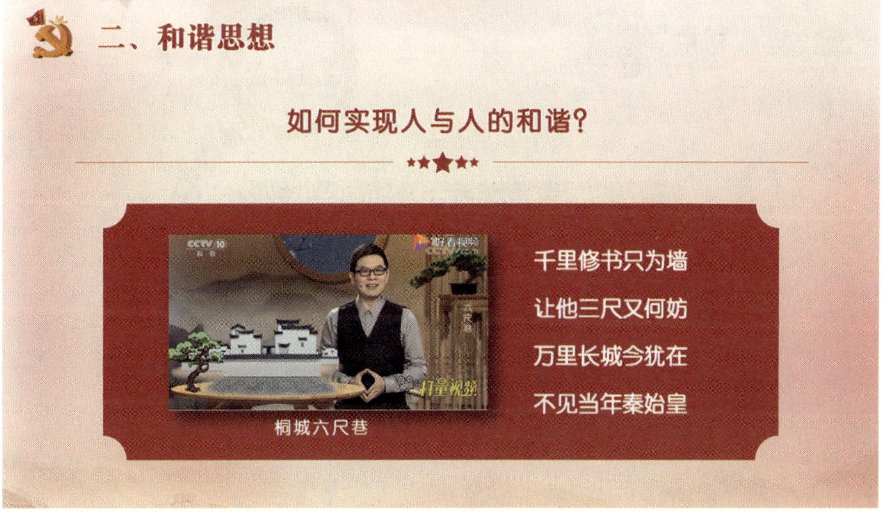
二、和谐思想
如何实现人与人的和谐？
千里修书只为墙
让他三尺又何妨
万里长城今犹在
不见当年秦始皇
桐城六尺巷

二、和谐思想

3.人与自身的和谐

重视人的身心和谐与个体的人格完善，妥善处理义与利、精神追求与物质追求的关系。保持平和的心态，正确处理理与欲的关系。

二、和谐思想

4. 世界的和谐

在处理民族关系和国家关系上，中国古人主张无争无讼，平等待人，和谐共处，协和万邦，重视睦邻友好，互惠互利。

二、和谐思想

课堂思考

你眼中的人类命运共同体

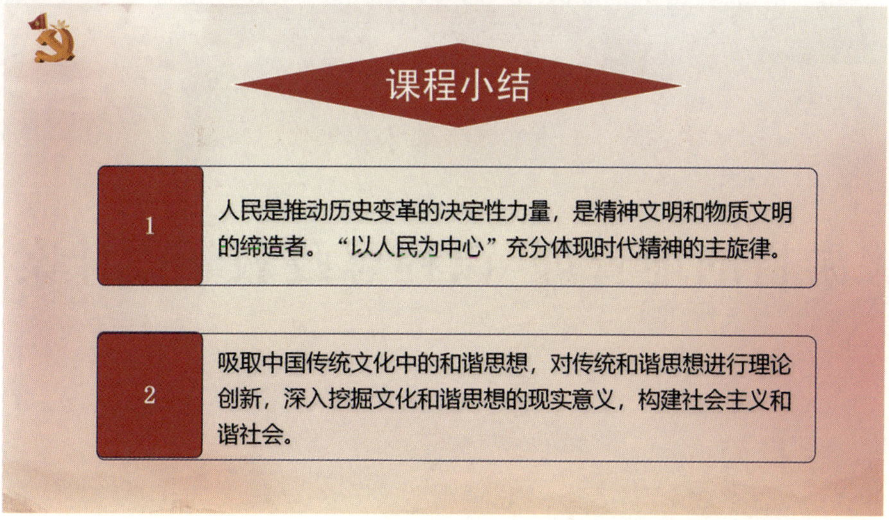
课程小结
1
人民是推动历史变革的决定性力量，是精神文明和物质文明的缔造者。“以人民为中心”充分体现时代精神的主旋律。
2
吸取中国传统文化中的和谐思想，对传统和谐思想进行理论创新，深入挖掘文化和谐思想的现实意义，构建社会主义和谐社会。

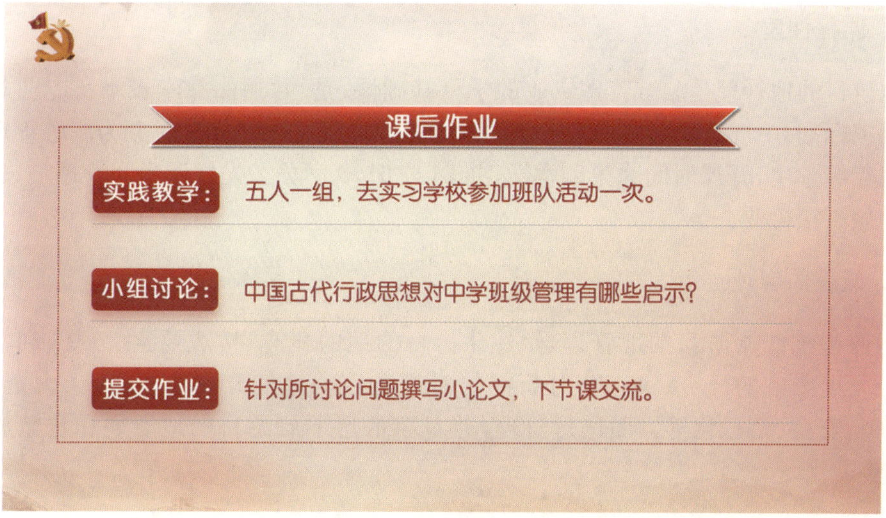
课后作业
实践教学：
五人一组，去实习学校参加班队活动一次。
小组讨论：
中国古代行政思想对中学班级管理有哪些启示?
提交作业：
针对所讨论问题撰写小论文，下节课交流。

“旅游目的地管理”课程思政教学设计案例

一、课程简介

1. 课程性质

旅游目的地管理是旅游管理专业的学科基础课，是《普通高等学校本科专业类教学质量国家标准》中规定的旅游管理专业类四门核心课程之一。修读对象为旅游管理专业本科二年级学生，开课时间为第四学期，共 51 学时，3 学分。先修课程为管理学、旅游学概论和旅游接待业。

2. 课程内容

本课程围绕旅游目的地管理，阐述旅游目的地的概念、构成要素、分类、利益相关者以及发展影响的研究；进一步分析如何对旅游目的地的开发与规划、人力资源、服务、营销、安全、信息化等方面进行管理；并对新常态下旅游目的地发展和智慧旅游进行论述。

3. 授课教师

赵臣，硕士，讲师，主要研究方向为旅游消费者行为和旅游目的地发展。主要承担旅游管理专业的旅游消费者行为、旅游目的地管理等课程的教学任务。

二、课程思政资源分析

(一) 课程思政建设目标

本课程旨在帮助学生系统掌握如何识别旅游目的地发展中存在的问题，并能够对旅游目的地资源开发、运营管理和发展战略等方面提出解决方案，使学生具备从事旅游目的地管理的业务能力、职业素养和职业操守，让学生清晰认识到旅游行业肩负着推动旅游目的地经济社会发展、满足人民群众物质和精神文化需求的行业使命，确立旅游目的地高质量发展的管理愿景，树立建设世界旅游强国的远大目标。

思政目标 1：根植爱国情怀。在教学中嵌入新时代发展背景下典型旅游目的地案例和相关国家方针政策，增加学生对国情的了解，对社会的认识。引导学生培养爱国主义情怀，树立社会主义核心价值观，增强“四个自信”。

思政目标 2：强化使命担当。通过课程学习，使学生清晰认识到旅游行业肩负着推动旅游目的地经济社会发展、满足人民群众物质和精神文化需求的行业使命；深入挖掘和阐释文化内涵，实现感悟中国文化、增强文化自信的文化使命；深入贯彻“绿水青山就是金山银山”的理念，实现可持续旅游发展的生态使命。

思政目标 3：推动知行合一。鼓励学生围绕旅游目的地的建设，以小组形式运用课程所学的知识，积极参加挑战杯、“互联网＋”、大学生创新创业等比赛；积极利用节假日参与旅游景区的义务讲解和服务工作，从实践活动中获得更多的生活体验。提高学生的团队合作能力和集体荣誉感，培养学生对专业的认同和实践能力，为全面建成社会主义现代化强国贡献旅游智慧。

（二）课程思政融入方式

（1）教学渗透。结合课程内容，有机融入习近平经济思想、习近平生态文明思想和习近平总书记有关传统文化、旅游的系列讲话精神，弘扬社会主义核心价值观，引导学生树立绿色发展理念，坚持“两山”理论。

（2）案例示范。在教学中嵌入新时代发展背景下中国传统旅游目的地和创新的旅游新业态等案例，提升学生的知识迁移能力和批判性思维，培养学生爱专业、爱家乡以及爱祖国的情怀。

（3）实践感知。带领学生关注旅游时事，了解学生思想动向，及时正确引导；通过专业见习，使学生“走出去”，以走访乡村旅游、城市旅游或红色旅游目的地等，更直观系统地分析和解决旅游目的地管理实践过程中所遇到的问题；鼓励学生参与旅游公益事业和志愿者活动，践行思政教育。

（4）分组讨论。以案例为启发，采取小组讨论的形式，充分发挥教师的引导作用，激发学生的学习动机，促进学生由被动学习转变为主动钻研，增强独立探索的能力，培养学生的团队合作精神。

三、教学案例展示

阿者科计划：世界减贫的中国智慧

本案例主要针对教材第二章第三节“旅游目的地社区居民参与中的旅游社区增权”知识点，结合具有代表性的旅游减贫案例“阿者科计划”展开设计，授课时长 1 学时。

（一）教学目标

1. 情感态度与价值观目标

（1）通过理论与案例相结合的方式，对旅游社区增权进行学习，激发学生对专业学习的兴趣，形成主动学习和积极思考的专业态度。

（2）通过本节内容的学习，让学生深刻把握旅游富民背后的理论依据和意义，从乡村振兴、传统村落保护、文旅融合、可持续发展等方面，树立“经世致用”的学习意识。

2. 知识与技能目标

（1）通过讲授让学生理解旅游社区增权的概念与手段。

（2）通过课堂有关旅游社区增权理论讲授和案例思考的有机结合，让学生具备将旅游增权的理念落实到旅游规划发展实践中的能力。

3. 过程与方法目标

（1）通过“阿者科计划”实施前后的对比，让学生理解旅游社区增权的重要性。

（2）以旅游社区增权为核心，围绕阿者科计划这一案例，提出一系列问题链来引导学生思考理解社区增权理论与实践的相互联系。

（二）教学重难点

教学重点：旅游社区增权的定义和手段。

教学难点：旅游社区制度增权的内涵。

（三）教学方法、教学资源

教法：讲授法、启发式提问法、案例分析法。

学法：自主学习法、小组讨论法。

教学资源：

（1）黄安民．旅游目的地管理[M]．2 版．武汉：华中科技大学出版社，2021.

（2）张朝枝，陈钢华．旅游目的地管理[M]．重庆：重庆大学出版社，2021.

（3）左冰，保继刚．从“社区参与”走向“社区增权”：西方“旅游增权”理论研究述评[J]．旅游学刊，2008(4)：58-63.

（4）保继刚，杨兵．旅游开发中旅游吸引物权的制度化路径与实践效应：以“阿者科计划”减贫试验为例[J]．旅游学刊，2022，37(1)：18-31.

（四）教学过程

教学环节一：新课导入

教学内容：展示中国脱贫攻坚事业的伟大成就和旅游扶贫的巨大贡献，从对比的视角，介绍旅游扶贫的代表性案例——阿者科计划，引出该计划的理论基础。

设计意图：通过“阿者科计划”实施前后该地发展情况的强烈对比，激发学生学习兴趣，并引出本节课的学习内容。

预设效果：让学生带着疑问和兴趣展开后续的学习。

教学方法与手段：讲授法、案例分析法、对比法。

思政元素融入设计：

(1) 通过阿者科村发展旅游完成全面脱贫案例，带领学生领会习近平总书记精准扶贫战略的伟大实践和成就。

(2) 引导学生领悟中国脱贫的旅游智慧，激发学生学习兴趣和专业自豪感。

教学环节二：旅游社区增权的内涵

教学内容：讲授旅游社区增权的定义和内涵，并提问如何实现社区增权。

设计意图：通过讲授让学生系统掌握旅游社区增权的内涵，并引出下一个知识点——旅游社区增权的手段。

预设效果：通过学习，让学生理解旅游社区增权是为了保障在旅游发展过程中实现“人人参与，人人受益”。

教学方法与手段：讲授法、启发式提问法。

思政元素融入设计：

(1) 理解旅游社区增权中“以民为主”的思想，培养学生对社会主义核心价值观的全面认知。

(2) 通过启发式提问，锻炼学生主动思考的意识与能力。

教学环节三：旅游社区增权的手段之信息增权

教学内容：讲授信息增权的必要性和内涵；安排学生分组讨论并回答在“阿者科计划”中，如何进行信息增权；教师进行点评和总结，并介绍保继刚教授团队驻村研究生的相关事迹。最后提问是不是所有的居民都能够正确地理解相关信息，并指出信息增权的局限性。

设计意图：从信息不对称这一理论入手，使学生更深入地理解信息增权的作用；通过案例讨论和总结，使学生能够进一步掌握信息增权的具体实践路径，引导学生树立专业使命感；通过提问和介绍信息增权的局限性，让学生带着疑问继续学习教育增权。

预设效果：通过学习，让学生理解信息增权对于弱势群体主动保护自我权益、做出最理性决策的基础性作用，掌握旅游规划发展信息公开的具体实践方法；了解信息增权实践中可能存在的问题；激发学生继续学习教育增权的积极性。

教学方法与手段：讲授法、启发式提问法、案例分析法、小组讨论法。

思政元素融入设计：通过保继刚教授团队驻村研究生的付出，让学生感受旅游专业学生的榜样力量，培养学生学好专业知识，服务人民、奉献社会的世界观、人生观和价值观。

教学环节四：旅游社区增权的手段之教育增权

教学内容：讲授教育增权的内涵；安排学生分组讨论并回答在“阿者科计划”中，如何进行教育增权;学生回答完后,教师进行点评和总结,并强调其对于当地哈尼族文化资源挖掘和儿童环境教育的作用;最后提问:当居民拥有了参与意愿和参与能力,是否能保证他们公平地享有旅游权益?

设计意图:通过对教育增权内涵的讲授和案例的分组讨论,让学生充分理解教育增权的重要性,并掌握如何在实践中实现教育增权;通过教师总结,让学生了解文旅融合和环境保护的实践意义;最后通过提问,让学生带着问题继续学习。

预设效果:通过学习使学生认识到,只有通过培训教育来提高居民的参与意识和参与能力,才能在信息公开的环境下参与到旅游发展中来。在具体的"阿者科计划"实践中,主要着重于导游讲解表达能力培训、旅游产品营造能力培训、旅游经营服务能力培训和线下学社儿童培训等。

教学方法与手段:讲授法、启发式提问法、案例分析法、小组讨论法。

思政元素融入设计:

(1) 通过介绍当地文旅产品的打造案例,引导学生掌握文旅融合不仅有利于非物质文化遗产活态传承,也有利于提升旅游者的幸福感,培养学生勇于承担"让旅游业成为人民群众更加满意的现代服务业"的历史责任。

(2) 通过对比教育培训前后,儿童在当地资源价值认识上的转变,进一步培养大家树立可持续旅游发展意识,成为我国生态文明建设的践行者。

教学环节五:旅游社区增权的手段之制度增权

教学内容:讲授制度增权的内涵;安排分组讨论并回答在"阿者科计划"中如何进行制度增权;学生回答完后,教师进行点评和总结,并介绍保继刚教授团队最新的学术论文。

设计意图:通过对制度增权内涵的讲授和案例的分组讨论,让学生充分理解如何在实践中应用制度增权;通过介绍保继刚教授团队最新的学术论文,让学生了解在不改变吸引物名义产权的背景下,如何兼顾利益分配和资源保护,从而对旅游吸引物进行确权。

预设效果:让学生认识到制度增权为信息增权和教育增权的有效实现提供了保障。在"阿者科计划"的制度增权实践中,最重要且最具创新性的是吸引物权的建立和运行,其背后核心逻辑是经济利益的调节实现了旅游吸引物保护主体和旅游吸引物利益分享权的主体统一,实现了资源变资产,成为"绿水青山就是金山银山"这一理念的新突破口。

教学方法与手段:讲授法、案例分析法、自主学习法、小组讨论法。

思政元素融入设计:

(1) 通过对阿者科村所建构的旅游吸引物权产权的学习,让学生进一步领悟"绿水青山就是金山银山"理念。

(2) 勉励学生学习专业知识,提升旅游规划水平,使其意识到优秀科学的规划可以引领中国旅游产业的转型升级和高质量发展。

(3) 通过展示保继刚教授团队的学术论文,让学生领略具有中国特色的旅游研究魅力,引导学生掌握实践应用和理论学习二者之间相辅相成的关系,培养学生树立"经世致用"的学习意识。

（五）教学反思

旅游社区增权作为旅游研究领域和旅游发展实践的热点话题，是提升旅游目的地社区居民参与的有效途径。在增权手段上必须通过宏观制度增权来实现政治增权、信息增权及教育增权的最终有效实现。学习好这一部分内容，有助于提升对旅游目的地居民角色的多维认识，掌握如何在旅游目的地发展中实现“人人参与，人人受益”，从而真正实现旅游为民、旅游富民。尤其是在巩固脱贫攻坚成果，有效衔接乡村振兴的发展背景下，乡村旅游作为产业升级转型的重要抓手，强化旅游社区增权理论在实践中的应用有利于改变村民在旅游发展中的弱势处境，使其真正参与旅游发展和利益分配。在教学过程中应当有意识地将理论与社会实践相结合，从而增强学生的专业认同感，培养乡村振兴和建设美丽中国的责任感，以及将论文写在祖国大地上的使命感。

四、课件

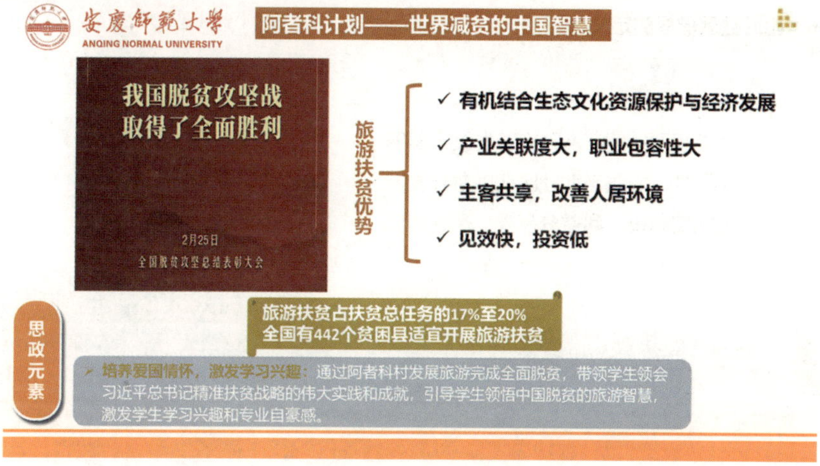

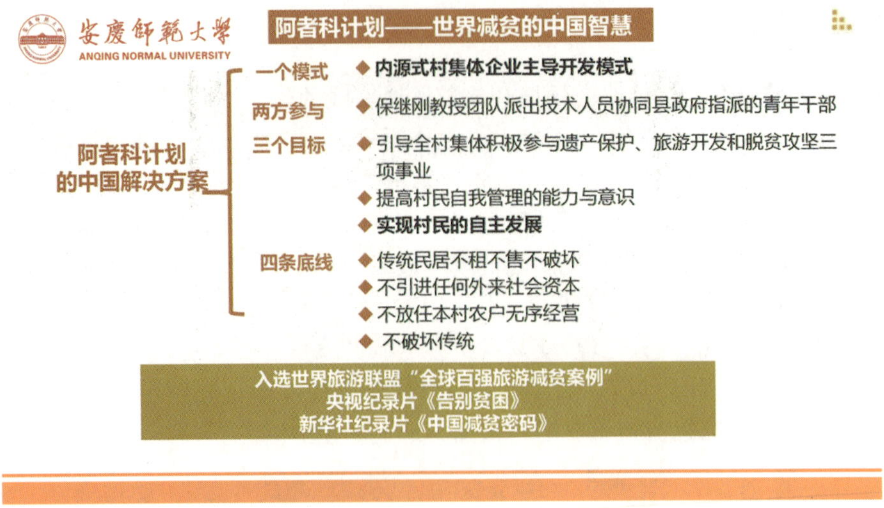
安慶師範大學
ANQING NORMAL UNIVERSITY
阿者科计划——世界减贫的中国智慧
阿者科计划
的中国解决方案
一个模式
◆内源式村集体企业主导开发模式
两方参与
◆保继刚教授团队派出技术人员协同县政府指派的青年干部
三个目标
◆引导全村集体积极参与遗产保护、旅游开发和脱贫攻坚三项事业
◆提高村民自我管理的能力与意识
◆实现村民的自主发展
四条底线
◆传统民居不租不售不破坏
◆不引进任何外来社会资本
◆不放任本村农户无序经营
◆ 不破坏传统
入选世界旅游联盟“全球百强旅游减贫案例”
央视纪录片《告别贫困》
新华社纪录片《中国减贫密码》

安慶師範大學
ANQING NORMAL UNIVERSITY
阿者科计划——世界减贫的中国智慧
一、旅游社区增权的定义
旅游社区增权的定义
Community Tourism Empowerment
通过强调社区在推动旅游发展方面的重要性，增强当地社区在旅游开发方面的控制权、利益分享权，保证当地居民的利益最大化。
被动参与
主动参与
人人参与
人人受益
思政元素
培养社会主义核心价值观：理解旅游社区增权中“以民为主”的思想，树立旅游为民的意识，培养学生的社会主义核心价值观。

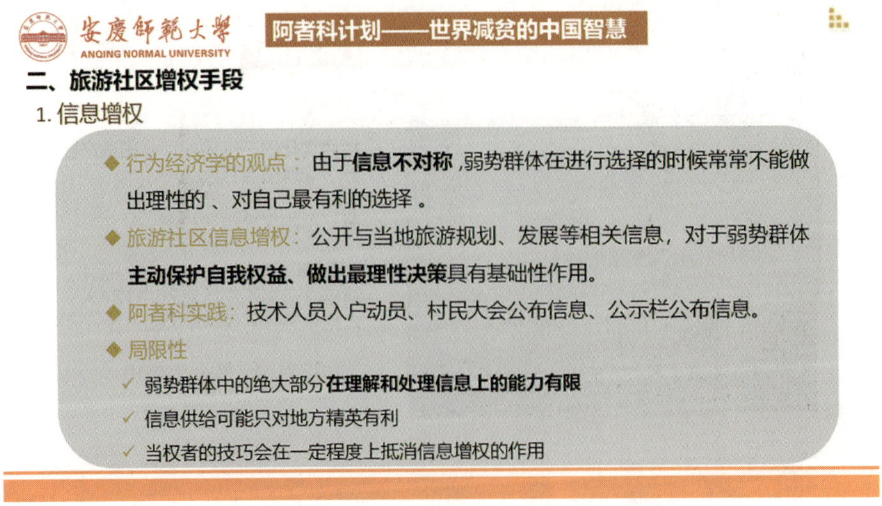
安慶師範大學
ANQING NORMAL UNIVERSITY
阿者科计划——世界减贫的中国智慧
二、旅游社区增权手段
1. 信息增权
◆行为经济学的观点：由于信息不对称，弱势群体在进行选择的时候常常不能做出理性的、对自己最有利的选择。
◆旅游社区信息增权：公开与当地旅游规划、发展等相关信息，对于弱势群体主动保护自我权益、做出最理性决策具有基础性作用。
◆阿者科实践：技术人员入户动员、村民大会公布信息、公示栏公布信息。
◆局限性
✓ 弱势群体中的绝大部分在理解和处理信息上的能力有限
✓ 信息供给可能只对地方精英有利
✓ 当权者的技巧会在一定程度上抵消信息增权的作用

安慶師範大學
ANQING NORMAL UNIVERSITY

阿者科计划——世界减贫的中国智慧

思政元素

✓ 感受榜样力量，增强专业使命感：通过保继刚教授团队的驻村研究生的付出，让学生感受旅游专业学生的榜样力量，培养学生学好专业知识，服务人民、奉献社会的世界观、人生观和价值观。

安慶師範大學
ANQING NORMAL UNIVERSITY

二、旅游社区增权手段

2. 教育增权

◆ 定义：通过培训教育提高居民的**参与意识和参与能力**，从而在信息公开的环境下参与旅游发展。

✓ **知识传授**

包括旅游相关知识、旅游发展政策、传统历史文化知识、旅游经营等

✓ **技能培训**

包括实际操作能力、服务技能等

◆阿者科实践

✓ 导游讲解表达能力培训

✓ **旅游产品营造能力培训**

✓ 旅游经营服务能力提升

✓ **线下学社孩童培训**

安慶師範大學
ANQING NORMAL UNIVERSITY

阿者科计划——世界减贫的中国智慧

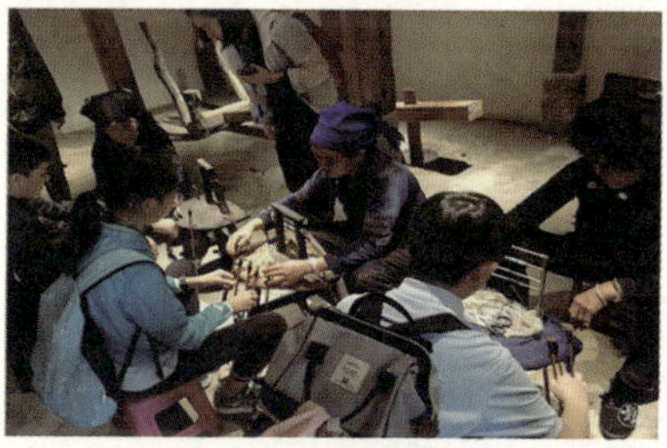

“以前我从来没有觉得梯田有多美，后来通过游客的赞美逐渐领悟到它的价值所在。”

思政元素

➢ 增强文化自信，培养专业担当：介绍当地文旅产品的打造，引导学生掌握文旅融合不仅有利于非物质文化遗产活态传承，也有利于提升旅游者的幸福感，培养学生勇于承担“让旅游业成为人民群众更加满意的现代服务业”的历史责任。

安慶師範大學 ANQING NORMAL UNIVERSITY

阿者科计划——世界减贫的中国智慧

思政元素

- 树立可持续意识，践行生态使命：对比教育培训前后，孩童在有关当地资源价值认识上的转变，进一步培养学生树立可持续旅游发展意识，使其成为我国生态文明建设的践行者。

安慶師範大學 ANQING NORMAL UNIVERSITY

阿者科计划——世界减贫的中国智慧

二、旅游社区增权手段

3. 制度增权

- 形成一套正式的制度，为社区居民利益诉求提供通道，使他们的**权利得到尊重，利益得到保护。**

建立社区参与旅游开发与规划的决策体系	建立规范的利益分配机制
• 建立社区与旅游经营单位之间良好的沟通渠道 • 建立旅游发展具体方式的合作机制 • 建立对旅游引发问题的协商制度	• 形成多元化的补偿机制 • 鼓励引导社区居民直接从事生产经营，通过自己的经济行为直接获益

安慶師範大學 ANQING NORMAL UNIVERSITY

阿者科计划——世界减贫的中国智慧

二、旅游社区增权手段

3. 制度增权

通过经济利益调节兼顾分配和资源保护

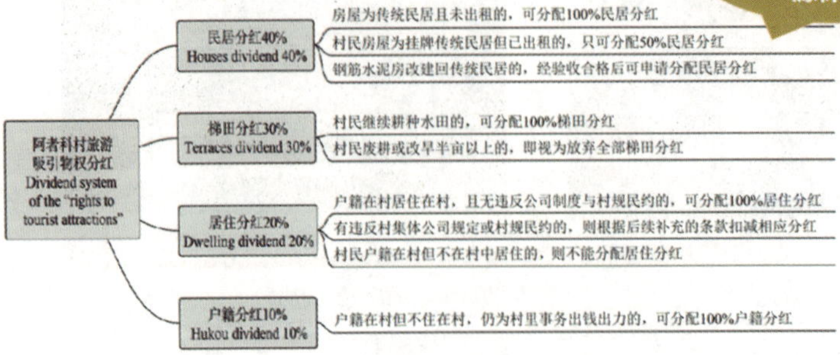

图1 旅游吸引物权分红体系

安庆师范大学 ANQING NORMAL UNIVERSITY

阿者科计划——世界减贫的中国智慧

二、旅游社区增权手段

3. 制度增权

- 阿者科实践

古老的生态文明智慧	森林、村寨、梯田、水系 四素同构的良性农业生态系统 有林才有水，有水才有田，有田才有人
现代的可持续旅游实践	传统民居建筑景观、梯田景观和活态人文景观 民居分红、梯田分红、居住分红、户籍分红 四三二一 的**分配结构的创新**

思政元素

- 领悟“两山”理论，树立“经世致用”的学习意识：通过对阿者科村所建构的旅游吸引物权产权的学习，让学生进一步领悟“绿水青山就是金山银山”理念；勉励学生学习专业知识，提升旅游规划水平，使其意识到优秀科学的规划可以引领中国旅游产业的转型升级和高质量发展；通过展示保继刚教授团队的学术论文，让学生树立将论文写在中国大地上的使命感，引导学生掌握实践应用和理论学习二者之间相辅相成的关系，培养学生树立“经世致用”的学习意识。

安庆师范大学 ANQING NORMAL UNIVERSITY

阿者科计划——世界减贫的中国智慧

总结与作业

总结

- 信息增权 → 参与意愿
- 教育增权 → 参与能力
- 制度增权 → 参与权利

课后作业

- 通过雨课堂阅读文献并提交800字的学习感悟。
- 保继刚,杨兵.旅游开发中旅游吸引物权的制度化路径与实践效应：以“阿者科计划”减贫试验为例[J].旅游学刊,2022,37(1):18-31.

“国际贸易实务”课程思政教学设计案例

一、课程简介

1. 课程性质

国际贸易实务是国际经济与贸易专业的一门必修课程，属于专业核心课程，隶属于经济学学科。本课程第五学期开设，共68学时，4学分。

2. 课程内容

本课程研究国际间商品交换的具体过程，是一门具有涉外活动特点的实践性很强的综合性应用课程。通过课程理论和最新政策的学习，使学生系统掌握国际贸易实务方面的基本概念、基本原理、基本规则和基本技能方法；通过引入中国参与国际贸易的实践，帮助学生坚持正确的国际贸易方向，秉持合作共赢、开放包容的贸易理念，引导学生树立正确的世界观、人生观和价值观。

3. 授课教师

汪颖颖，硕士，讲师，主要研究方向为国际贸易。主讲国际贸易实务、国际贸易理论与政策、报关理论与实务等专业核心课程，主持校级教学项目“课程思政融入‘国际贸易实务’课程教学的设计与研究”(2021)，作为主要成员参与了国际经济与贸易省级专业综合改革试点项目(2016)、“国际贸易理论与政策”省级高等学校示范教学示范课(2020)，并独撰发表国际贸易实务课程方面教研教改论文多篇。

二、课程思政资源分析

(一) 课程思政建设目标

本课程采用贸易理论和实践相结合的方式，结合当今百年未有之大变局背景下的贸易现状，通过对国际贸易的贸易理论、贸易法规、贸易实践等知识的讲解，夯实学生基本功，培养学习兴趣，激发爱国情怀，引导学生形成明大道、守诚信、崇正义、尚合作、求大同的贸易思维，推动青年人健康成长为具有良好职业道德、宏阔国际视野、开放创新思维的贸易人才。

思政目标 1:家国情怀。通过介绍我国改革开放尤其是党的十八大以来的国际贸易发展，激发学生的民族自豪感，引导学生正确认识当代中国宏观经济发展大势、当今世界经济发展潮流，将个人成长与祖国前途命运紧密相连，坚决维护国家利益，进一步深化学生对人类命运共同体的价值认同。

思政目标 2:诚信守法。坚持把讲诚实、守信用的传统美德融入课程的教学之中，以国际贸易为社会创造价值为出发点和落脚点，加强职业道德修养，正确处理国家利益和个人利益，兼顾协调短期利益和长期利益，践行合作共赢的理念，进一步帮助学生树立正确的贸易观。

思政目标 3:社会责任。引导学生主动肩负时代使命、勇挑时代重任，运用所学积极投身“一带一路”建设、乡村振兴、高质量发展等，为构建国内国际双循环相互促进的新发展格局和形成全国统一的大市场等贡献自己的力量，进一步激发学生奉献社会、投身基层的责任感和使命感。

思政目标 4:创新思维。立足当今世界国际贸易发展前沿、新兴热点，坚持问题导向，树立问题意识，帮助学生正确理解数字贸易、跨境电商、区域经济一体化、贸易保护与摩擦、非关税壁垒、全球价值链等问题，学习借鉴深圳等沿海发达地区的创新经验做法，进一步培养学生创新思维以及运用新理念解决新问题的能力。

(二) 课程思政融入方式

本课程思政融入方式主要有教学渗透、案例示范、翻转课堂等。

(1) 教学渗透。通过学习国际货物买卖合同的订立和履行等知识，了解我国国际贸易的发展，提升学生的价值认同感和民族自豪感，引导学生树立努力学习报效国家的坚定信念，增强明辨是非的能力以及建设性和批判性思维能力，坚持学用结合、学以致用，为我国的繁荣发展贡献自己的力量。

(2) 案例示范。通过国际贸易典型案例的介绍，让学生深入思考案例发生背后的经济和政治原因，分析案例发生的目的何在，预测今后国际经济贸易形势走向及中国的选择等问题，唤醒学生的爱国意识，激励学生为中华民族伟大复兴的中国梦而奋斗。

(3) 翻转课堂。通过重新调整课堂内外的时间，将学习的决定权从教师转移给学生，从而促使学生在课前完成自主学习，树立职业意识，从自己的工作岗位做起，培养敬业爱岗的优良品质。充分利用课堂内的宝贵时间，使学生共同研究解决国际贸易所面临的问题与挑战，从而获得更深层次的理解，提高其社会责任感。

三、教学案例展示

仲　裁

在国际货物贸易中，情况错综复杂，市场变化多端。因此，交易双方签订合同后，常常由于种种原因，合同没有履行，因而引起交易双方当事人之间的争议。交易双方一般都习惯于采用仲裁的方式来解决合同争议。因此，准确掌握仲裁知识，对学生日后在外贸领域解决争端具有非常重要的意义。

（一）教学目标

1. 情感态度与价值观目标

（1）通过对国际贸易争议的处理——仲裁的学习，让学生感受到"和气生财、共享共荣"的价值观。

（2）通过国际贸易案例的引入，让学生感悟中国国际话语地位的上升，增强民族自豪感和时代使命感。

2. 知识与技能目标

（1）通过本次课的学习，让学生理解和掌握仲裁。

（2）通过本次课的学习，让学生掌握仲裁协议的形式。

（3）通过本次课的学习，让学生能够以仲裁的方式尝试解决国际贸易争议。

3. 过程与方法目标

（1）以教学内容为核心，提供国际贸易案例，运用一系列问题链，引导学生分析思考教学内容，把握教材相关知识。

（2）通过建立模拟仲裁庭，让学生在真实情景中感悟诚信、严谨、细致等职业素养的重要性，引导辩证讨论，提高学生学习自主性。

（二）教学重难点

教学重点：仲裁协议的订立与仲裁的步骤。

教学难点：如何针对不同的国际贸易争议，进行按需仲裁。

（三）教学方法、教学资源

教法：案例分析法、问题引导法、参与教学法。

学法：自主学习法、小组讨论法、探究学习法。

教学资源：

（1）黎孝先，王健．国际贸易实务[M]．7版．北京：对外经济贸易大学出版社，2020．

(2) 刘秀玲.国际贸易实务[M].3版.北京:对外经济贸易大学出版社,2021.

(3) 张素芳.International Trade Theory and Practice[M].3版.北京:对外经济贸易大学出版社,2013.

(4) 慕课网络课程"国际贸易实务".https://www.icourse163.org/course/SUIBE-1003461001?from=searchPage.

(5) 深圳国际仲裁案.http://mip.youth.cn/sh/201601/t20160111_7512720.htm.

(四) 教学过程

教学环节一:新课导入

课前通过在慕课堂发布视频资源,引导学生自学,提出三个问题:"何谓仲裁?有何特点?争议公司是否应该出庭?"由此引出"仲裁"是解决争议的一种重要方式。

思政元素融入设计:让学生从被动接受知识转变为主动学习知识,教师从课堂主导者变为引导者,锻炼学生协作学习、探究学习的能力,体现课程思政的全方位、全过程育人要求。

教学环节二:新课讲解

知识点一:仲裁。

介绍仲裁的含义及特点,引入一宗深圳国际仲裁院仲裁案,让同学思考其仲裁成功的原因,学习国际仲裁成功经验,提问"除了仲裁外,还有什么方式可以解决合同争议"。

介绍解决合同争议四种方式的特点,引导学生思考四种方式各自的优缺点,指出仲裁在尊重当事人意思自治、便捷高效解决纠纷方面具有独特优势,是解决合同争议的重要方式。

思政元素融入设计:

(1) 通过对国际仲裁真实案例的分析,巧妙寻找适合的切入点——中国国际话语权地位的上升,激发学生民族自豪感;通过对国际仲裁成功经验的分享,学习借鉴创新经验做法,培养学生创新思维以及运用新理念解决问题的能力,让学生学会如何应对和参加国际仲裁。

(2) 通过对合同争议解决方式的分析,感悟诚信的重要性,充分发挥课堂教学在育人中主渠道作用。

知识点二:仲裁协议。

介绍仲裁协议的概念,指出根据我国《仲裁法》第十六条规定,仲裁协议必须采用书面形式,口头的仲裁协议无效。

介绍仲裁协议的两种形式,即争议发生之前订立的仲裁条款和争议发生之后提交的仲裁协议。阐述仲裁协议的作用,并用案例辅助分析仲裁协议如何规定。

思政元素融入设计:

(1) 通过分析具体案情,感悟中国传统经商之道——"以和为贵,和气生财"的传统价值观。

(2) 通过案例中争议发生的原因,感悟在进出口贸易中,针对关键性条款,例如"仲裁、价格、品质条款”，要严谨认真，一丝不苟，尤其要密切关注国际仲裁规则的变动和国际标准化组织规定的品质标准的修改，以免引起争议，造成损失，将中华民族伟大复兴的中国梦与习近平新时代中国特色社会主义思想巧妙地融入课程，润物细无声。

知识点三：仲裁程序。

借助仲裁程序图分步解释仲裁的步骤，指出各国对仲裁程序规定的不同。

思政元素融入设计：通过对仲裁程序的介绍，引导学生应认真谨慎对待仲裁的各个步骤，强调专业、严谨、细致的国贸专业业务素养。

教学环节三：翻转课堂

以某国际贸易争议案例为素材，建立模拟仲裁庭。通过让学生分角色情景演练，使学生融入仲裁真实情景。

思政元素融入设计：

(1) 让学生融入模拟仲裁庭的情境中，教学设计源自职场假设，以学生未来职场活动为背景，按照“案件受理、组成仲裁庭、开庭、裁决工作”等流程设定教学任务，使得职场与课堂有效结合，培养学生的职业能力。

(2) 在仲裁模拟过程中，通过有意识的引导学生主动进行角色分配，使原本形而上的教学内容转化为学习者实践能力的提高，培养学生的逻辑思辨能力、语言表达和团队合作能力等。

(3) 通过模拟仲裁庭的情景演练，使学生融入仲裁真实情景，感悟中国国际话语权地位的上升，强调国际贸易工作的民族自豪感和自信心，突出强调中国经商之道与中国优良传统美德，引爆共鸣的触发点，增强构建人类命运共同体的信心。

教学环节四：课后延伸

布置实践作业：请同学们查阅中美贸易摩擦中出现的国际贸易争端案例，总结这些争端都采取了哪些解决方式，并分析这些解决方式的背景及对贸易双方产生的影响。以小组为单位，撰写调研报告。

思政元素融入设计：将实践教学与课后作业相结合，进一步巩固学生家国情怀和社会责任感，使课程思政由知到行，彻底落实课程思政教学目标的实现。

(五) 教学反思

国际贸易实务课程思政建设的核心是“凝练特色，以生为本，立德树人”，需要将思政教育真正地落在实处，落在知识点上。所以教学内容的选择至关重要，要根据教学目标的需要，选择合适的国际贸易案例为素材，分析国际仲裁的最新发展趋势，分享国际仲裁的成功经验和失败教训，学习借鉴创新经验做法，通过学生乐于接受的形式进行教学，在潜移默化中对学生进行思想政治教育，培养学生正确的人生观、世界观和价值观，实现家国情怀、诚信守法、社会责任和创新思维等思政目标的落实。

四、课件

《国际贸易实务》第十章 第四节
LOGO
仲裁

目录
仲裁
仲裁协议
仲裁程序
仲裁模拟
作业

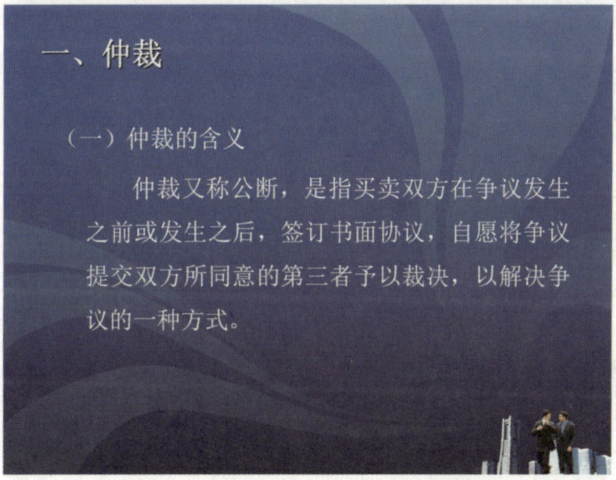
一、仲裁
（一）仲裁的含义
仲裁又称公断，是指买卖双方在争议发生之前或发生之后，签订书面协议，自愿将争议提交双方所同意的第三者予以裁决，以解决争议的一种方式。

图1 中国国际经济贸易仲裁委员会标志

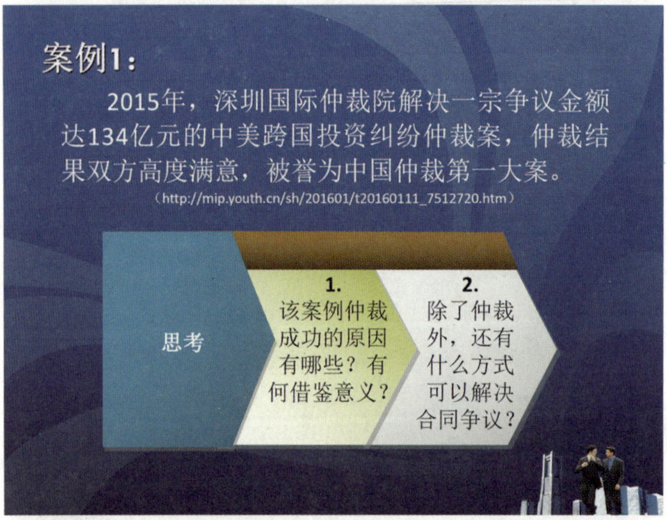

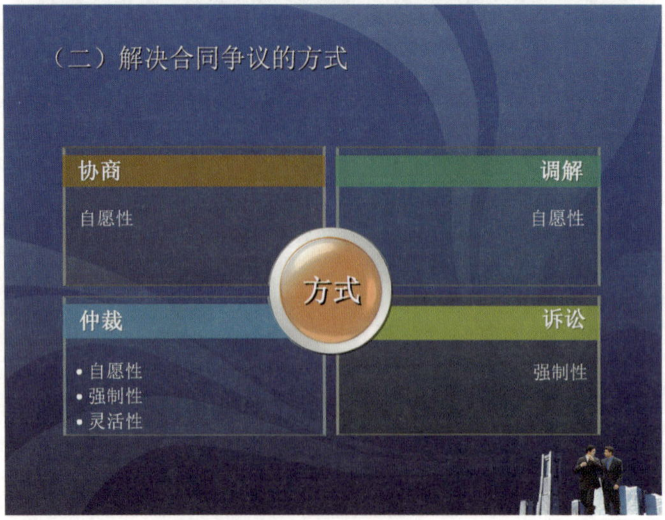

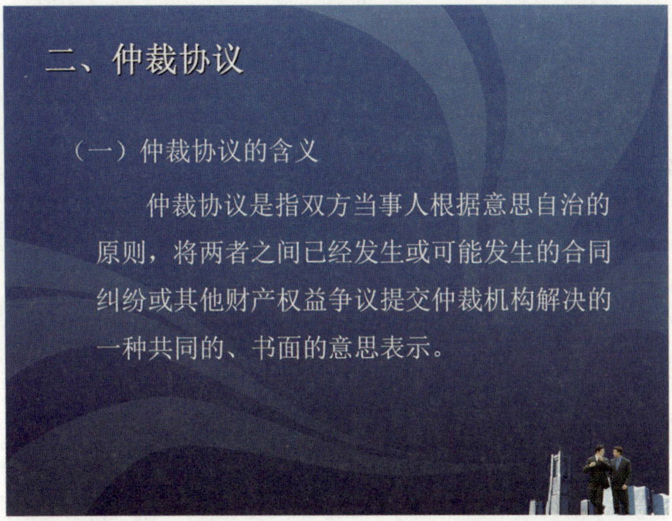
二、仲裁协议
（一）仲裁协议的含义
仲裁协议是指双方当事人根据意思自治的原则，将两者之间已经发生或可能发生的合同纠纷或其他财产权益争议提交仲裁机构解决的一种共同的、书面的意思表示。

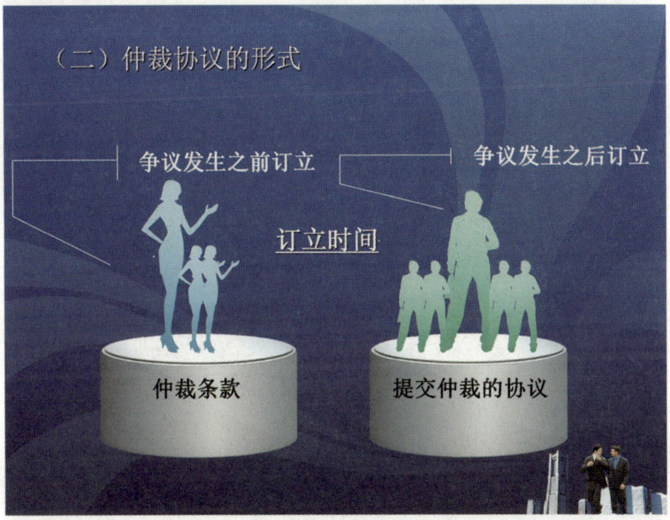
（二）仲裁协议的形式
争议发生之前订立
争议发生之后订立
订立时间
仲裁条款
提交仲裁的协议

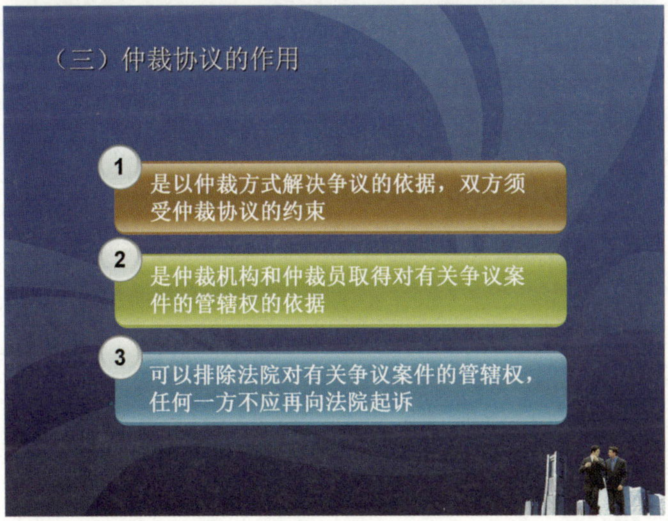
（三）仲裁协议的作用
1
是以仲裁方式解决争议的依据，双方须受仲裁协议的约束
2
是仲裁机构和仲裁员取得对有关争议案件的管辖权的依据
3
可以排除法院对有关争议案件的管辖权，任何一方不应再向法院起诉

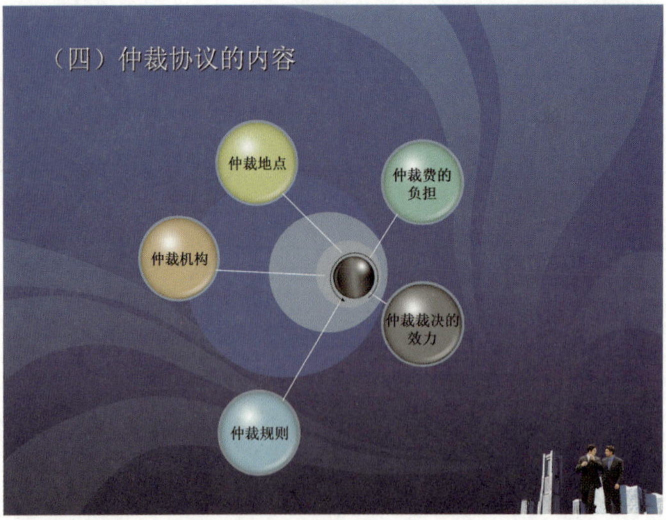
（四）仲裁协议的内容
仲裁地点
仲裁费的负担
仲裁机构
仲裁裁决的效力
仲裁规则

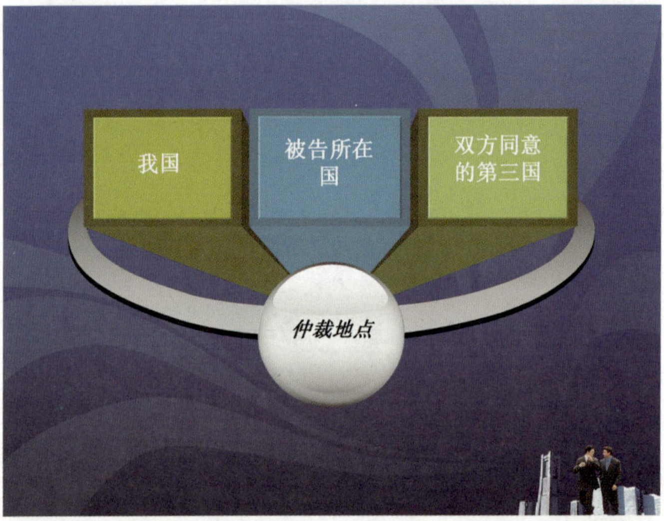
我国
被告所在国
双方同意的第三国
仲裁地点

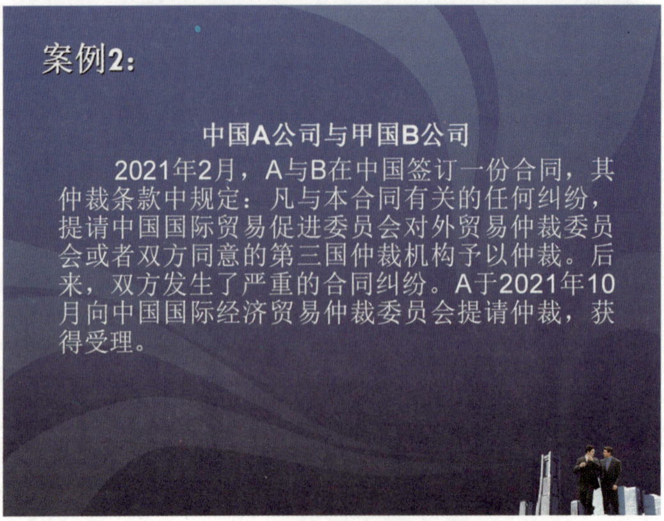
案例2：
中国A公司与甲国B公司
2021年2月，A与B在中国签订一份合同，其仲裁条款中规定：凡与本合同有关的任何纠纷，提请中国国际贸易促进委员会对外贸易仲裁委员会或者双方同意的第三国仲裁机构予以仲裁。后来，双方发生了严重的合同纠纷。A于2021年10月向中国国际经济贸易仲裁委员会提请仲裁，获得受理。

但B辩称：基于下列两个理由，该仲裁委员会没有管辖权。第一，其名称与约定名称不符，因此它不是合同中规定的机构；第二，合同中还规定“或双方同意的第三国仲裁机构予以仲裁”，B愿意到乙国的仲裁机构仲裁。

思考：中国国际经济贸易仲裁委员会对此案有无管辖权？

三、仲裁程序

仲裁程序是指进行仲裁的程序和做法，主要包括仲裁申请、仲裁庭的组成、仲裁审理及做出裁决等。

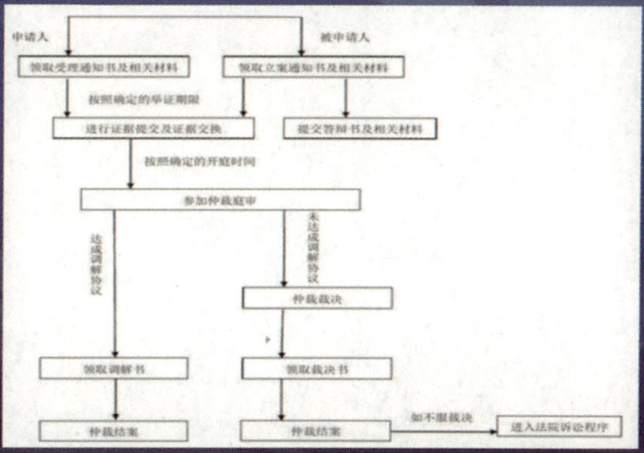

图2 仲裁程序图

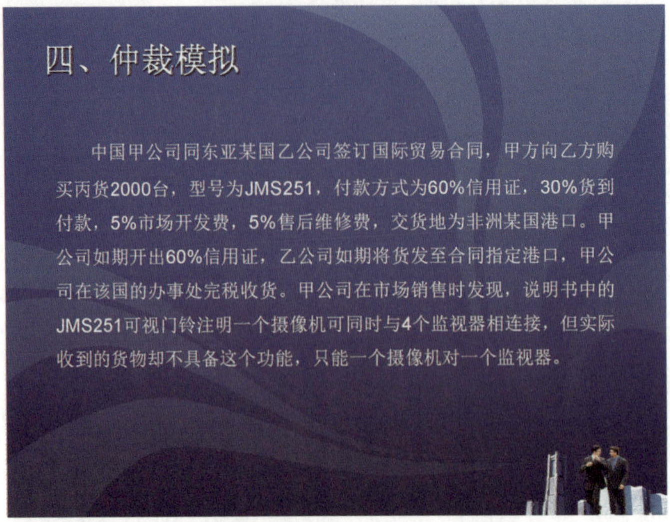
四、仲裁模拟
中国甲公司同东亚某国乙公司签订国际贸易合同，甲方向乙方购买丙货2000台，型号为JMS251，付款方式为60%信用证，30%货到付款，5%市场开发费，5%售后维修费，交货地为非洲某国港口。甲公司如期开出60%信用证，乙公司如期将货发至合同指定港口，甲公司在该国的办事处完税收货。甲公司在市场销售时发现，说明书中的JMS251可视门铃注明一个摄像机可同时与4个监视器相连接，但实际收到的货物却不具备这个功能，只能一个摄像机对一个监视器。

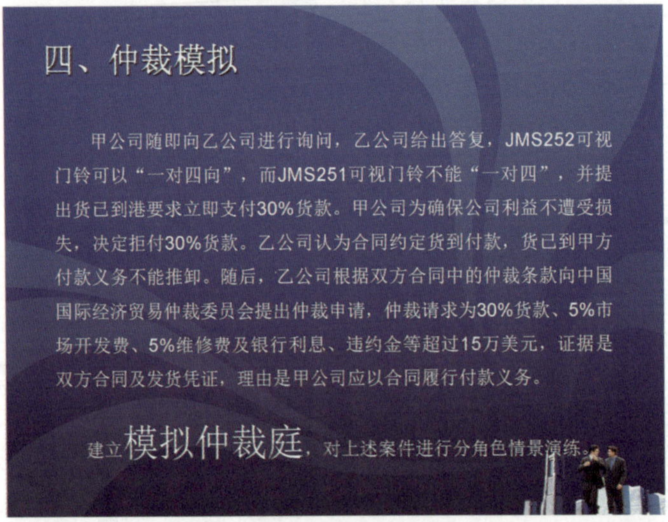
四、仲裁模拟
甲公司随即向乙公司进行询问，乙公司给出答复，JMS252可视门铃可以“一对四向”，而JMS251可视门铃不能“一对四”，并提出货已到港要求立即支付30%货款。甲公司为确保公司利益不遭受损失，决定拒付30%货款。乙公司认为合同约定货到付款，货已到甲方付款义务不能推卸。随后，乙公司根据双方合同中的仲裁条款向中国国际经济贸易仲裁委员会提出仲裁申请，仲裁请求为30%货款、5%市场开发费、5%维修费及银行利息、违约金等超过15万美元，证据是双方合同及发货凭证，理由是甲公司应以合同履行付款义务。
建立模拟仲裁庭，对上述案件进行分角色情景演练。

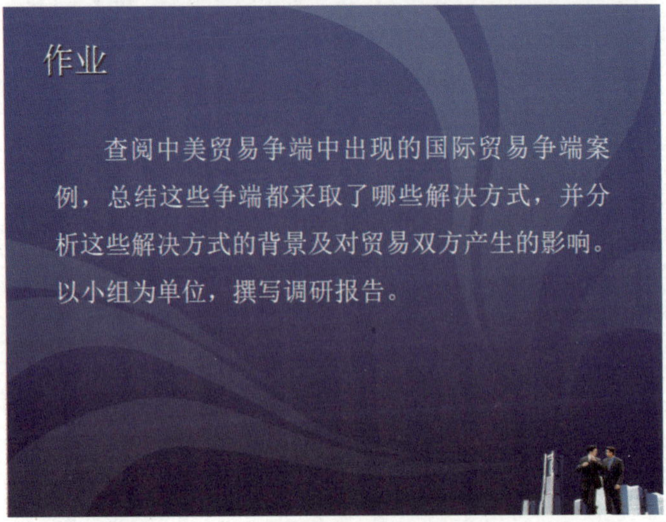
作业
查阅中美贸易争端中出现的国际贸易争端案例，总结这些争端都采取了哪些解决方式，并分析这些解决方式的背景及对贸易双方产生的影响。以小组为单位，撰写调研报告。

“微观经济学”课程思政教学设计案例

一、课程简介

1. 课程性质

微观经济学是经济与管理类专业的必修课程，是一门专业基础课，第二学期开设，其中金融工程、国际经济与贸易等经济学类专业共 68 学时，4 学分；物流管理、工商管理、市场营销等管理学类专业共 48 学时，3 学分。

2. 课程内容

微观经济学是一门把经济学理论应用于消费者消费和生产者生产决策的课程。主要内容包括导论、需求、供给和均衡价格、消费者选择、企业的生产和成本、完全竞争市场、不完全竞争市场、生产要素市场和收入分配、一般均衡与效率、市场失灵和微观经济政策等。

3. 授课教师

丁玉龙，博士，副教授，主要承担微观经济学、宏观经济学、管理经济学等课程的教学任务。2020 年以来主持教研项目 3 项，发表多篇教研论文，获得安庆师范大学课程思政教学比赛和教学创新比赛三等奖各 1 项。

二、课程思政资源分析

（一）课程思政建设目标

思政目标 1：培养学生的家国情怀。在微观经济学的学习过程中，通过详细地介绍我国脱贫攻坚的伟大胜利，让学生真正能够理解共同富裕的目标，深刻认识到社会主义制度的优越性，培养学生的爱国主义精神和家国情怀。

思政目标 2：培养学生的科学精神。通过微观经济学的学习，引导学生深刻认识微观经济学理论，学会不断探索，对于不懂的问题敢于提出来，与老师和同学进行探讨、交流，让学生能够充分利用微观经济学中的理论知识来分析现实中的经济问题。

思政目标 3：培养学生形成新的发展理念。通过微观经济学的学习，引导学生节约利用各种资源，让学生认识到各类资源的有限性，提高各类资源在各生产中的使用效率，让学生学习和理解新发展理念。

思政目标 4：培养学生树立积极向上的价值观。通过微观经济学的学习，让学生面对生活和学习中一些事情的时候，做出合理的决策，引导学生有效分配时间，提高时间的利用效率，做好时间分配和管理，最大限度发挥时间的价值，培养学生树立积极向上的价值观。

（二）课程思政融入方式

在微观经济学的教学过程之中，要提高育人的水平，通过不断挖掘本课程中的中华传统美德等相关各种形式的思政元素，真正将思政元素与微观经济学理论知识深入结合，让学生既学习到微观经济学的理论知识，又发挥微观经济学的育人功能。微观经济学课程思政的融入方式主要包括课堂小组讨论、案例分析等形式。

三、教学案例展示

需求弹性与收入

教学展示内容选自高等教育出版社和人民出版社出版的《西方经济学》上册中第一章“需求、供给和均衡价格”中第五节“供求分析的应用事例”。该节包括三个方面的内容：支持价格和限制价格、税收效应分析、需求弹性和收入。本次案例主要针对第三个方面的内容“需求弹性和收入”开展设计，授课时长 1 学时。

（一）教学目标

1. 情感态度与价值观目标

（1）通过本节课的学习，让学生认识到粮食安全问题的重要性，教导学生要珍惜粮食，拒绝浪费，真正践行“光盘行动”，培养学生形成正确的价值观。

（2）通过本节课的学习，让学生深入了解我国脱贫攻坚的伟大举措和重要意义，从而增强学生的爱国情操。

（3）通过本节课的学习，让学生深刻认识社会主义制度的优越性，使学生坚定“四个自信”，做到“两个维护”。

2. 知识与技能目标

（1）通过本节课的学习，让学生了解对于需求缺乏弹性的商品，生产者应适当提高价格，以增加其收入，并理解其中的具体原理。

(2) 通过本节课的学习，让学生认识农产品属于需求缺乏弹性的商品，并了解“谷贱伤农”的内涵与破解对策。

3. 过程与方法目标

(1) 通过抛出问题的方式，让学生在学习新内容时，根据问题导向进行学习，激发学生对新课内容的好奇感。

(2) 通过引用近期政府工作报告以及国家重要文件的内容，让学生能够更加了解国家大事，并将其与课程内容结合，增强学生的学习兴趣。

(二) 教学重难点

教学重点：掌握生产者收入的重要决定因素；理解需求缺乏弹性的商品以及其价格变动对收入的影响。

教学难点：“谷贱伤农”的内涵理解及破解；需求缺乏弹性商品价格对收入影响的图形绘制和过程表示。

(三) 教学方法、教学资源

教法：案例分析法、问题引导法、线上线下混合教学法。

学法：自主学习法、小组讨论法。

教学资源：

(1)《西方经济学》编写组.西方经济学：上册[M].2 版.北京：高等教育出版社、人民出版社，2012.

(2) 曼昆.经济学原理：微观经济学分册[M].7 版.梁小民，梁砾，译.北京：北京大学出版社，2015.

(3) 萨缪尔森，诺德豪斯.经济学[M].19 版.萧琛，等译.北京：商务印书馆，2017.

(4) 斯蒂格利茨.经济学[M].北京：中国人民大学出版社，2013.

(5) 高鸿业.西方经济学：微观部分[M].7 版.北京：中国人民大学出版社，2018.

(6) 中国经济大讲堂.http://tv.cctv.com/lm/zgjjdjt/.

(四) 教学过程

教学环节一：新课导入

引用 2021 年全国两会、2022 年李克强总理在政府工作报告中关于促进居民消费的重要论述，指出促进居民消费、增强居民的消费意愿的要点是提高收入水平，促进居民增收。

思政元素融入设计：通过引用全国两会和政府工作报告重要内容，引导学生关心国家大事，关注国家经济社会发展的重要政策，增强学生在国家经济社会发展中的主人翁意识，并培养学生将理论知识与国家宏观政策深入结合的能力。

教学环节二:新课讲解

(1) 问题的提出。抛出一个问题,引导学生进行思考,即商品价格如何变化(提高、降低)才能提高生产者收入水平?

思政元素融入设计:引导学生勤于思考,并在此基础上,能够辩证看待问题,学会准确分析经济问题。

(2) 需求缺乏弹性与收入的关系。介绍需求缺乏弹性的概念、公式,根据图形和数据分析,对于需求缺乏弹性的商品,生产者降低或提高商品价格后,生产者收入发生怎样变化,并对其进行分析和解释。

思政元素融入设计:教导学生要多角度、全方位分析问题,对问题的分析与认识要深入见底,在与他人交流或论证观点时要有理有据,保持充分的逻辑性。

(3) 学理应用——“谷贱伤农”。

第一部分:“谷贱伤农”源自《汉书·食货志》,其中提到“籴甚贵,伤民;甚贱,伤农”。政府可以通过制定支持价格、增加农户补贴、强化金融保险政策支持等方式,提高农民种粮积极性,破解“谷贱伤农”问题。

思政元素融入设计:介绍“谷贱伤农”的来源以及破解方式,让学生认识到粮食安全问题的重要性,教导学生要珍惜粮食,拒绝浪费,培养学生形成正确的价值观。

第二部分:介绍中央“一号文件”在促进农业、农民和农村发展方面的重要贡献,特别是在国家政策的不断支持和引导下,我国实现了全面脱贫,在共同富裕的道路上不断迈进。

思政元素融入设计:引用 2022 年 3 月农业农村部发布的“一号文件”中关于扶持农业发展、促进农民增收的重要论述,指出“有为政府”在破解“谷贱伤农”中的决心,在党的领导下,我国脱贫攻坚取得了全面胜利,不断实现共同富裕,这充分体现了社会主义制度的优越性,增强学生的爱国情操。教导学生在追求人生目标的道路上,要脚踏实地,不怕困难,成为有理想、敢担当、能吃苦、肯奋斗的新时代好青年。

教学环节三:课程小结

通过本节内容的学习,我们认识了需求缺乏弹性商品价格变动对生产者收入的影响,理解“谷贱伤农”的内涵与对策,希望同学们能够结合实例对弹性与收入的关系进行分析。

思政元素融入设计:引导学生深刻认识社会主义经济制度,并提升学生理论联系实践的能力,加深学生对理论知识的理解。

(五) 教学反思

本次课在需求弹性与收入的教学内容基础上,引入政府在破解“谷贱伤农”上的重要举措、在脱贫攻坚工作的重要贡献,不仅提升学生对经济问题的思辨能力,而且使得学生对社会主义制度优越性有更加深刻的认识,培养学生形成积极向上的价值观,增强学生的爱国情操和家国情怀。

四、课件

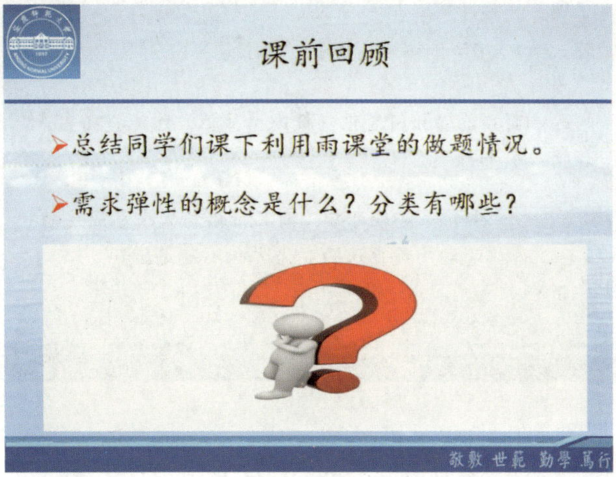
课前回顾
➢总结同学们课下利用雨课堂的做题情况。
➢需求弹性的概念是什么？分类有哪些？
敬敷世範 勤學篤行

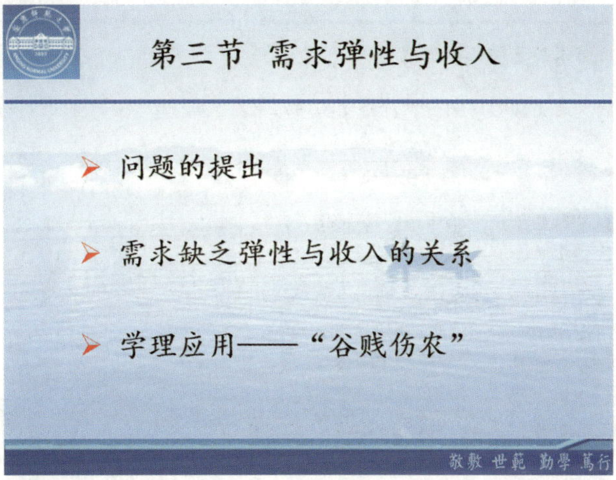
第三节 需求弹性与收入
➢ 问题的提出
➢ 需求缺乏弹性与收入的关系
➢ 学理应用——“谷贱伤农”
敬敷世範 勤學篤行

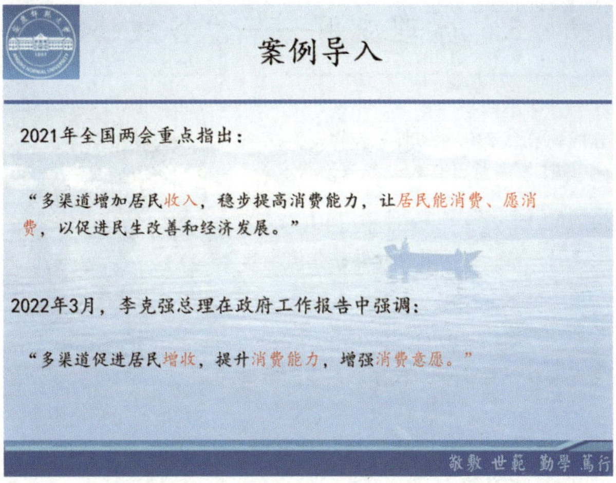
案例导入
2021年全国两会重点指出：
“多渠道增加居民收入，稳步提高消费能力，让居民能消费、愿消费，以促进民生改善和经济发展。”
2022年3月，李克强总理在政府工作报告中强调：
“多渠道促进居民增收，提升消费能力，增强消费意愿。”
敬敷世範 勤學篤行

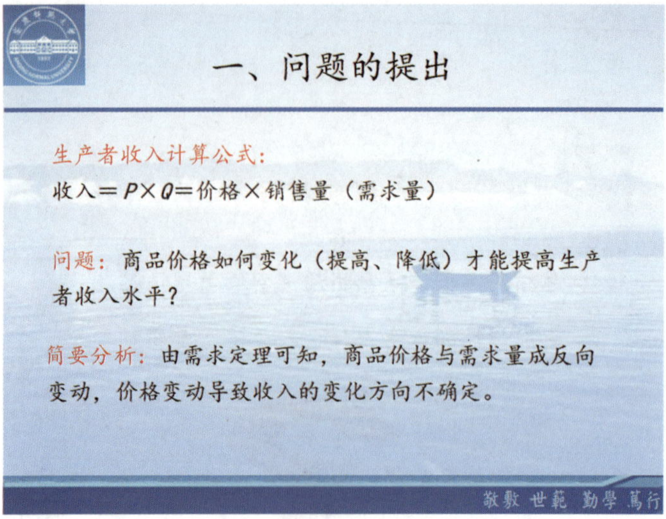
一、问题的提出
生产者收入计算公式：
收入＝P×Q＝价格×销售量（需求量）
问题：商品价格如何变化（提高、降低）才能提高生产者收入水平？
简要分析：由需求定理可知，商品价格与需求量成反向变动，价格变动导致收入的变化方向不确定。
敬敷 世範 勤學 篤行

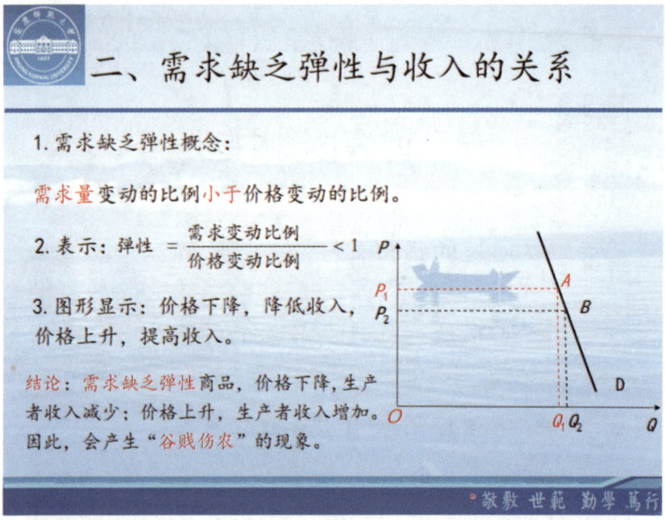
二、需求缺乏弹性与收入的关系
1. 需求缺乏弹性概念：
需求量变动的比例小于价格变动的比例。
2. 表示：弹性 ＝ 需求变动比例 / 价格变动比例 < 1
3. 图形显示：价格下降，降低收入，价格上升，提高收入。
结论：需求缺乏弹性商品，价格下降，生产者收入减少；价格上升，生产者收入增加。因此，会产生“谷贱伤农”的现象。
P
P1
P2
A
B
D
O
Q1 Q2
Q
敬敷 世範 勤學 篤行

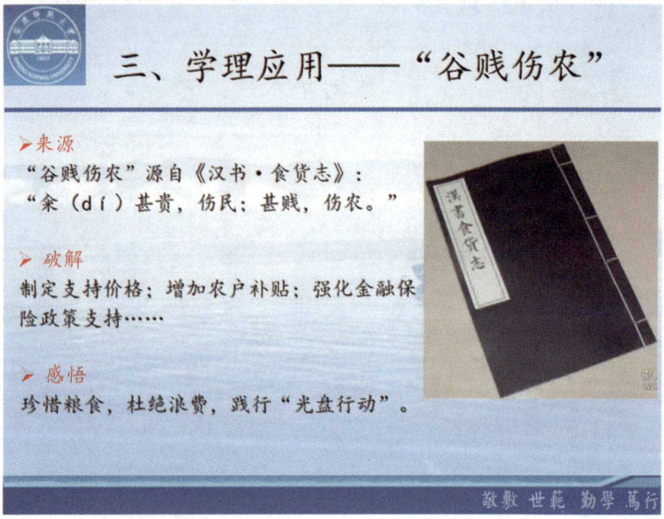
三、学理应用——“谷贱伤农”
➢来源
“谷贱伤农”源自《汉书·食货志》：
“籴（dí）甚贵，伤民；甚贱，伤农。”
➢ 破解
制定支持价格；增加农户补贴；强化金融保险政策支持……
➢ 感悟
珍惜粮食，杜绝浪费，践行“光盘行动”。
漢書食貨志
敬敷 世範 勤學 篤行

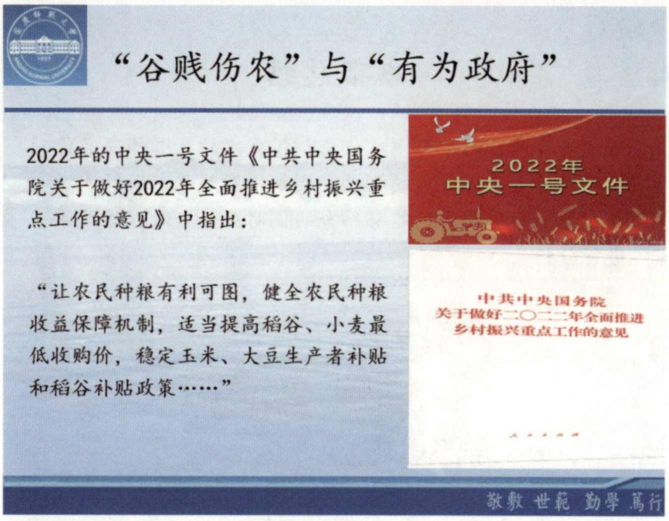
“谷贱伤农”与“有为政府”
2022年的中央一号文件《中共中央国务院关于做好2022年全面推进乡村振兴重点工作的意见》中指出：
“让农民种粮有利可图，健全农民种粮收益保障机制，适当提高稻谷、小麦最低收购价，稳定玉米、大豆生产者补贴和稻谷补贴政策……”
2022年
中央一号文件
中共中央国务院
关于做好二〇二二年全面推进
乡村振兴重点工作的意见
敬敷 世範 勤學 篤行

2004—2022年中央“一号文件”
2004年
2005年
2006年
2007年
2008年
2009年
2010年
2011年
2012年
2013年
2014年
2015年
2016年
2017年
2018年
2019年
2020年
2021年
2022年
敬敷 世範 勤學 篤行

“经过全党全国各族人民共同努力，在迎来中国共产党成立一百周年的重要时刻，我国脱贫攻坚战取得了全面胜利。”
“坚持以人民为中心的发展思想，坚定不移走共同富裕道路。”
——摘自习近平总书记在全国脱贫攻坚总结表彰大会上重要讲话
全国脱贫攻坚总结表彰大会
感悟
➢ 充分体现了社会主义制度的优越性。
➢ 成为有理想、敢担当、能吃苦、肯奋斗的新时代好青年。
敬敷 世範 勤學 篤行

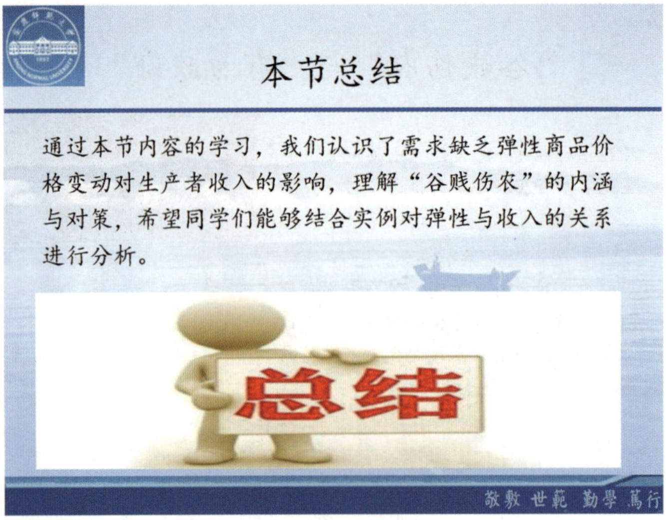
本节总结
通过本节内容的学习，我们认识了需求缺乏弹性商品价格变动对生产者收入的影响，理解“谷贱伤农”的内涵与对策，希望同学们能够结合实例对弹性与收入的关系进行分析。
总结
敬敷 世範 勤學 篤行

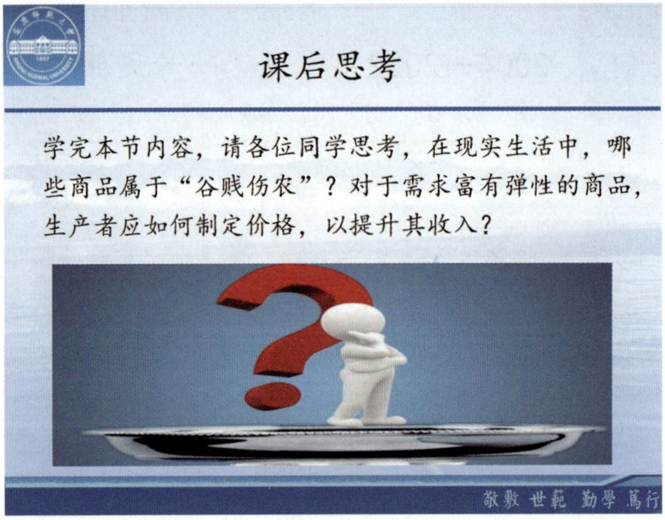
课后思考
学完本节内容，请各位同学思考，在现实生活中，哪些商品属于“谷贱伤农”？对于需求富有弹性的商品，生产者应如何制定价格，以提升其收入？
敬敷 世範 勤學 篤行

“法律职业伦理”课程思政教学设计案例

一、课程简介

1. 课程性质

法律职业伦理是法学专业的学科基础课，共计 34 学时，2 学分，修读对象为法学类专业本科一年级学生，开课时间为第二学期。

2. 课程内容

本课程旨在系统阐释社会主义法律职业伦理的基本准则、伦理要素以及伦理建设等内容，培养法学专业学生的职业伦理素养，为社会主义法治事业培养德才兼备的合格接班人。主要内容包括：法官职业伦理、检察官职业伦理、律师职业伦理、仲裁员职业伦理、公证员职业伦理、行政执法人员职业伦理、法律学者职业伦理等。

3. 授课教师

程丁卯，讲师，法学硕士，曾任检察官，主要承担法学专业的法律职业伦理、诊所法律教育等课程，主持省级教研项目 1 项、校级教研项目 1 项，曾获安庆师范大学第二届课程思政教学设计大赛人文社科组三等奖。

二、课程思政资源分析

（一）课程思政建设目标

全面依法治国建设需要一大批高素质的法律人，而职业伦理是高素质法律人应具备的核心要素。本课程坚持立德树人，将社会主义核心价值观和职业伦理融合，通过职业伦理法律法规、纪律规范以及正反两方面的案例揭示，并结合自身检察官职业实践，向学生深入浅出地介绍法官、检察官、律师、公证人等法律职业伦理的精神内核和行为要求。引导学生将相关法律职业伦理精神内化于心，融入自己的人生观和价值观，培养学生成长为政治可靠、业务精湛、纪律严明的社会主义法治事业的建设者和接班人。

思政目标1:塑造政治认同。我国法律职业伦理建设以习近平法治思想为指导,具有强烈的政治性和人民性,彰显了鲜明的中国特色和时代特色。通过教学,培养学生忠于党、忠于国家、忠于人民的法律职业伦理品质,使之成为社会主义法治理念的拥护者、中国特色社会主义法治事业的接班人。

思政目标2:培育伦理精神。习近平总书记强调,法学教育要坚持立德树人、德法兼修,抓好法治人才培养。通过教学,培养学生为民服务的宗旨,以法为尊的信仰,公平正义的理念,诚实守信的品格,将法律职业伦理精神内化于心,将法律职业伦理规则外化于行。

思政目标3:彰显榜样力量。榜样的力量是无穷的,社会主义法治实践中涌现出宋鱼水、邹碧华、王英等一大批法治战线的先锋模范,这是课程设计与课堂教学的生动素材。通过教学,展示优秀法官、检察官、律师等法律人的优良品格和精神风采,激励学生向榜样靠拢,树立远大理想,砥砺坚韧品质。

(二)课程思政融入方式

本课程运用多种方式将思政元素融入课堂教学,努力实现“知识传授－思政育人”的协同育人效果。主要包括教学渗透、案例示范、课堂讨论和经历分享等方式。

(1)教学渗透。通过学习法律职业伦理基本准则、法律职业伦理要素、法律职业伦理责任以及法官、检察官和律师等法律职业伦理,在教学中渗透平等、公正、法治、爱国、敬业、诚信等社会主义核心价值观,实现知识传授与思政育人的高度融合。

(2)案例示范。① 正向激励。通过展示法治燃灯者邹碧华法官、浙江省优秀检察官王英、北京市十佳律师田文昌等人的先进事迹,培育学生的社会主义法治信念。② 反面教材。通过展示全国政法队伍教育整顿过程中落马的内蒙古自治区高级人民法院原党组书记、院长胡毅峰,湖南省高院原副院长李微等人的警示案例,展现党中央开展政法教育整顿工作,努力让人民群众在每一个司法案件中都感受到公平正义的坚强决心。

(3)课堂讨论。结合职业理想教育,组织学生针对法律职业伦理教育、约束与养成等问题展开讨论。结合习近平总书记关于政法干警坚守职业良知、执法为民的重要讲话精神,引导青年学生树立为社会主义法治事业奋斗终生的远大理想。

(4)经历分享。本人于2012年至2016年在检察机关工作,4年的检察官工作经历加深了我对法律职业的理解。在课堂上,我针对相关授课内容,结合自己的检察工作实践,跟同学们分享自己对法律职业伦理的理解,收到积极而热烈的课堂反馈效果。

三、教学案例展示

法官职业伦理要素

教学展示内容选自法律出版社出版的《法律职业伦理》教材第五章“法官职业伦理”中第二节“法官职业伦理要素”。该节包含有五目内容:忠诚司法事业、保证司法公正、确保司法廉洁、坚持司法为民、维护司法形象，授课时长为1学时。

（一）教学目标

1. 情感态度与价值观目标

（1）通过本节课的学习，培养学生对中国特色社会主义制度、道路、理论和中国特色社会主义司法制度矢志不渝的认同。

（2）通过本节课的学习，让学生深刻理解人民性是司法的根本属性，司法为民就是要努力实现司法工作依靠人民、服务人民、造福人民和保护人民的宗旨。

（3）通过本节课的学习，让学生深刻理解中国特色社会主义司法公正的目标是"让人民群众在每一个司法案件中感受到公平正义"。

2. 知识与技能目标

（1）通过内容讲解，让学生具体掌握忠诚司法事业、保证司法公正、确保司法廉洁、坚持司法为民和维护司法形象的内涵，并了解相关内容在《法官法》《法官职业道德基本准则》中的具体规定。

（2）通过案例分析，让学生能够理论联系实际，认识和辨别违背法官职业伦理的行为类型，内化于心，引以为戒。

（3）通过课堂练习，布置学生在课堂及课后完成历年法律职业资格考试与本节内容相关的试题，提高学生法律职业资格考试的实战能力。

3. 过程与方法目标

（1）通过雨课堂平台，实现课件推送、实时答题、多屏互动、答疑弹幕及学生数据分析等教学方式革新，实现教学一体化。

（2）通过最新案例，将教学内容贯彻于案例分析当中，引导学生分析思考教学内容，把握教材相关知识。

（二）教学重难点

教学重点：忠诚司法事业的内涵、坚持司法为民的要求。

教学难点：保证司法公正的内涵及要求，程序公正与实体公正的辩证关系。

（三）教学方法、教学资源

教法：混合式教学法、问题引导法、案例分析法。

学法：自主学习法、探究学习法。

教学资源：

（1）王清新．法律职业伦理[M]．北京：法律出版社，2021.

（2）王进喜．法律职业伦理[M]．北京：中国人民大学出版社，2021.

（3）刘欣．中国法律职业背景下的法官[M]．北京：世界图书出版公司，2016.

(4) 短视频《法治燃灯者:邹碧华法官》. https://v. qq. com/x/page/e06328hhssx. html.

(5) 短视频《站在审判实践最前沿的人民好法官:宋鱼水》. https://baijiahao. baidu. com/s? id=1711243314370944246.

(四) 教学过程

教学环节一:新课导入

通过PPT展示两个案例:内蒙古自治区阿拉善盟阿拉善右旗人民法院庭长浩斯白尔未按规定记录填报案;山东省济南市中级人民法院执行三庭原副庭长戴伍建过问案件案。

通过这两个案例,引出三个问题:① 上述案例中相关人员的行为是否违反了职业伦理? ② 法官职业伦理有哪些具体要求? 又有哪些法官职业伦理的"雷区"? ③ 习近平总书记提出:"教育引导广大干警自觉用职业道德约束自己,做到对群众深恶痛绝的事零容忍、对群众急需急盼的事零懈怠,树立惩恶扬善、执法如山的浩然正气。"结合案例,谈谈你对这句话的理解。

思政元素融入设计:

(1) 利用当下政法教育整顿活动中出现的鲜活案例,引发学生对法官职业伦理的关注,展现我们党和国家对司法腐败零容忍的鲜明态度。

(2) 将习近平总书记对政法干警的要求融入教学过程,引导学生更深刻理解社会主义法官职业伦理的内涵和意义。

教学环节二:新课讲解

知识点一:忠诚司法事业。引导学生阅读教材第131页关于"忠诚司法事业"的内容。引导学生思考:作为法官职业伦理的"忠诚"在政治上有何要求?

详细讲解"忠诚司法事业"的具体要求,重点解释社会主义法治理念和中国特色社会主义司法制度的优越性。

思政元素融入设计:

(1) 法官必须牢固树立依法治国、执法为民、公平正义、服务大局和党的领导等社会主义法治理念。

(2) 法官必须认同中国特色社会主义法治的价值目标,为党和国家的路线方针政策的执行提供司法保障。

知识点二:保证司法公正。引导学生阅读教材第131至第133页关于"司法公正"的内容。引导学生思考社会主义司法公正的内涵。

详细讲解司法公正的具体要求:依法独立行使审判权、保持中立的裁判角色、恪守公开原则、提高司法效率。重点讲解"依法独立行使审判权"的真正含义,依法独立行使审判权与党的领导并不冲突,而是相互统一的。重点讲解习近平总书记关于司法公正的重要论述。

通过一道法考真题(多选题)巩固该知识点。

思政元素融入设计:

(1) 习近平总书记关于司法公正的重要论述。

(2) 明确中国特色社会主义司法公正优越于西方国家司法公正的要点在于,我国的司法公正是形式公正和实质公正的统一,实质公正的实现有物质保障和制度保障。

知识点三:确保司法廉洁。引导学生阅读教材第133至第134页关于"司法廉洁"的内容。

详细讲解司法廉洁的具体规定。重点讲解习近平总书记关于惩治司法腐败的重要论述。重点讲解"不从事或者参与营利性的经营活动"的含义,引导学生讨论:法官能否炒股?

通过一道法考真题(多选题)巩固该知识点。

思政元素融入设计:习近平总书记强调:"执法不严、司法不公、司法腐败问题不仅严重败坏政法机关形象,而且严重损害党和政府形象。""旗帜鲜明反对腐败,是政法战线必须打好的攻坚战。"通过引入该论述,加深学生对司法廉洁的理解。

知识点四:坚持司法为民。详细讲解维护司法为民的具体要求。重点讲解以人为本和司法为民的理念以及如何发挥司法的"能动"作用,实现"案结事了"的纠纷解决。

播放短视频"全国模范法官:宋鱼水"(4分钟)。

思政元素融入设计:结合习近平总书记"七一"重要讲话精神来讲解该知识点,引导学生思考:如何在司法中落实"践行以人民为中心的发展思想,发展全过程人民民主,维护社会公平正义"的要求?

知识点五:维护司法形象。详细讲解维护司法形象的具体要求。重点讲解文明司法和司法礼仪。结合社会主义核心价值观,讲解法官做好自我修养,遵守社会公德和家庭美德。

播放短视频"《习近平用典》政论微视频:吾日三省吾身"(3分钟)。

思政元素融入设计:

(1)《习近平用典》政论微视频。

(2) 习近平总书记在2015年春节团拜会上强调:"不论时代发生多大变化,不论生活格局发生多大变化,我们都要重视家庭建设,注重家庭、注重家教、注重家风。"

教学环节三:课后延伸

布置作业:请每个同学通过中国裁判文书网下载并分析一个涉及社会主义核心价值观的民事司法案例。① 概括具体案情、裁判要点;② 通过案例,分析法官如何在司法实践中运用社会主义核心价值观释法说理?体现了法官职业伦理的哪些要求?③ 按照上述要求提交一篇案例分析报告。

思政元素融入设计:将社会主义核心价值观与法官职业伦理相结合,通过布置案例检索和案例分析作业,加深学生对中国特色社会主义法官职业伦理的理解。

(五) 教学反思

一是在教学中要进一步加强与学生的互动,激发学生的学习兴趣,将"要我学"变成"我要学",提高学生学习的自觉性。二是要真正让学生对社会主义法律职业伦理产生认同,并将这种认同内化到自己的思想和灵魂深处,贯穿于日后的法律职业实践中。

四、课件

第二节 法官职业伦理要素

一、忠诚司法事业

二、保证公正司法

三、确保司法清廉

四、坚持司法为民

五、维护司法形象

案例1内蒙古自治区阿拉善盟阿拉善右旗人民法院庭长浩斯白尔未按规定记录填报案

- 2020年10月26日，阿拉善右旗人民法院原党组成员、副院长杨世荣因犯受贿罪被判刑。在倒查核实是否存在干警违反“三个规定”问题时，被谈话人浩斯白尔承认，2018年12月24日时任阿拉善右旗人民法院党组成员、副院长杨世荣曾让其在审理某建设工程合同纠纷案时，对被告一方予以照顾。浩斯白尔拒绝杨世荣的要求并依法办理案件，但是未如实记录填报杨世荣过问案件情况。目前，浩斯白尔受到提醒谈话处理。

案例2 山东省济南市中级人民法院执行三庭原副庭长戴伍建过问案件案

- 经对有关案件倒查核实，2005年6月至2020年4月，戴伍建利用职务上的便利和利用职权、地位形成的便利条件，通过干预过问案件等方式为他人谋取利益并收受现金、购物卡等财物。另外，戴伍建还存在其他违纪违规问题。目前，戴伍建受到开除党籍和开除公职处分，因犯受贿罪被判处有期徒刑三年六个月，并处罚金人民币二十五万元。

【思考】

1.上述案例中相关人员的行为是否违法了法官职业伦理?

2.法官职业伦理有哪些具体要求?又有哪些法官职业伦理的“雷区”?

3.如果法官违反了法官职业伦理要求有何惩戒?

一、忠诚司法事业

1.牢固树立社会主义法治理念。

2.坚持和维护中国特色社会主义司法制度。

3.热爱司法事业,珍惜法官荣誉。

4.维护国家利益,遵守政治纪律。

法官宣誓

我宣誓:忠于中华人民共和国宪法,维护宪法权威,履行宪法职责,忠于祖国,忠于人民。

参加宣誓的法官纷纷表示,在今后的工作中要遵守誓言,将自觉弘扬宪法精神、维护宪法权威、捍卫宪法尊严、保证宪法实施,切实履行好历史使命,司法为民、公正司法。

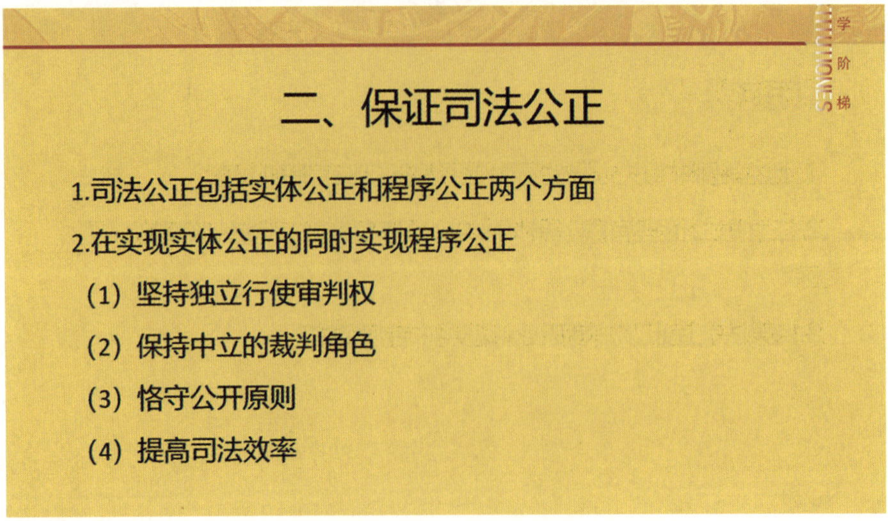
二、保证司法公正
1.司法公正包括实体公正和程序公正两个方面
2.在实现实体公正的同时实现程序公正
（1）坚持独立行使审判权
（2）保持中立的裁判角色
（3）恪守公开原则
（4）提高司法效率
学阶梯

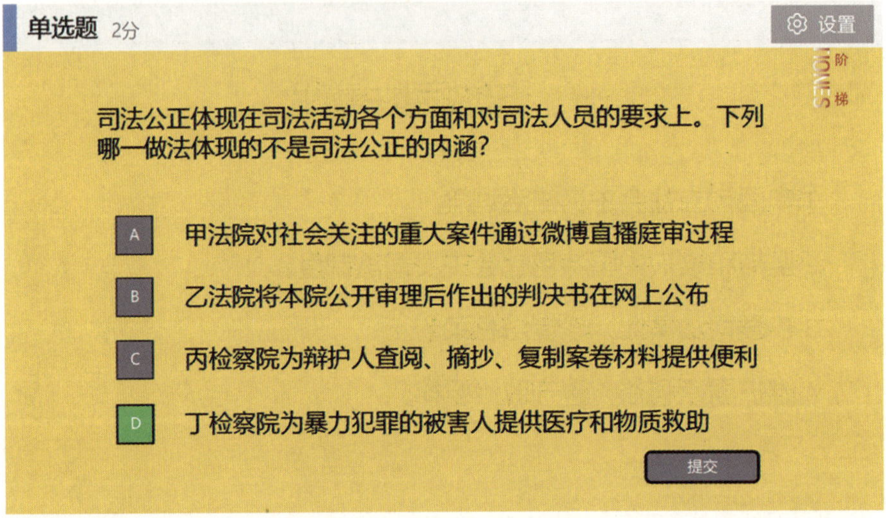
单选题 2分
设置
司法公正体现在司法活动各个方面和对司法人员的要求上。下列哪一做法体现的不是司法公正的内涵？
A 甲法院对社会关注的重大案件通过微博直播庭审过程
B 乙法院将本院公开审理后作出的判决书在网上公布
C 丙检察院为辩护人查阅、摘抄、复制案卷材料提供便利
D 丁检察院为暴力犯罪的被害人提供医疗和物质救助
提交

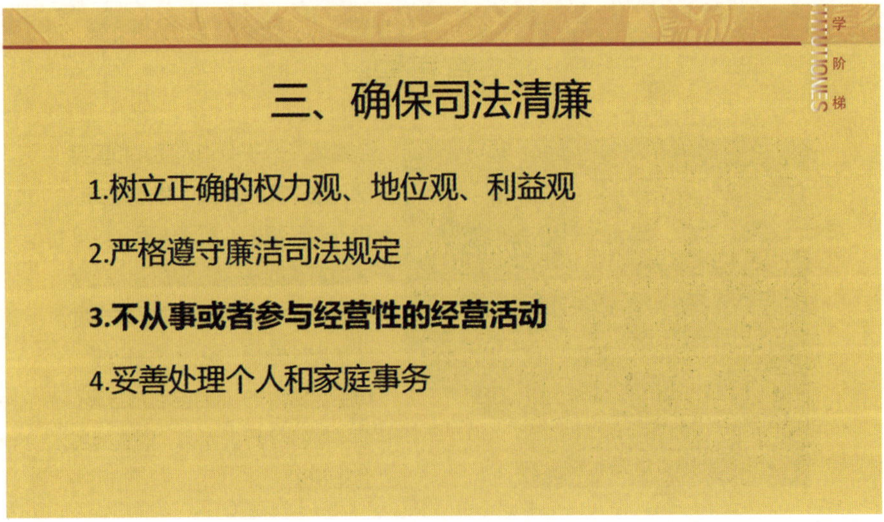
三、确保司法清廉
1.树立正确的权力观、地位观、利益观
2.严格遵守廉洁司法规定
3.不从事或者参与经营性的经营活动
4.妥善处理个人和家庭事务
学阶梯

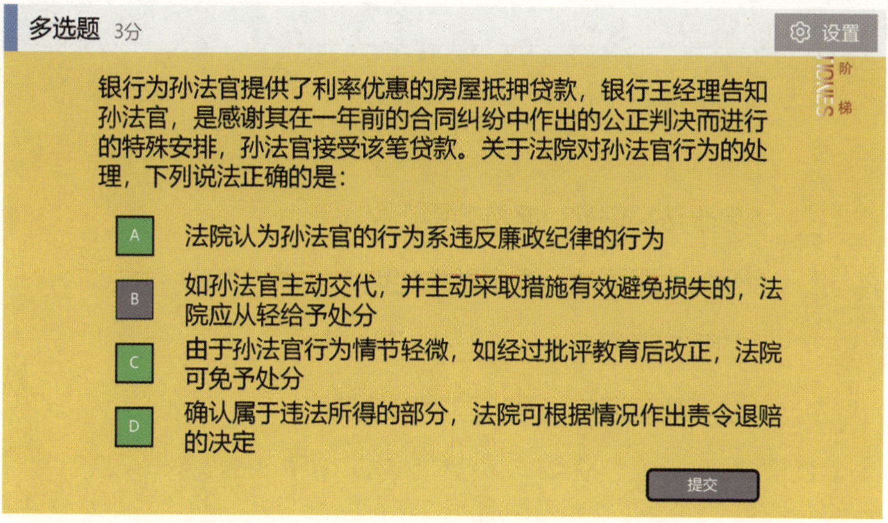
多选题 3分
设置
银行为孙法官提供了利率优惠的房屋抵押贷款，银行王经理告知孙法官，是感谢其在一年前的合同纠纷中作出的公正判决而进行的特殊安排，孙法官接受该笔贷款。关于法院对孙法官行为的处理，下列说法正确的是：
A 法院认为孙法官的行为系违反廉政纪律的行为
B 如孙法官主动交代，并主动采取措施有效避免损失的，法院应从轻给予处分
C 由于孙法官行为情节轻微，如经过批评教育后改正，法院可免予处分
D 确认属于违法所得的部分，法院可根据情况作出责令退赔的决定
提交

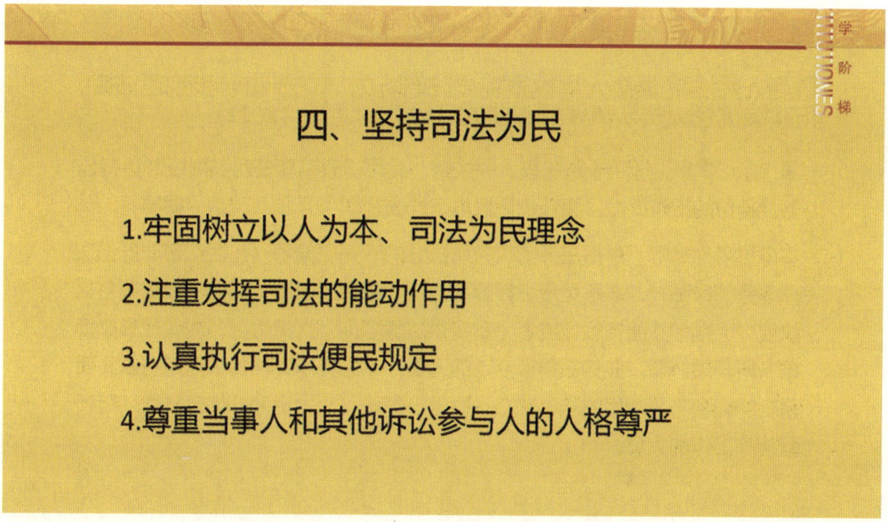
四、坚持司法为民
1.牢固树立以人为本、司法为民理念
2.注重发挥司法的能动作用
3.认真执行司法便民规定
4.尊重当事人和其他诉讼参与人的人格尊严

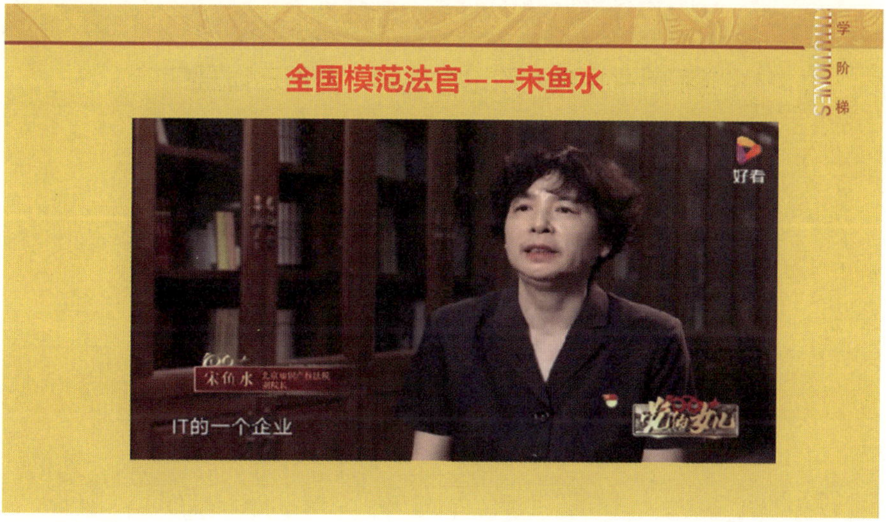
全国模范法官——宋鱼水
好看
宋鱼水
IT的一个企业

五、维护司法形象

1.忠于法官职守，坚持公平正义

2.坚持文明司法，遵守司法礼仪

3.加强自身修养

4.法官离任后应当遵守国家相关规定

最高人民法院 最高人民检察院 司法部印发《关于进一步规范法院、检察院离任人员从事律师职业的意见》的通知（2021）

- 第二条　本意见适用于从各级人民法院、人民检察院离任且在离任时具有公务员身份的工作人员。离任包括**退休**、**辞去公职**、开除、辞退、调离等。
- 本意见所称律师，是指在律师事务所执业的专兼职律师（包括从事非诉讼法律事务的律师）。本意见所称**律师事务所“法律顾问”**，是指不以律师名义执业，但就相关业务领域或者个案提供法律咨询、法律论证，或者代表律师事务所开展协调、业务拓展等活动的人员。本意见所称**律师事务所行政人员**，是指律师事务所聘用的从事秘书、财务、行政、人力资源、信息技术、风险管控等工作的人员。

《习近平用典》政论微视频：吾日三省吾身

“竞争法”课程思政教学设计案例

一、课程简介

1. 课程性质

竞争法是普通高等学校知识产权本科专业的学科核心课，共计34学时，2学分，修读对象为知识产权专业三年级学生，开课时间为第五学期。先修课程为民法总论、合同法、侵权责任法、商标法、著作权法。竞争法是研究不正当竞争和限制竞争行为基本原理的一门法学课程。

2. 课程内容

本课程内容包括三个方面，即竞争法基本原理、反不正当竞争法、反垄断法。竞争法基本原理主要讲授竞争法的政策目标、立法模式、基本概念、基本原则、产生原因、发展趋势；反不正当竞争法主要讲授市场混淆、商业贿赂、虚假宣传、商业秘密侵权、不正当有奖销售、商业诋毁等不正当竞争行为的法律规制；反垄断法主要讲授垄断协议、滥用市场支配地位、经营者集中、行政性垄断规制制度和反垄断法实施、适用除外与域外适用。

3. 授课教师

崔汪卫，教授、博士后、硕士生导师。主要研究方向为知识产权与竞争法。在CSSCI来源刊发表学术论文18篇，人大复印资料全文转载2篇；主持国家社科基金2项，主持教育部基金、中国博士后基金等省部级项目5项；主持省级教学研究重点项目、省一流教材项目各1项；出版学术专著2部。入选省高校拔尖人才，获得校优秀共产党员、“三全育人”最美老师等荣誉。

二、课程思政资源分析

（一）课程思政建设目标

本课程坚持立德树人、德法兼修，遵循经济法治理念，把重德守信、履约践诺贯穿于课程教学中，突出培育高尚的道德修养、诚信的经营理念、公平的法治精神，积极弘扬公平交易、诚信不欺的传统美德。学习竞争法基本理论，引导学生树立社会主义市场经济法治理念，遵守和维护公平有序的市场竞争秩序，营造人人遵守市场竞争基本法则的浓厚氛围。

思政目标1：立德树人。课堂是高校教育教学活动的主要阵地，应围绕立德树人这一根本使命展开，培养德法兼修的高素质法治人才。本课程教学目标不仅要求学生掌握竞争法的基本知识，更要树立遵法守法意识和规则意识，养成良好的职业操守。

思政目标2：以诚待人。《竞争法》主要规制社会主义市场经济竞争秩序，各类市场主体应当遵循诚实守信原则。《礼记·坊记》云："君子贵人而贱己，先人而后己。"作为课程教学，诚实信用教育应当贯穿从基本知识到深层理论的整个教学过程。

思政目标3：遵规守法。我国经济发展过程中，各市场主体应当增强规矩意识，守住纪律底线。《孟子》云："不以规矩，不能成方圆。"《韩非子》云："言无二贵，法无两适。"一个国家的治理需要遵循一定的法则，没有规范就会一盘散沙，学生也需要遵守基本的规章制度。

（二）课程思政融入方式

本课程思政融入方式主要有制度引导、问题导向、价值判断、案例讨论。

（1）制度引导。通过观看2021年8月30日中央电视台《新闻联播》视频"习近平主持召开中央全面深化改革委员会第二十一次会议强调　加强反垄断反不正当竞争监管力度，完善物资储备体制机制深入打好污染防治攻坚战"，教育学生知晓我国从国家制度层面上加强反垄断反不正当竞争监管力度，增强学生学习本门课程的自觉性。

（2）问题导向。通过提出与课程相关内容、蕴含课程思政元素的问题，引导学生深入思考并当堂作答，潜移默化提高学生遵法守规的自觉性和主动性。本课程中涉及最普遍的原则就是"诚实信用原则"和"遵守商业道德原则"。向学生提出"诚实信用原则"和"遵守商业道德原则"对于社会主义市场经济体制建设的重要意义，让学生举例说明其重要意义所在。

（3）价值判断。结合竞争法课程教学，通过各种场景模拟，提供多种可选择、蕴含课程思政元素的选项，由学生自主做出价值判断，进而达到教育学生思想、传授知识的目的。通过价值判断，不断提升学生辨别和判断问题的能力，为其今后工作中遇到各类问题时做出正确的判断和选择提供参考。例如，"商业贿赂是经济发展的润滑剂"的说法，由学生做出合理的价值判断。教育学生理解利用商业贿赂争取交易机会，既严重败坏社会风气，也对良性的市场竞争造成严重损害。上述这种说法是错误的。

(4) 案例讨论。通过日常生活中遇到的典型案例,教育学生树立正确的人生观、价值观和世界观,坚守诚实信用,遵守商业道德,维护市场经济竞争秩序。通过案例讨论使学生感知社会、感知生活,在讨论中领悟市场经济的重要法则,更加坚定对社会主义市场经济体制和改革开放基本国策的认同。例如,阿里巴巴滥用市场支配地位案,淘宝平台强迫消费者“二选一”,最终被国家市场监督管理局罚款182.28亿元。此案的讨论放在“滥用市场支配地位”一章中进行,起到了教育学生养成守规矩意识的作用。

三、教学案例展示

滥用行政权力限制竞争控制制度

教学展示内容选自武汉大学出版社的《竞争法原论》(第2版)中第七章“行政性垄断规制制度”。行政性垄断不属于政府为维护社会经济秩序而进行的正常经济管理,也不属于政府为实现对国民经济的宏观调控而采取的产业政策、财政政策等经济和社会政策。行政性垄断是行政机关滥用行政权力,破坏市场公平竞争规则,阻碍或者限制市场自由竞争的行为。习近平总书记主持召开中央全面深化改革委员会第二十一次会议时指出,要加快健全市场准入制度、公平竞争审查机制、数字经济公平竞争监管制度、预防和制止滥用行政权力排除限制竞争制度等。准确认定行政性垄断是有效规制的前提和基础,本章将对此进行讲授。

(一) 教学目标

1. 情感态度和价值观目标

(1) 通过行政性垄断的讲解,让学生感受行政权力的行使应当符合法律法规的规定,不得滥用行政权力排除限制竞争。

(2) 通过行政性垄断的讲解,让学生理解行政性垄断严重破坏了我国市场经济秩序,也严重损害消费者和市场主体的合法权益。

2. 知识和技能目标

(1) 理解和掌握行政性垄断的概念与特征。
(2) 准确掌握行政性垄断的表现形式。
(3) 理解和掌握行政性垄断的法律规制。

3. 过程与方法目标

(1) 通过学习行政性垄断,精准认定某一行政行为是否构成行政性垄断。
(2) 通过案例研习,掌握行政性垄断的司法救济方法。

(二) 教学重难点

教学重点:行政性垄断的特征。

教学难点：行政性垄断的表现和危害及对其规制。

（三）教学方法、教学资源

教法：探究式教学法、参与式教学法、混合式教学法。

学法：自主学习法、协作学习法、探究学习法。

教学资源：

（1）孙晋，李胜利．竞争法原论[M]．2 版．北京：法律出版社，2020.

（2）王先林．竞争法学[M]．北京：中国人民大学出版社，2018.

（3）中央电视台《新闻联播》视频《习近平主持召开中央全面深化改革委员会第二十一次会议强调　加强反垄断反不正当竞争监管力度　完善物资储备体制机制深入打好污染防治攻坚战》. https://tv.cctv.com/2021/08/30/VIDEET0urmWHNSRaqilZuqmV210830.shtml? spm=C31267.PXDaChrrDGdt.EbD5Beq0unIQ.3.

（4）国务院网站《市场监管总局等五部门关于印发〈公平竞争审查制度实施细则〉的通知》. http://www.gov.cn/zhengce/zhengceku/2021-07/08/content_5623453.htm.

（四）教学过程

教学环节一：线上学习回顾

（1）通过雨课堂平台，了解上一节课学生作业提交情况。

（2）对作业完成情况在课前进行点评和交流。

（3）检查新课预习情况，了解学生掌握新课程度。

思政元素融入设计：线上作业完成和新课预习情况能够反映出立德树人教育总目标，从作业完成质量上能够反映出学生学习的能力和态度。上节课上的"经营者集中制度是一项预防性制度"，是为了保持市场活力，防止出现垄断企业阻碍市场、阻碍创新而设立的一项重要制度。学生应当理解经营者集中对社会创新、妨害公平竞争的重要意义。

教学环节二：线下新课讲授

【新课导入】

思政元素融入设计：2021 年 8 月 30 日中央电视台《新闻联播》视频：习近平主持召开中央全面深化改革委员会第二十一次会议强调　加强反垄断反不正当竞争监管力度　完善物资储备体制机制深入打好污染防治攻坚战（网址：https://tv.cctv.com/2021/08/30/VIDEET0urmWHNSRaqilZuqmV210830.shtml? spm = C31267.PXDaChrrDGdt.EbD5Beq0unIQ.3）。

【新课讲解】

一、行政性垄断的概念与特征

（一）行政性垄断的法律渊源

我国《反垄断法》第三十二条规定：行政机关和法律、法规授权的具有管理公共事务职能的组织不得滥用行政权力，限定或者变相限定单位或者个人经营、购买、使用其指定的经营者提供的商品。

国家市场监督管理总局：《制止滥用行政权力排除、限制竞争行为暂行规定》(2019年6月18日审议通过，自2019年9月1日起施行)（以下简称《暂行规定》)。

（二）行政性垄断的概念

行政性垄断是行政机关或其授权的组织滥用行政权力，对某一产业的生产、销售等进行直接控制，不允许其他市场主体进入该市场领域，并以行政的手段进行资源配置的情形。

（三）行政性垄断的特征

(1) 行政性垄断的行为主体是行政机关或其授权的组织。

(2) 行政性垄断是上述主体滥用行政权力而实施的行为。这些行为包括地区垄断、行业垄断、强制联合抵制竞争等干涉市场主体行为以及分割市场资源等行为。

(3) 行政垄断的形式主要是指定交易和限制资源自由流通。

二、行政性垄断的表现与危害

（一）行政性垄断的基本类型

(1) 二分法：地区性行政性垄断、行业部门性行政性垄断。

(2) 三分法：国家垄断、行政性公司垄断、地区行业垄断；或者分为地区垄断、部门垄断、其他利用行政权力实施的垄断（主流观点）。

(3) 四分法：地区贸易壁垒、部门贸易壁垒、政府限定交易、设立行政公司；或者分为地区封锁、部门垄断、强制交易、强制联合限制竞争。

地区垄断，又称地区封锁，是指某一地区的行政主体为保护本地区企业和经济利益，滥用行政权力排斥、限制外地企业参与本地市场竞争或本地企业参与外地市场竞争的行为。

《暂行规定》第五条　行政机关和法律、法规授权的具有管理公共事务职能的组织不得滥用行政权力，实施下列行为，妨碍商品在地区之间的自由流通：

（一）对外地商品设定歧视性收费项目、实行歧视性收费标准，或者规定歧视性价格、实行歧视性补贴政策；

（二）对外地商品规定与本地同类商品不同的技术要求、检验标准，或者对外地商品采取重复检验、重复认证等措施，阻碍、限制外地商品进入本地市场；

（三）没有法律、法规依据，采取专门针对外地商品的行政许可、备案，或者对外地商品实施行政许可、备案时，设定不同的许可或者备案条件、程序、期限等，阻碍、限制外地商品进入本地市场；

（四）没有法律、法规依据，设置关卡、通过软件或者互联网设置屏蔽等手段，阻碍、限制外地商品进入本地市场或者本地商品运往外地市场；

（五）妨碍商品在地区之间自由流通的其他行为。

部门垄断，是指行政主体为保护本部门的企业和经济利益，滥用行政权力实施的限制其他部门企业参与本部门市场竞争的行为。

部门垄断和地区垄断在主体方面存在交叉的可能性，如地方政府部门既可能是地区垄断的实施者，亦可能是部门垄断的实施者，但就基本方面而言，两者的区分还是比较明显的，表现了行政权力的不同辐射方向。

其他利用行政权力实施的垄断，是指除地区垄断和部门垄断之外的其他行政性垄断情形。例如，强制交易和强制联合限制竞争行为（如强制联合定价、强制联合拒销、拒购）等。

注意：作为一种行政行为，行政性垄断既可以表现为具体行政行为，也可以表现为抽象行政行为。

（二）行政机关垄断的危害

(1) 人为分割市场，破坏市场统一，使社会资源配置效率低下。

(2) 侵害经营者公平竞争权。

(3) 损害消费者的合法权益。

(4) 扰乱国家行政秩序，行政权力滥用在经济上往往获取巨额垄断租金，成为滋生腐败的"温床"。

(5) 与WTO基本原则相冲突，影响我国履行"入世"的承诺。

（三）我国反垄断法规制的行政性垄断的典型形式

(1) 行政机关指定交易。

《反垄断法》第三十二条　行政机关和法律、法规授权的具有管理公共事务职能的组织不得滥用行政权力，限定或者变相限定单位或者个人经营、购买、使用其指定的经营者提供的商品。

(2) 限制商品自由流通的地区垄断。

《反垄断法》第三十三条　行政机关和法律、法规授权的具有管理公共事务职能的组织不得滥用行政权力，实施下列行为，妨碍商品在地区之间的自由流通：

（一）对外地商品设定歧视性收费项目、实行歧视性收费标准，或者规定歧视性价格；

（二）对外地商品规定与本地同类商品不同的技术要求、检验标准，或者对外地商品采取重复检验、重复认证等歧视性技术措施，限制外地商品进入本地市场；

（三）采取专门针对外地商品的行政许可，限制外地商品进入本地市场；

（四）设置关卡或者采取其他手段，阻碍外地商品进入或者本地商品运出；

（五）妨碍商品在地区之间自由流通的其他行为。

(3) 排斥或限制招投标。

《反垄断法》第三十四条　行政机关和法律、法规授权的具有管理公共事务职能的组织不得滥用行政权力，以设定歧视性资质要求、评审标准或者不依法发布信息等方式，排斥或者限制外地经营者参加本地的招标投标活动。

(4) 排斥或限制投资或设立分支机构。

《反垄断法》第三十五条　行政机关和法律、法规授权的具有管理公共事务职能的组织不得滥用行政权力，采取与本地经营者不平等待遇等方式，排斥或者限制外地经营者在本地投资或者设立分支机构。

(5) 强制经营者从事垄断行为。

《反垄断法》第三十六条　行政机关和法律、法规授权的具有管理公共事务职能的组织不得滥用行政权力，强制经营者从事本法规定的垄断行为。

(6) 行政性垄断行为扩展至抽象行政行为。

《反垄断法》第三十七条　行政机关不得滥用行政权力，制定含有排除、限制竞争内容的规定。

三、对行政性垄断的法律规制

《反垄断法》第五十一条　行政机关和法律、法规授权的具有管理公共事务职能的组织滥用行政权力，实施排除、限制竞争行为的，由上级机关责令改正；对直接负责的主管人员和其他直接责任人员依法给予处分。反垄断执法机构可以向有关上级机关提出依法处理的建议。

互动研讨：

问题一：为什么没有规定直接的责任？

问题二："向有关上级机关提出依法处理的建议"是否具有威慑力？

通过启发学生对行政性垄断法律责任的法律规定思考，使其更加深入理解我国当前立法不足，引导学生开展探究式学习。

案例讨论：

案例(一)　山东省交通运输厅行政性垄断案

案件事实：2013 年 6 月 9 日和 9 月 18 日，山东省交通运输厅先后下发文件明确要求"重型载货汽车和半挂牵引车安装或加装的北斗双模车载终端应直接接入山东省北斗货运动态信息平台，并由其将数据传送至全国道路货运车辆公共监管与服务平台"，并指定山东九通物联网科技有限公司作为技术支持单位。（大多数重型载货汽车和半挂牵引车终端是以每台 2580 元的价格进行销售，远高于其他省份销售的终端价格。）

问题：本案存在哪一行政性垄断？请说明。

案例(二)　河北省交通运输厅行政性垄断案

案件事实：2013 年 10 月，河北省交通运输厅、物价局和财政厅联合下发文件，调整全省收费公路车辆通行费车型分类，并对本省客运班车实行通行费优惠政策。客运班车通过办理高速公路 ETC 卡或者月票，按照计费额的 50%给予优惠。优惠政策"只适用于本省经道路运输管理机构批准，有固定运营线路的客运班线车辆"。

问题：本案存在哪一行政性垄断？请说明。

教学环节三：应用拓展

公平竞争审查制度①

思政元素融入设计：2022 年 3 月 25 日出台的《中共中央国务院关于加快建设全国统一大市场的意见》指出：健全反垄断法律规则体系，加快推动修改反垄断法、反不正当竞争法，完善公平竞争审查制度，研究重点领域和行业性审查规则，健全审查机制，统一审查标准，规范审查程序，提高审查效能。

思政元素融入设计：2022 年 4 月 29 日，习近平总书记在中共中央政治局第三十八次集体学习时的重要讲话强调，要健全产权保护制度，深入推进实施公平竞争政策，全面落实公平竞争审查制度，消除各种市场壁垒，使各类资本机会平等、公平进入、有序竞争。

---

① 本节结合习近平总书记重要讲话精神和中央最新文件，在本课程教学大纲基础上，拓展新增的教学内容。

要完善开放型经济体制，不断提高对外开放水平，促进投资便利化，以优质市场环境吸引更多国际资本在我国投资兴业。要支持和鼓励我国资本和企业走向世界。

(1) 公平竞争审查制度的确立。公平竞争审查制度是党中央、国务院深化经济体制改革的重要决策部署。

2016 年，国务院印发《关于在市场体系建设中建立公平竞争审查制度的意见》。2017 年 10 月 23 日，国家发改委、财政部、商务部、工商总局、国务院法制办联合印发《公平竞争审查制度实施细则(暂行)》，从审查机制和程序、审查标准、例外规定、社会监督、责任追究等方面对公平竞争审查制度进行了规范。2021 年 6 月 29 日，国家市场监管总局、国家发改委、财政部、商务部、司法部印发修订后的《公平竞争审查制度实施细则》。

(2) 制定公平竞争审查制度的意义。自 2016 年制度建立和实施以来，在公平竞争审查工作部际联席会议统筹协调和监督指导下，在各地区、各部门共同努力下，公平竞争审查工作取得积极成效，实现国家、省、市、县四级政府全覆盖，清理涉及市场主体经济活动的各类政策措施文件 189 万件，修订废止文件近 3 万件；审查新出台政策措施 85.7 万件，发现和纠正违反审查标准的政策措施 4100 余件，有效清理废除妨碍全国统一市场和公平竞争的各种规定和做法，有力规范政府行为，维护市场公平竞争，极大激发了市场主体创业创新活力。

(3)《公平竞争审查制度实施细则》的主要内容。“实施细则”共 7 章 31 条，分为总则、审查机制和程序、审查标准、例外规定、第三方评估、监督与责任追究和附则。

教学环节四：小结与作业

(1) 小结。通过行政性垄断的概念、特征、形式、危害和法律规制的学习，对行政性垄断有了一个较为深入的认知，行政性垄断是一种反垄断法严格禁止的行为。习近平总书记在多个场合强调公平竞争的重要性，特别是要求严格查处和杜绝利用行政权力排除限制竞争。党中央、国务院颁布的《中共中央国务院关于加快建设全国统一大市场的意见》要求对行政性垄断行为予以严格规制，加快建设全国统一大市场。

(2) 线上作业。请结合身边发生的案例，谈谈行政性垄断的危害，以及对这一行为如何予以规制。

(五) 教学反思

为了实现“立德树人、德法兼修”的根本教育目标，本课程注重加强对学生的思政教育，将思政教育与课程讲授内容有机融合，做到巧妙渗透，而不是生搬硬套、牵强附会。因而本课程选择内容与时事政治密切相关的一些思政素材，特别是习近平总书记的重要讲话和党中央、国务院的一些权威文件，一方面向学生强调本课程内容的重要性，另一方面对学生进行思想政治教育，培养他们树立正确的人生观、价值观和世界观，增强其对我国特色社会主义市场经济制度的认同感。

四、课件

安慶師範大學
ANQING NORMAL UNIVERSITY
敬敷 世範 勤學 篤行
第八章 滥用行政权力限制竞争控制制度
主讲人：崔汪卫

导入新课
[视频]习近平主持召开中央全面深化改革委员会第二十一次会议强调 加强反垄断反不正当竞争监管力度 完善物资储备体制机制深入打好污染防治攻坚战
https://tv.cctv.com/2021/08/30/VIDEET0urmWHNSRaqilZuqmV210830.shtml?spm=C31267.PXDaChrrDGdt.EbD5Beq0unlQ.3
CCTV 13
新闻
CCTV.com
习近平主持召开中央全面深化改革委员会
第二十一次会议强调
加强反垄断反不正当竞争监管力度
完善物资储备体制机制深入打好污染防治攻坚战
新闻联播
XINWEN LIANBO

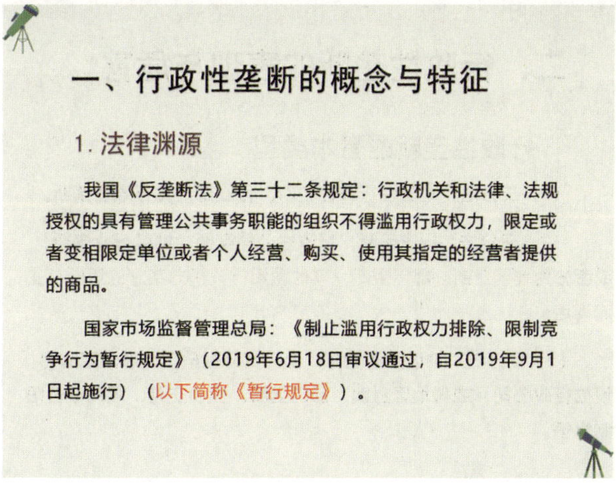
一、行政性垄断的概念与特征
1. 法律渊源
我国《反垄断法》第三十二条规定：行政机关和法律、法规授权的具有管理公共事务职能的组织不得滥用行政权力，限定或者变相限定单位或者个人经营、购买、使用其指定的经营者提供的商品。
国家市场监督管理总局：《制止滥用行政权力排除、限制竞争行为暂行规定》（2019年6月18日审议通过，自2019年9月1日起施行）（以下简称《暂行规定》）。

2. 行政性垄断的概念

行政性垄断是行政机关或其授权的组织滥用行政权力，对某一产业的生产、销售等进行直接控制，不允许其他市场主体进入该市场领域，并以行政的手段进行资源配置的情形。

3. 行政性垄断的特征

（1）行政性垄断的行为主体是行政机关或其授权的组织。

（2）行政性垄断是上述主体滥用行政权力而实施的行为。这些行为包括地区垄断、行业垄断、强制联合抵制竞争等干涉市场主体行为以及分割市场资源等行为。

（3）行政垄断的形式主要是指定交易和限制资源自由流通。

二、行政性垄断的表现与危害

1. 行政性垄断的基本类型

（1）二分法：地区性行政性垄断、行业部门性行政性垄断。

（2）三分法：国家垄断、行政性公司垄断、地区行业垄断；或者分为地区垄断、部门垄断、其他利用行政权力实施的垄断（主流观点）。

（3）四分法：地区贸易壁垒、部门贸易壁垒、政府限定交易、设立行政公司；或者地区封锁、部门垄断、强制交易、强制联合限制竞争。

2. 行政机关垄断的危害

（1）人为分割市场，破坏市场统一，使社会资源配置效率低下。

（2）侵害经营者公平竞争权。

（3）损害消费者的合法权益。

（4）扰乱国家行政秩序，行政权力滥用在经济上往往获取巨额垄断租金，成为滋生腐败的“温床”。

（5）与WTO基本原则相冲突，影响我国履行“入世”的承诺。

3. 我国反垄断法规制的行政性垄断典型形式

（1）行政机关指定交易。

（2）限制商品自由流通的地区垄断。

（3）排斥或限制招投标。

（4）排斥或限制投资或设立分支机构。

（5）强制经营者从事垄断行为。

（6）行政性垄断行为扩展至抽象行政行为。

三、对行政性垄断的法律规制

1. 法律责任

《反垄断法》第五十一条　行政机关和法律、法规授权的具有管理公共事务职能的组织滥用行政权力，实施排除、限制竞争行为的，由上级机关责令改正；对直接负责的主管人员和其他直接责任人员依法给予处分。反垄断执法机构可以向有关上级机关提出依法处理的建议。

课堂讨论环节

问题一：为什么没有规定直接的责任？

问题二：“向有关上级机关提出依法处理的建议”是否具有威慑力？

案例研讨（一）

山东省交通运输厅行政性垄断案

案件事实：2013年6月9日和9月18日，山东省交通运输厅先后下发文件明确要求“重型载货汽车和半挂牵引车安装或加装的北斗双模车载终端应直接接入山东省北斗货运动态信息平台，并由其将数据传送至全国道路货运车辆公共监管与服务平台”，并指定山东九通物联网科技有限公司作为技术支持单位。（大多数重型载货汽车和半挂牵引车终端是以每台2580元的价格进行销售，远高于其他省份销售的终端价格。）

问题：本案存在哪一行政性垄断？请说明。

案例研讨（二）

河北省交通运输厅行政性垄断案

案件事实：2013年10月，河北省交通运输厅、物价局和财政厅联合下发文件，调整全省收费公路车辆通行费车型分类，并对本省客运班车实行通行费优惠政策。客运班车通过办理高速公路ETC卡或者月票，按照计费额的50%给予优惠。优惠政策“只适用于本省经道路运输管理机构批准，有固定运营线路的客运班线车辆。”

问题：本案存在哪一行政性垄断？请说明。

2. 公平竞争审查制度*

健全反垄断法律规则体系，加快推动修改反垄断法、反不正当竞争法，**完善公平竞争审查制度**，研究重点领域和行业性审查规则，健全审查机制，统一审查标准，规范审查程序，提高审查效能。——《中共中央　国务院关于加快建设全国统一大市场的意见》（2022年3月25日）

*** 本节结合习近平总书记重要讲话精神和中央最新文件，在本课程教学大纲基础上，拓展新增的教学内容。**

要健全产权保护制度，深入推进实施公平竞争政策，**全面落实公平竞争审查制度**，消除各种市场壁垒，使各类资本机会平等、公平进入、有序竞争。要完善开放型经济体制，不断提高对外开放水平，促进投资便利化，以优质市场环境吸引更多国际资本在我国投资兴业。要支持和鼓励我国资本和企业走向世界。

——习近平总书记在中共中央政治局第三十八次集体学习时的重要讲话（2022.4.29）

（1）公平竞争审查制度的确立。

公平竞争审查制度是党中央、国务院深化经济体制改革的重要决策部署。2016年，国务院印发《关于在市场体系建设中建立公平竞争审查制度的意见》。2017年10月23日，国家发改委、财政部、商务部、工商总局、国务院法制办联合印发《公平竞争审查制度实施细则（暂行）》，从审查机制和程序、审查标准、例外规定、社会监督、责任追究等方面对公平竞争审查制度进行了规范。2021年6月29日，国家市场监管总局、国家发改委、财政部、商务部、司法部印发修订后的《公平竞争审查制度实施细则》。

（2）制定公平竞争审查制度的意义。

自2016年制度建立和实施以来，在公平竞争审查工作部际联席会议统筹协调和监督指导下，在各地区、各部门共同努力下，公平竞争审查工作取得积极成效，实现国家、省、市、县四级政府全覆盖，清理涉及市场主体经济活动的各类政策措施文件189万件，修订废止文件近3万件；审查新出台政策措施85.7万件，发现和纠正违反审查标准的政策措施4100余件，有效清理废除妨碍全国统一市场和公平竞争的各种规定和做法，有力规范政府行为，维护市场公平竞争，极大激发了市场主体创业创新活力。

（3）《公平竞争审查制度实施细则》的主要内容(共7章31条)。

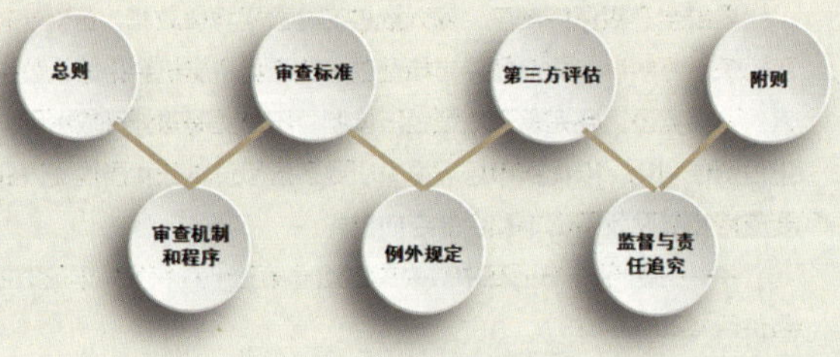

“教育学原理”课程思政教学设计案例

一、课程简介

1. 课程性质

教育学原理是全校师范类专业的公共必修课程，修读对象为全校师范类专业二年级学生，开课时间为第二学期，先修课程为教师职业道德专题教育。共计 51 学时，3 学分。

2. 课程内容

课程使用项贤明主编的《教育学原理》作为教材，该教材为马克思主义理论研究和建设工程重点教材。教学内容共 10 章，主要内容包括“教育及其本质”“教育与社会发展”“教育与人的发展”“人的全面发展”“学校教育制度”“教学”“教师与学生”等章节，力求使学生了解教育学基本理论以及教育系统与社会之间的关系，理解并掌握教学基本原则和教学方法，将立德树人的理念融入师范生专业成长的过程之中，为师范生专业成长和实践奠定理论基础。

3. 授课教师

陈举，讲师，博士，主要承担教育学原理、习近平总书记关于教育的重要论述研究、小学班队原理与实践等课程的教学任务，获得安庆师范大学第二届课程思政教学设计大赛一等奖。

二、课程思政资源分析

（一）课程思政建设目标

本课程以马克思主义关于人的全面发展学说为根本出发点，在指导学生了解和掌握教育学基本理论和方法的同时，帮助师范生认识个体德智体美劳全面发展的科学内涵，学会运用辩证唯物主义和历史唯物主义的思想方法认识教育现象，分析社会中的教育问题。在教学中，通过挖掘教育学科理论和实践中的思政元素，加强铸牢中华民族共同体意识教育，将马克思主义理论和社会主义教育具体实践相结合，引导师范生树立和坚持正确的国家观、历史观、民族观、文化观、宗教观，进而为专业成长奠定基础。

思政目标 1：教师信念。坚持在马克思主义理论指导下学习和研究教育，将习近平新时代中国特色社会主义思想融入课程，引导师范生深刻领会“两个确立”的决定性意义，增强“四个意识”，坚定“四个自信”，做到“两个维护”，坚持“四个相统一”，牢固树立从教信念，争做“四有”好老师，当好“四个引路人”。

思政目标 2：师德规范。坚持教育者先受教育，通过课程学习，激发师范生涵养师德的内生动力，让师德师风培养成为师范生教育的首要环节；通过典型案例分析和模拟教学，帮助学生理解教师职业准则，自觉遵守教师职业道德规范，形成依法执教意识，进而整体提升新时代教师队伍的师德素养。

思政目标 3：科学育人。通过课程学习，深入分析马克思关于人的全面发展学说对教育学的指导意义，使学生掌握育人知识的科学原理，理解人的全面而自由的发展的精神实质；掌握科学育人的价值取向和能力要求，激发师范生肩负新时代教师责任的使命担当。

（二）课程思政融入方式

教育学原理课程以马克思主义理论为指导，运用辩证唯物主义和历史唯物主义的思想方法解释教育现象，将思政元素融入到教学环节中，主要用到的融入方式有教学渗透、榜样引领、情境体验、课后研习等方式。

（1）教学渗透。在课堂教学过程中，秉承问题导向的理念开展教学，积极利用现代教育理念和手段激活课堂师生互动。例如，进行小组合作学习、分组课堂辩论以及采取雨课堂等现代教育技术手段鼓励学生参与课堂教学互动，让学生在解决问题过程中澄清教育价值观，帮助学生树立科学的学生主体观和全面发展观，学会用科学的教育理念指导自身的专业发展，形成求真务实的科学精神，实现教育学课程思政与思政课程的协同效应。

（2）榜样引领。如何从认知上帮助学生理解什么是好教育，什么是好教师，这是职前教师培养的重要目标。因此，在课堂教学过程中，融入大别山革命老区红色文化、地方优秀历史文化、新时代中国特色社会主义先进文化，结合于漪、卫兴华、高铭暄等人民教育家的先进事迹，弘扬新时代“红色园丁”精神，浸润学生师德师风养成教育，推进学生“修德明理”，培养学生在党的领导下，坚定走社会主义教育道路的信念，牢固树立立德树人的价值理想。

（3）情境体验。在课堂教学过程中，模拟真实的教学情境，结合课程教学需要进行具体优秀教学案例研讨、时代精神主题视频学习以及模拟角色扮演等方式，将理性精神、民主精神以及科学精神融入课堂教学中，帮助学生加深对新时代“四有”好老师的角色认知，将教师信念转化为提升专业学习的动力，不断提升学生的专业能力和综合素质，为肩负起时代赋予教师的使命奠定能力基础。

（4）课后研习。课堂教学之外，为学生布置中国教育领域高质量文献阅读。如《学记》《中国教育改造》《习近平总书记关于教育的重要论述研究》等，要求学生撰写阅读感想并在课堂进行交流。对高质量的文献进行阅读与交流，不仅可以拓展学生的教育视野，更为重要的是有助于学生形成高阶思维能力和批判意识，这是教育学原理课堂教学过程的延伸，对学生树立中国特色社会主义道路自信、理论自信、制度自信、文化自信具有教育意义。

三、教学案例展示

教师与学生

教学展示内容选自高等教育出版社的《教育学原理》中第九章“教师与学生”中的第一节“教师”。该节教材包含四目内容：教师职业与教师角色、教师的权利与义务、教师的专业发展、教师与学生的关系。本次案例主要针对教师职业与教师角色开展设计，授课时长2学时。

（一）教学目标

1. 情感态度与价值观目标

（1）通过课程学习，结合案例分析，深刻理解“党和人民满意的好老师”的素质和要求，将责任担当扛在肩上，把育人情怀放在心上，做到三个“牢固树立”。

（2）通过课程学习，理解新时代教师对于中国社会主义现代化建设的长远意义，强化对教师职业的认同感，增强自身的从教信念，努力做到“四有”好老师。

2. 知识与技能目标

（1）通过课程学习，把握教师专业发展阶段和教师职业特点，提高对教师职业属性的社会认知；深刻领会教师职业在传播人类文明、传递社会价值、开发学生潜能和升华人生价值中的意义。

（2）通过课程学习，深入理解教师的角色及其内涵，具备分析教师职业角色的能力，能够清楚知道自己未来专业发展所需的基本素养。

3. 过程与方法目标

（1）通过课程学习，了解教师职业的历史发展过程，掌握教师职前专业成长应该必备基本环节。

（2）通过案例分析与讨论，体会教师专业发展是理论与实践的紧密结合，掌握教师职前专业成长的基本方法。

（二）教学重难点

教学重点：教师职业的特点和意义。

教学难点：理解教师职业角色的丰富内涵，根据实际情况分析教师职业角色。

(三) 教学方法、教学资源

教法：案例教学法、情境教学法、讲授法。

学法：小组讨论法、体验式学习、探究学习法。

教学资源：

(1)《教育学原理》编写组. 教育学原理[M]. 北京：高等教育出版社，2019.

(2) 柳海民. 教育学原理[M]. 2 版. 北京：高等教育出版社，2019.

(3) 全国十二所重点师范大学. 教育学基础[M]. 2 版. 北京：教育科学出版社，2014.

(4) 中国大学 MOOC"教育学原理". https://www.icourse163.org/course/HHU-1449615172?%20appId=null.

(四) 教学过程

教学环节一：新课导入

有些人被喻为"春蚕""园丁"，他们用三尺讲台系国运，用一颗丹心铸民魂。他们的名字，镌刻在教育强国的基石上，于漪、卫兴华、高铭暄就是他们当中的优秀代表。这就是人类历史上"最古老，也是最伟大、最神圣"的职业——教师。今天我们共同来认识这个职业。

首先，向大家介绍几位教育界的"明星"，你们谁能讲讲他们的故事？

思政元素融入设计：通过于漪、卫兴华、高铭暄等"人民教育家"国家荣誉称号获得者事迹的介绍，引入对教师职业的思考，了解教师职业是平凡中的伟大，对教师职业产生向往和敬畏，进一步树立教师信念。

教学环节二：新课讲解

(1) 教师职业的历史发展。同学们了解了"人民教育家"的光辉形象，是不是对老师这个职业充满期待呢？现在让我们再来认识教师这个职业的"前世今生"。

通过讲解，向学生介绍教师职业发展的三个阶段。第一阶段，从兼职到专职，教师职业产生。第二阶段，从专职到专业，教师专业地位确立。第三阶段，从数量到质量，教师专业发展运动兴盛。

我国在 2013 年颁布《中小学教师资格定期注册暂行办法》，标志着我国教师职业正式进入提高质量的新阶段。

思政元素融入设计：在总结新中国教育事业发展的基础上，结合我国当前专业教师队伍的规模，帮助学生深刻理解只有全面加强党对教育事业的领导，才能为公平而有质量的教育提供师资保障。中国教师队伍的专业化发展水平充分体现了社会主义制度优越性，进而增强学生对社会主义道路的自信。

(2) 教师职业特点。通过雨课堂弹幕功能，让学生参与关于教师职业特点的互动。教师生成学生弹幕词云，并对学生的发言进行分析和总结，对有代表性的发言予以课堂回应。

思政元素融入设计:课堂互动是调动学生参与知识生成过程的重要途径。借助雨课堂弹幕功能,很好地辅助课堂教学过程中的互动部分,不仅让每个学生都参与到发言中,还可以利用技术对学生的发言进行统计和处理,进而将教师职业特点在课堂互动和师生讨论中得以生成。由于参与了知识生成过程,学生掌握了教师职业特点,理解了教师职业的价值,增强了从教信念。

(3) 教师职业的意义。通过观看张桂梅感动中国颁奖视频,引发学生对教师职业意义的思考。让学生进行小组讨论,张桂梅为什么可以扎根贫困地区教育一线 40 余年?是什么力量支持她对教育事业的执着?新时代师范生从教需要从她的身上学习哪些高尚师德和责任担当?在小组讨论的基础上,总结教师职业的意义,突出典型案例的价值引领作用。

思政元素融入设计:案例教学能很好地将知识融于实践,而张桂梅的案例在教师教育中具有代表性。她曾当选党的十七大代表,荣获"全国优秀教师""全国教书育人楷模""全国五一劳动奖章"等荣誉,对师范生而言是最好的榜样。习近平总书记 2021 年在考察清华大学时对青年人要求,"要锤炼品德,自觉树立和践行社会主义核心价值观"。张桂梅的典型案例,可以帮助学生间接体会教师的从教信念和职业理想。

(4) 教师职业角色。观看教师短片《先生》,通过视频帮助学生进一步了解教师的角色,与学生共同讨论新时代的"先生"应该有什么特色。在此基础上追问,学生选择师范专业的原因,让学生讲述自己选择师范生这条道路的故事。结合社会信息化和技术经济发展的社会需求,归纳新时代教师角色的丰富内涵。

思政元素融入设计:从传统的"先生"到新时代的"教师",教师专业坚守的价值是什么?通过视频中教师的自我表述,让学生感受作为教师的真实体验,在对教师角色的认知中,进一步明确新时代师范生的角色行为,进而增强成长为合格教师的信念和力量。

教学环节三:应用拓展

结合习近平总书记 2019 年 4 月 30 日在纪念五四运动 100 周年大会上的讲话,从对教师的角色认知,拓展到对"奋进者、开拓者、奉献者"的角色认知,将自己的角色同中华民族伟大复兴中国梦有机结合,实现小我和大我的统一,从自身实际出发,拒绝"躺平"和堕落,积极进取,在时代发展的浪潮中迎头赶上。

思政元素融入设计:习近平总书记对青年的期待就是大学生努力的方向,师范生不仅仅是未来的教师,还是社会主义现代化建设者,当以"奋进者、开拓者、奉献者"的精神要求自己,在迎接各种挑战中不断锤炼自己的意志品质。

教学环节四:课程小结

教师职业的历史发展、教师的职业特色和意义以及教师的职业角色问题,这些知识点和未来的教师专业发展息息相关,有很强的实践性和时代性。在教学过程中,采用"雨课堂+案例教学+小组讨论"等方式,引导学生共同完成知识生成过程,不仅让学生掌握了知识点,而且有助于学生将知识与实践紧密结合,强化对学生思维方式的训练,进而帮助学生理解教师是促进学生发展最为能动和直接的因素,是教育活动的主要设计者和实施者。

思政元素融入设计：通过“人民教育家”引入课堂教学问题，首先为教师职业树立良好的形象；结合典型教师案例分析，加深对教师职业社会价值以及个体人生意义的认识；通过观看《先生》的视频，让学生对教师职业的丰富内涵有深层次的理解，牢固树立立德树人的使命感和责任感。

（五）教学反思

1. 课程思政需要思政融于课程内容

2016 年，习近平总书记在全国高校思政工作会议上的讲话中指出：“其他各门课都要守好一段渠、种好责任田，使各类课程与思想政治理论课同向同行，形成协同效应。”教育学原理作为师范生的基础课，课程思政的责任重大。教育学原理内容本身就具有诸多思政元素，如：教育与政治的关系、教育与文化的关系、教育与经济的关系，教育如何培养全面发展的人等，而育人在本质上就包括了对学生进行思政教育。因此，思政融于教育学的课程教学，既是思政需要，亦是教育学原理课程的本质属性。

2. 教师是课程思政的设计者，需要不断提升教学思政的能力

不管什么课程，教师作为教的“主体”，需要对课程如何“思政”进行设计。要打破传统教学观中思政灌输的认知，新时代的学生不容易“被动”地接受思政，教师要通过案例教学、教学视频以及现代教学技术等手段，在课程设计中将思政知识的“输出”转化为思政知识的“生成”，学生自己“主动”探究理想信念和价值观的形成过程，这样的课程思政效果会事半功倍。

3. 学生是课程思政的学习主体，采取多元方式调动学生参与课堂

大学课程中学生深度参与的水平低是所有课程必须面对的问题，作为公共基础课程的教育学原理，要想让学生成为课程思政学习的主体，就得想方设法调动学生的课堂参与积极性。根据大学生身心发展特点，自媒体时代学生上课使用手机已经成为不可阻挡的趋势，那就要利用好手机的便捷性让学生参与课堂。比如雨课堂、学习通等教学软件的使用，不仅可以让课堂参与更加多元，也有助于调动所有学生参与课堂讨论和互动。比如，本次课程设计中雨课堂“弹幕”功能的使用，让学生感受到自己被关注，在课堂上不仅仅只是温顺的“听者”。

四、课件

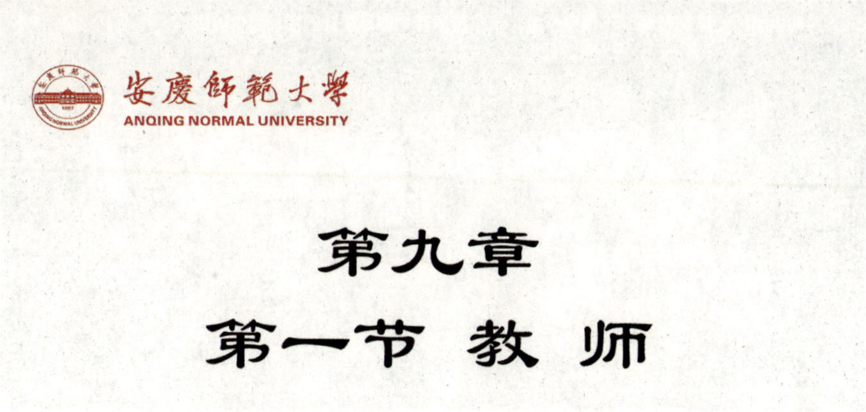
安慶師範大學
ANQING NORMAL UNIVERSITY
第九章
第一节 教 师

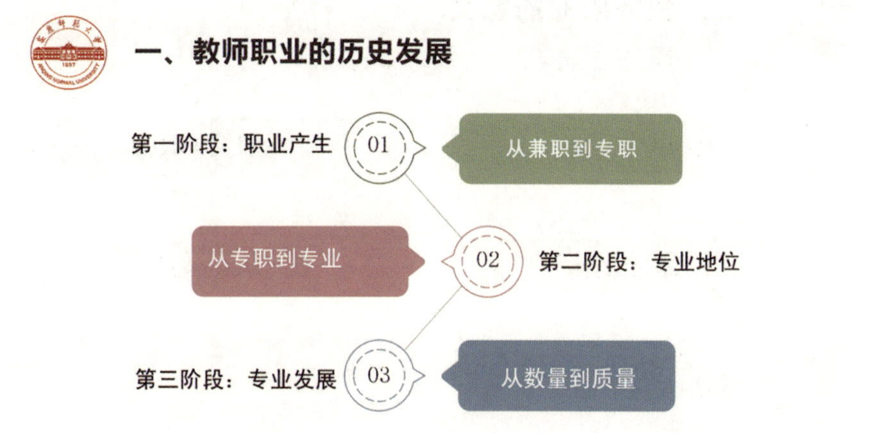
一、教师职业的历史发展
第一阶段：职业产生
01
从兼职到专职
从专职到专业
02
第二阶段：专业地位
第三阶段：专业发展
03
从数量到质量

二、教师职业特点
这是一个特殊的职业
请大家用雨课堂弹幕功能发言，谈自己对教师职业特点的认识。
价值性
伦理性
复杂性
教育性
创造性

三、教师职业的意义

三、教师职业的意义

- 01 传播人类文明
- 02 传递社会价值
- 03 开发学生潜能
- 04 升华人生价值

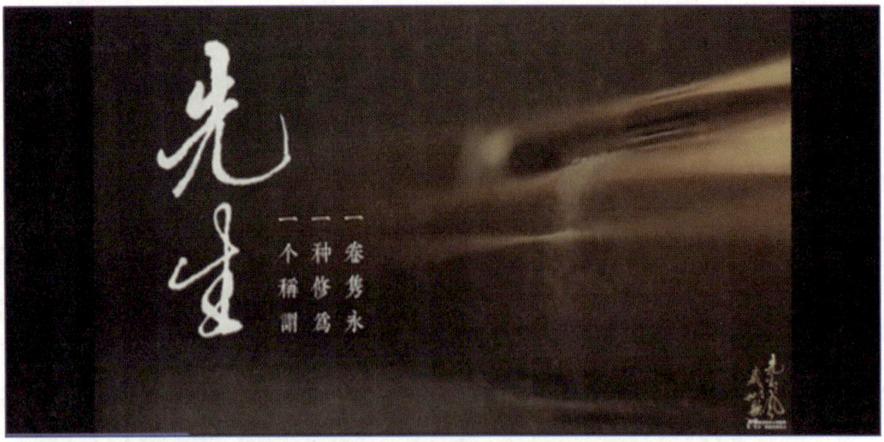

（视频来源：https://m.v.qq.com/z/msite/play-short/index.html? cid=&vid=q0717gavqki&share_from=&ptag=undefined.）

四、教师职业角色

明确大学生角色意识 勇于肩负时代使命

"新时代中国青年要勇做走在时代前列的**奋进者、开拓者、奉献者**，毫不畏惧面对一切艰难险阻，在劈波斩浪中开拓前进，在披荆斩棘中开辟天地，在攻坚克难中创造业绩，用青春和汗水创造出让世界刮目相看的新奇迹！"

——习近平在纪念五四运动100周年大会上的讲话

思考

1. 有人认为教师就是"教书匠"，把教育教学的技术掌握到家，上课质量有保证就够了。你是如何理解的？以小组为单位讨论，然后选出一个代表汇报讨论并给出结论。

2. 结合"人民教育家"的从教经历，课后收集相关文献资料，总结成为"人民教育家型"教师必备的特质有哪些？

“社会心理学”课程思政教学设计案例①

一、课程简介

1. 课程性质

社会心理学是社会工作专业学生必修的核心课程，第三学期开设，共51学时，计3学分。2022年1月，本课程获批安庆师范大学校级2021—2022学年第二学期混合式教学课程；4月，获批省级线上线下混合式课程。

2. 课程内容

本课程系统介绍有关人类社会心理和社会行为的本质和规律的社会心理学知识体系，其主要内容包括：社会心理学的研究对象、发展历史、研究方法、人格、自我与社会化、社会动机、社会认知、社会态度、人际沟通与社会互动、人际关系、群体的社会心理学、群际关系、集群行为与社会运动和社会心理的现代变动。

3. 授课教师

李元来，副教授，硕士生导师，主要研究方向为社会工作与社会治理。主讲“社会心理学”“社会学概论”“中国微观社会研究”“教育社会学”“老年社会工作”等课程，主持省级线上线下混合式课程“社会心理学”、省级教研项目《本土化研究视角下“社会心理学”课程的教学改革与实践》(结项等级为优秀)、校级重点教研项目《“金课”导向下地方本科院校青年教师课堂教学能力提升研究》，曾获校第八届青年教师课堂教学大赛文科组一等奖、校第二届课程思政教学设计大赛之教案赛人文社科组一等奖、校第三届教学创新大赛三等奖及教学设计创新奖、校级教坛新秀称号和省级教学成果三等奖《“社会心理学”课程的本土研究性教学改革与创新》(排名第一)、省级教学成果二等奖《以学科竞赛为核心打造“立体式”实践教学平台的探索》(排名第四)等。

---

① 本文系安庆师范大学校级重点教研项目“‘金课’导向下地方本科院校青年教师课堂教学能力提升研究”(2019aqnujyxm02)的阶段性成果。

二、课程思政资源分析

（一）课程思政建设目标

本课程坚持立德树人，以学生发展为中心，更新课程内容和教学方式，体现思想性、科学性、本土性、前沿性与时代性。通过本课程的学习，使学生在掌握一般性的社会心理学知识和方法的基础上，进一步通过学习“中国社会心理学”的知识体系来“回归中国人的生活世界”，以便更好地认识中国人和中国社会，促进学生深度参与学习，形成审辨思维，并牢固树立社会主义核心价值观，为未来所从事的“社会工作”夯实基本功。

思政目标1：思想入脑，有高度。基于本课程前期已取得的“本土研究性教学改革”相关系列成果，以社会心理学本土化研究为基本内容，避免西方化倾向，引导学生了解世情、国情、党情、民情，进一步坚定中国特色社会主义道路自信、理论自信、制度自信、文化自信，促使其成为一个有思想高度的人。

思政目标2：情感入心，有温度。以回归中国人的生活世界为基本理念，避免空洞化倾向，通过贴近生活、富含人性的社会心理学，激发学生爱党、爱国、爱社会主义、爱人民、爱集体，增强政治认同和情感认同，养成家国情怀，涵化文化素养，促使其成为一个有情感温度的人。

思政目标3：价值入行，有力度。以培育和践行社会主义核心价值观为基本导向，避免虚泛化和抽象化倾向，通过兼具理论性与应用性的社会心理学，教育学生经世济民、知行合一，自觉把小我融入大我，将社会主义核心价值观内化为精神追求、外化为自觉行动，促使其成为一个有行动力度的人。

（二）课程思政融入方式

依据态度的三种基本成分，即认知成分、情感成分以及行为倾向成分，本课程思政的融入方式表现为相应成分上的晓之以理、动之以情、施之以行。

（1）革新教学模式，从而晓之以理。以社会心理学的混合式课程立项建设为契机，依托项目负责人在安庆师范大学网络教学平台所开设的“社会心理学”课程，革新线下课堂的教学模式，秉持“双核驱动”原则，即“教师主导＋学生主体”，在课前、课中、课后三个教学环节，通过有机融合“线上＋线下”，实现本土化的社会心理学知识的内化与拓展，用具有中国特色的社会心理学武装学生的头脑。

（2）革新教学内容，从而动之以情。本课程坚持贴近中国人的日常生活世界，突出教学内容的“本土性”特征，持续革新教学基本内容，让中国的“社会心理学”课堂上所讲授的概念、理论、历史、方法、实验以及案例都带有一定程度上的中国本土社会、文化和历史特色，教育引导学生传承中华文脉，富有中国心、饱含中国情、充满中国味，用具有中国风格的社会心理学感染学生的心灵。

（3）革新教学评价，从而施之以行。本课程基于“对学习的评价”，进一步采用“为了学习的评价”，以学生对于知识的理解和应用为评价标准，并探索“评价即学习”，尝试探究式、论文式、报告答辩式等多样化的评价方式，综合运用第一课堂和第二课堂，鼓励学生独立思考，自主解决问题，开展社会实践、创新创业训练等活动，用具有中国气派的社会心理学激励学生的行动力。

三、教学案例展示

情感与亲密关系

本案例选自校级和省级线上线下混合式课程“社会心理学”，主要针对“马工程”重点教材《社会心理学》(2021 年)中第八章(人际关系)第三节(情感与亲密关系)展开课程思政教学设计。该章节的主要内容包括：亲密关系、人际关系中的友谊、爱情和亲情，授课时长为 2 学时，其中线上 1 学时(学生自主学习由主讲教师自拍的线上教学视频)、线下 1 学时(围绕“亲情”主题开展翻转课堂)。

(一) 教学目标

1. 情感态度与价值观目标

(1) 通过本节课的学习，让学生珍视情感与亲密关系，能够真诚交友，用心爱人，尽情生活，做一个有情感温度的人。

(2) 通过本节课的学习，让学生将社会主义核心价值观落实到自身的日常行动中，能够得知己、守良缘、享天伦，做一个有思想高度和行动力度的人。

2. 知识与技能目标

(1) 通过观看线上教学视频，让学生充分理解友谊、爱情和亲情，并提升自主学习能力。

(2) 通过参与线下翻转课堂，让学生深入分析亲情的历史渊源与时代变迁，并提升协作学习能力、探究学习能力、语言与文字表达能力。

(3) 通过参与课下日常生活中的亲密关系实践，让学生深刻体验亲密关系，并提升建立与维系亲密关系的能力。

3. 过程与方法目标

(1) 通过精心制作与发布线上教学视频，让学生在理解情感与亲密关系相关知识的基础上，掌握自主学习方法。

(2) 通过精细挑选和布置线下翻转课堂分组任务，让学生在探究涉及“亲情”主题相关问题的基础上，掌握协作学习方法、探究学习方法、课堂汇报与点评方法。

(3) 通过精准布置课后作业和鼓励线上延伸讨论，让学生在自我的社会生活实践中，掌握体验与践行亲密关系的方法。

（二）教学重难点

教学重点：在情感与亲密关系中，友谊、爱情、亲情的基本内涵与相关理论。

教学难点：情感与亲密关系的建立与维系。

（三）教学方法、教学资源

教法：混合式教学法、翻转课堂。

学法：自主学习法、协作学习法、探究学习法。

教学资源：

（1）编写组.社会心理学概论[M].北京：高等教育出版社，2021.

（2）编写组.社会心理学[M].5版.天津：南开大学出版社，2016.

（3）周晓虹.社会心理学[M].北京：高等教育出版社，2014.

（4）戴维·迈尔斯.社会心理学[M].11版.侯玉波，乐国安，张智勇，等译.北京：人民邮电出版社，2016.

（5）安庆师范大学网络教学平台（超星泛雅网络教学平台及学习通移动App）课程“社会心理学”自拍教学视频.https://mooc1.chaoxing.com/course/222818336.html?edit=true&articleId=284036289.

（6）中国大学MOOC平台SPOC学校专有课程“社会心理学”.https://www.icourse163.org/spoc/course/AQNU-1452086243.

（四）教学过程

教学环节一：课前预热

一方面做好课前准备工作，如梳理知识点、明确知识点的讲解方式、寻找匹配案例、制作并发布线上教学视频等。本次课线上教学视频的具体内容详见后文的“课件”部分。

另一方面，课前通过线上途径（学习通及QQ群等），为学生提供学习任务单（图1），设定任务完成期限，并定时督促学生完成线上课前学习任务。

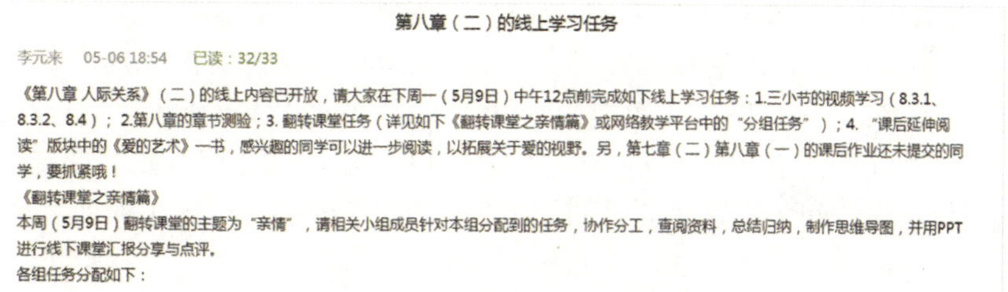

图1　线上学习任务单截图

思政元素融入设计：通过教学内容革新，融入思政元素。一方面是中华优秀传统文化的融入，在线上教学视频内容中广泛援引《论语》《孟子》等论述友情、亲情的儒家经典著作，介绍《诗经·关雎》《问刘十九》等歌颂爱情和友情的优秀诗歌，讲述千古传诵的俞伯牙与钟子期的至交典范，让学生深刻理解中华优秀传统文化中讲仁爱、重民本、守诚信、崇正义、尚和合、求大同的思想精华和时代价值。

另一方面是社会主义核心价值观和时政专题的融入，既介绍了马克思和恩格斯志同道合的革命友谊，又讲述了马克思和燕妮患难与共的爱情；既分享了习近平总书记办公室摆放四张家庭合照的故事，又介绍了习近平总书记在2022年春季学期中央党校（国家行政学院）中青年干部培训班涉及"守住亲情关"的讲话，让学生在感受伟人倍加珍视亲密关系柔情一面的同时，能够遵纪守法、诚实守信，正确处理小家同大家、小爱同大爱的关系。

教学环节二：课中火热

打破传统课堂"满堂灌"和沉默状态，从"以教为中心"转向"以学为中心"，采用翻转课堂进行线下教学，促进学生深度学习，训练学生的问题解决能力和审辩思维能力。

确定翻转课堂的主题为"亲情"，进行小组研讨式教学。让相关小组成员针对本组分配到的任务（如"中国人为何珍视亲情？具体表现怎样？""社会转型期，中国人的亲情出现哪些变化？这是为何？"等），协作分工，查阅资料，总结归纳，制作思维导图，并用PPT进行线下课堂汇报分享与点评。期间，教师组织讨论并进行总结性点评。线下翻转课堂的具体过程详见"附录：课中材料"部分。

思政元素融入设计：通过教学模式革新，融入课程思政元素。一方面在确定翻转课堂的选题上，采用更能体现中国人行为和心理特色的"亲情"作为讨论主题，让学生能够深入理解和正确处理亲情关系。另一方面，在翻转课堂的教师总评环节上，观看习近平总书记在2015年的春节团拜会上深情吟诵《游子吟》的视频，让学生切身感悟习近平总书记注重家庭、注重家教、注重家风、孝敬父母、重视亲情的家庭情结，进而爱国爱家，在家尽孝、为国尽忠。

教学环节三：课后余热

（1）布置课后作业。习近平总书记在2016年12月12日会见第一届全国文明家庭代表时强调，"家庭不只是人们身体的住处，更是人们心灵的归宿"；在2017年1月26日的春节团拜会上，他真情流露，用三个"不要"提醒大家："不要在遥远的距离中割断了真情，不要在日常的忙碌中遗忘了真情，不要在日夜的拼搏中忽略了真情。"

你有多久没有联系家人了？昨天（5月8日）是母亲节，你祝福妈妈节日快乐了吗？如果有，请截图（可以是电话记录、短信记录、视频或语音记录等的截图，我会对相关信息进行保密，如果担心隐私问题，可以把部分信息打码处理）上传即可；如果没有，请从现在开始，主动联系一次你挚爱的亲人，向他们勇敢地说出你的爱，表达你的关心，并截图上传。

（2）鼓励线上延伸讨论。相关线上讨论见图2。

[redacted]
05-09 23:16
有关亲情定义的界定是否只局限于依照血缘作为唯一标准呢，那么在现实生活中我们该如何维护亲情，如何充分发挥亲情在人际中的作用呢。
0 2

[redacted]
05-10 10:25
0 0
我认为有关亲情定义的界限不只是局限于依照血缘作为唯一标准。亲情是亲人之间的关爱之情，但是亲人不一定具有血缘关系，比如父母和他们领养的孩子，或结婚后与亲家的关系。费孝通的差序格局中关于亲情关系，包括具有血缘关系的亲情关系，也包括同乡或朋友之间的关系。
想要维护好亲情关系，我们应做到沟通交流、及时化解矛盾、互帮互助、尊重彼此的空间、敢于直言错误、组织团体活动。

[redacted]
05-10 10:02
0 0
有关亲情的定义不仅仅只局限于血缘为唯一标准。随着时代的发展，领养儿童成为很多丁克家族的选择，领养的孩子即使没有血缘关系，也是一种亲情（拟亲情）。还有很多交往了很多年的朋友，关系密切，甚至超过真正有血缘的亲人成为不可替代的存在，从某种程度上来说也是一种亲情。
感情是需要维护的，与亲人常联系，常走动，以一颗真诚的心待人，自然能维护的好亲情。

[redacted]
05-10 09:59
0 0
亲情的定义不只局限于按照血缘作为唯一的标准，只能说在血缘的基础上，亲情会更加密切和牢固。例如领养来的孩子与养父母之间，重组家庭的孩子与继父继母之间，婆媳之间等等，虽然他们之间没有血缘关系，但是确实存在浓厚的亲情。
与亲人之间要加强联系，多沟通交流，应该多走动建立联系。
要正确看待亲情，要有责任感。
亲人之间相互理解，相互包容，营造积极和谐的家庭氛围。

图 2　线上讨论网页截图

思政元素融入设计：通过教学评价革新，融入课程思政元素。课后作业和线上延伸讨论不只是“对学习的评价”，更是一种“为了学习的评价”，乃至“评价即学习”。在布置课后作业时，结合习近平总书记在2016年12月12日会见第一届全国文明家庭代表时涉及家庭和亲情的讲话片段，让学生主动联系挚爱的亲人，勇敢地表达爱，将有关友情、爱情、亲情的相关理论知识，融入自身日常生活中亲密关系的建立与维系当中，真正做到知行合一。

（五）教学反思

对专业老师来说，专业课程如何切实贯彻落实课程思政建设，既是巨大的挑战，更是成长的机遇。挑战在于，专业课程毕竟不是思政课程，如何在保持专业性的基础上，能够有机融入课程思政元素，进而在润物细无声中完成立德树人的任务，而不是为了完成比赛任务或应付教学任务，把专业课程和课程思政变成两张皮；机遇在于，在专业课程的育人目标达成中，课程思政建设可以倒逼专业老师认真思考教学改革，不断提高教学能力，从而提升教学效果。因此，对于课程思政建设，与其害怕挑战而心生排斥，不如迎接挑战，教学相长。

实际上，课程思政建设并不能只停留在教学内容上选择一些思政元素进行融入，这是相对容易做到、也是见效最快的浅层融入，要想实现有高度的思想入脑、有温度的情感入心、有力度的价值入行，必须进行深层融入，在革新教学内容的基础上，进一步革新教学模式、教学评价，从而晓之以理、动之以情、施之以行。

本次课程思政教学设计思路是，利用校级和省级混合式课程立项建设平台，既在教学内容方面进行浅层融入，又在教学模式和教学评价方面进行深层融入。我深知任何一项教学改革，包括课程思政建设，都是需要教师不忘初心，保持热情，并长期默默付出努力，才能有所成效。教书易，育人难；十年树木，百年树人；能在培育社会主义建设者和接班人的神圣任务中，贡献自身的绵薄之力，实现人生价值，幸莫大焉！

四、课件

二、人际关系中的友谊

（一）何为友谊

友谊表现为个体之间自愿从事共同的活动，愿意为对方提供支持和帮助。

友谊是一种来自双向关系的情感，它不同于单向关系中的好感或友善。

（二）线上友谊

它是通过以计算机为媒介的网络交流而建立的新型友谊。

在总体上讲，线上友谊的关系质量普遍低于线下友谊。

其中充满诱惑与陷阱，需要提高警惕。

（三）交友原则

"君子之交淡若水，小人之交甘若醴"

保持平等、自愿帮助、流露真诚、尊重隐私、充满信任、时刻宽容、表露自我、耐心倾听、心存善意、直言不讳、共同爱好，等等。

（四）交友选择

交友不慎，必有灾殃！

子曰：“益者三友，损者三友。友直，友谅，友多闻，益矣。友便辟，友善柔，友便佞，损矣。”

三、人际关系中的爱情

（一）何为爱情？

马克思和妻子燕妮患难与共，谱写了理想和爱情的命运交响曲。

——习近平《在纪念马克思诞辰200周年大会上的讲话》，2018年5月4日

狭义上的爱情是身心成熟的男女之间的亲密关系。

（二）爱情三角形理论（斯腾伯格）

1.爱情的体验

2.爱情的类型

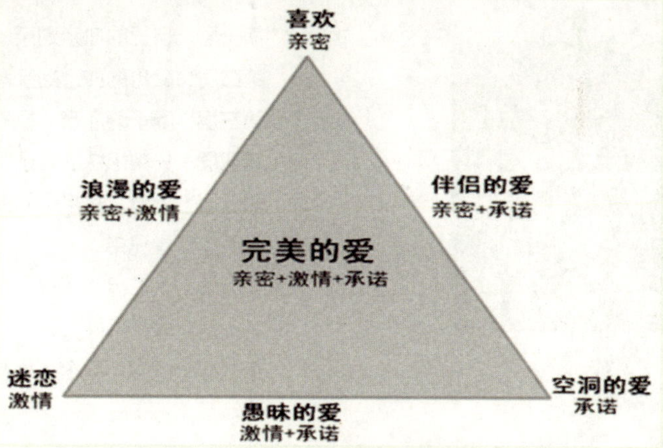

四、人际关系中的亲情

（一）何为亲情?

所谓亲情，就是亲人之间的关爱之情。

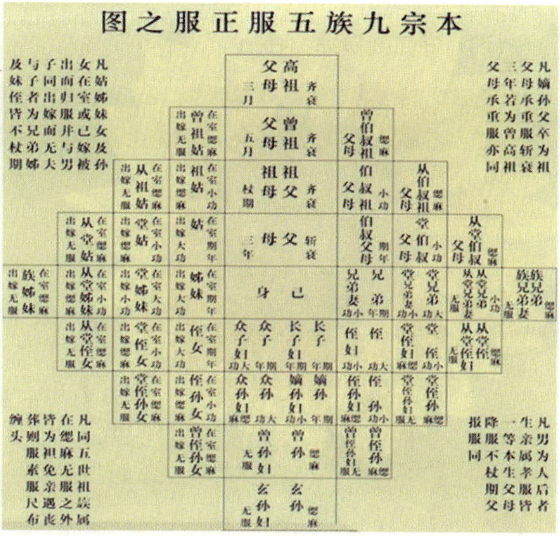

（二）差序格局

中国人的差序格局，是好像把一块石头丢在水面上，所发生的一圈圈推出去的波纹；每个人都是其社会影响所推出去的圈子的中心。被圈子的波纹所推及的就发生联系。

（三）拟亲情交往

将超越血亲、姻亲的地缘、学缘、业缘、友缘等关系，拉入亲情交往范围。

第一层：自己的血亲姻亲
第二层：父母的血亲姻亲
第三层：妻子的血亲
第四层：兄弟姐妹的姻亲
第五层：祖母、岳祖母的血亲
第六层：堂兄弟
第七层：太爷祖、子孙
第八层：同村异姓
第九层：同学、同事、朋友

（四）守住亲情关

2022年3月1日，春季学期中央党校（国家行政学院）中青年干部培训班

“要守住亲情关，严格家教家风，既要自己以身作则，又要对亲属子女看得紧一点、管得勤一点。”

——习近平

附录：课中材料。线下翻转课堂（2022 年 5 月 9 日智慧教室课堂）实录节选照片。

（1）教师主持翻转课堂。

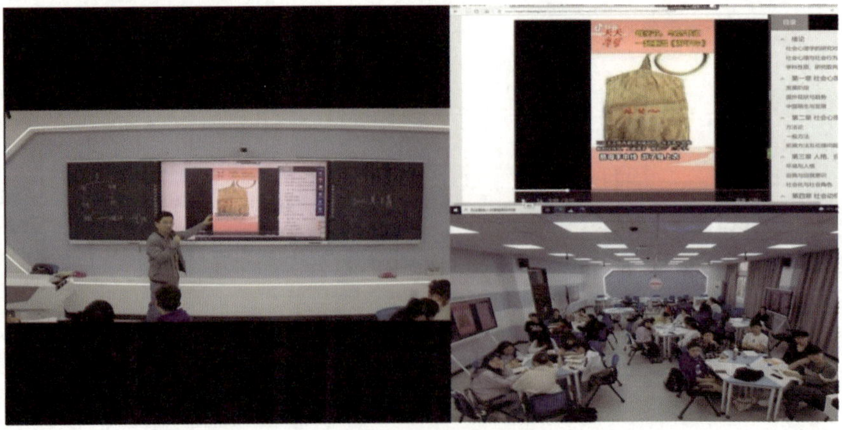

(2) 小组成员汇报。

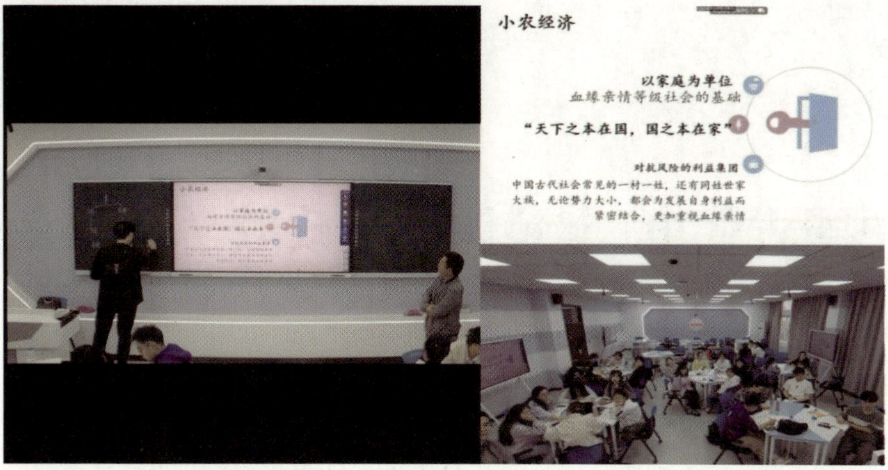

(3) 小组成员讨论。

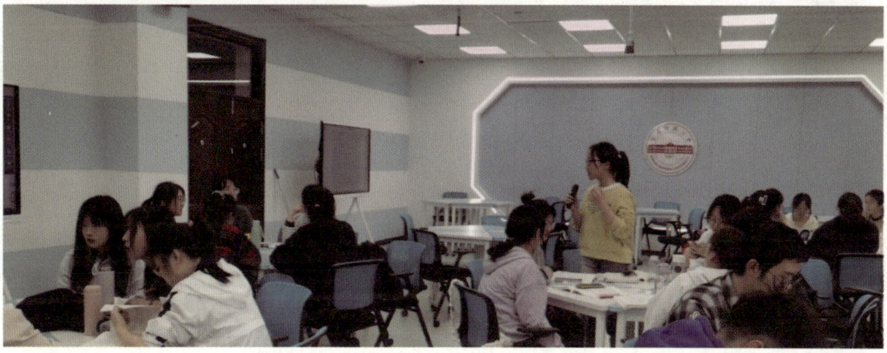

“中国古代史(上)”课程思政教学设计案例

一、课程简介

1. 课程性质

中国古代史(上)为历史学专业学科基础课程之一,56 学时,4 学分,主要面向历史学本科一年级学生开设。

2. 课程内容

本课程旨在使学生系统了解、掌握和运用中国古代历史的相关知识,深入观照中国古代历史发展的进程,总结其发展规律;及时了解与掌握学术界对于中国古代该段时期的相关历史问题的研究动态与学术热点,拓展专业视野,强化专业意识;通过科学的专业思维方式训练,使学生具备一定的史学志趣和基本的史学素养,有效提高认知与研究中国古代历史问题的基本能力,为今后的历史教学和历史研究奠定理论基础。通过课程学习,充分了解中国古代灿烂辉煌的文化内涵以及历代治乱兴衰的历史经验,培养学生爱国主义精神,增强其民族自豪感、认同感和历史使命感。

3. 授课教师

李正君,历史学博士,讲师,硕士研究生导师。主持中国社会科学院中国历史研究项目、安徽省哲学社会科学规划青年项目和安徽省社会科学联合会创新发展研究课题各 1 项,发表学术论文 20 余篇。主持校级教研项目“互联网背景下电子资源中国古代史教学中的运用探索”和“读书沙龙引入高校历史学专业培养的理论与实践探索”等。

二、课程思政资源分析

(一) 课程思政建设目标

本课程旨在帮助学生系统把握中国古代史上半段(原始社会—魏晋南北朝)的基本知识,了解王朝更迭的基本脉络,掌握中国古代史的前沿动态和研究方法,从辩证唯物主义和历史唯物主义的角度去分析中国古代史的重大事件和重要人物,自觉抵制历史虚无主义。了解中国古代统一多民族国家的发展历程,总结历代治乱兴衰的历史经验,弘扬中华优秀的传统文化,从而进一步坚定中国特色社会主义道路自信、理论自信、制度自信和文化自信。

思政目标 1:民族认同。通过本课程的学习,使学生了解中国古代历史上曾经出现过的诸多少数民族,以及汉族与少数民族,少数民族之间的经济文化交流,掌握中国古代统一多民族国家的形成与发展历程,增强民族认同,弘扬民族精神,传承民族文化。

思政目标 2:制度认同。通过本课程的学习,使学生了解中国古代历史上王朝兴衰更替的发展脉络,尤其是从长时段的角度考察古代制度的发展变迁,总结历代治乱兴衰的具体过程及其原因。在中国古代制度演进中挖掘有益的历史经验,取其精华,去其糟粕,为实现国家治理体系和治理能力现代化提供智力支持。

思政目标 3:文化认同。通过本课程的学习,使学生了解中华文化的发展历程,不同时期文化所表现出的基本特点,掌握中国古代对外经济文化交流的基本情况以及中华文化对周边文明的辐射和促进作用,让学生理解中华文明的有序传承,以及少数民族入主中原并融入中华民族大家庭的历史背景与根源,提升学生对中国传统文化的兴趣,增强学生的文化认同感。

(二) 课程思政融入方式

中国古代史(上)是历史学专业本科的学科基础课,课程本身包括了丰富的中国优秀传统文化的元素。通过本课程的教学,不仅使学生掌握中国古代史的基础知识,同时培养学生阅读文献的能力,使其能自觉自发地了解中国古代史的研究前沿和研究方法。因此,在课堂教学中主要采取课堂讲授、史料研读和课外阅读等方式来强化思政效果,实现思政目标。

(1) 课堂讲授。以中国古代政治演进为线索,讲授中国古代王朝更迭的过程,主要涉及各朝代制度变迁、重大改革事件和重要历史人物的贡献,使学生具备坚实的史学基础,学会用历史学的思维认识古代历史,坚持从中国历史实际出发,通过中西比较研究,揭示中国历史上社会形态演进的规律,坚决反对西方中心论,坚决破除对西方学术观点的迷思。

(2) 史料研读。结合中国古代史课程讲授,配合课程进度,带领学生选读基本史料,让学生亲身体会中国古代优秀的史学传统和文化,进而科学认识中国历史文化,彰显中华优秀历史文化的精神力量,使学生认识到在多元文化并存的新时代应发扬中国优秀历史文化精神，发挥中华文化的向心力、凝聚力、感召力，在中华民族伟大复兴中夯实人们的文化、历史、民族和国家认同。

（3）课外阅读。向学生推荐意识形态正确、学术观点鲜明的优秀历史学著作。为激发学生阅读兴趣，重点推荐关于中国古代重要历史人物相关事迹的专著，使学生能够以历史进步、人民立场、爱国主义三个基本标准，客观评价历史人物，进而树立正确的人生观、世界观和价值观。

三、教学案例展示

北魏孝文帝改革与北朝历史演进

北魏孝文帝改革是中国古代北朝历史中的重要事件，是鲜卑族与汉族融合的关键事件，更是北魏政权在封建化道路上的标志性事件。其中涉及政治、经济、文化和社会风俗等诸多方面，准确掌握北魏孝文帝改革的背景、内容及影响，是研究北魏后期历史以及北朝政治演进的必要环节。同时也对中国历史上政治改革、民族融合和土地制度演变的学习和理解有着非常重要的意义。

（一）教学目标

1. 情感态度与价值观目标

（1）通过了解北魏孝文帝改革的基本内容，理解中国古代统一多民族国家的发展历史，感受古代民族融合的重要环节，增加民族认同感。

（2）通过对孝文帝本人相关事迹的考察，使学生能够正确评价中国古代少数民族政治家，进而感受中国古代多民族的优秀传统文化，增加文化认同感。

2. 知识与技能目标

（1）理解和掌握北魏孝文帝改革的历史背景。

（2）准确掌握北魏孝文帝改革的具体措施。

（3）理解北魏孝文帝改革的历史意义。

（4）了解北朝历史演进的过程。

3. 过程与方法目标

（1）将北魏孝文帝改革放在北朝及内亚历史的范围内进行考察，使学生学会纵向比较的历史分析法。

（2）重点讲授北魏孝文帝改革的政治与经济措施，强调其政治与经济意义，使学生掌握多学科综合分析历史的方法。

（3）引导学生阅读相关史料，将历史学与文献学相结合，教会学生查找史料、阅读史料和使用史料的基本方法。

(二) 教学重难点

教学重点：北魏孝文帝改革的具体措施。
教学难点：北朝民族交流与融合。

(三) 教学方法、教学资源

教法：混合式教学法、参与式教学法、探究式教学法。
学法：自主学习法、探究学习法。
教学资源：
(1) 朱绍侯.中国古代史[M].福州：福建人民出版社，2010.
(2) 程维荣.拓跋宏评传[M].南京：南京大学出版社，2007.
(3) 张金龙.北魏政治史[M].兰州：甘肃教育出版社，2011.
(4) 陶新华.北魏孝文帝以后北朝官僚制度研究[M].成都：巴蜀书社，2004.
(5) 陈春霞.孝文帝改革后的民族融合与北朝文学研究[M].北京：中国社会科学出版社，2011.
(6) 超星学术视频《北魏迁都洛阳与少数民族入主中原》.http://www.jssii.com/Item/3843695.aspx.

(四) 教学过程

教学环节一：新课导入

(1) 通过提问的方式，请学生回答十六国时期各政权的名称、所属民族和建立时间，并在黑板上画出简易的示意图。

(2) 教师对学生回答的内容进行点评和总结，并引出新课内容。

思政元素融入设计：十六国时期是中国古代民族融合的重要时期，“五胡”(匈奴、鲜卑、羯、氐、羌)在中原大地先后登场。回顾十六国时期的历史，既是对新课的导入，同时也能增强学生的民族认同感。教师应注意阐释十六国时期少数民族政权和近代“民族国家”概念之间的区别。“民族国家”是西方话语，一般指法国大革命以后出现的现代国家形态。我们必须警惕的是，西方“民族国家”是基于“认同感”形成的，往往与“民族自决”和“自治”联系在一起。中国是统一的多民族国家，是历史形成的，是各民族的共同愿望。

教学环节二：新课讲授

知识点一：北朝时期的朝代更替与鲜卑早期历史。

(1) 由教师大体梳理北朝时期王朝承接的顺序，让学生对北朝历史演进有一个总体的印象。

(2) 带领学生阅读《魏书·序纪》部分内容，让学生了解鲜卑族早期历史的构建，以及《魏书》作者有意将鲜卑族早期历史融入华夏族的动机和做法。本部分使用的是古籍的电子版，增强学生阅读古籍的感觉。

(3) 请学生回答，通过《魏书·序纪》的记载反映出鲜卑族早期历史与华夏族是如何联系的？并回答鲜卑族早期具有怎么样的文化特征。

(4) 布置课外阅读，李凭的《黄帝历史形象的塑造》(《中国社会科学》，2012 年第 3 期)。

思政元素融入设计：

(1) 让学生了解北朝的民族构成和历史演进，加深学生对历史上中国少数民族的认识。

(2) 通过阅读《魏书·序纪》了解鲜卑族早期历史，《魏书》首篇首句中将拓跋氏初祖认作黄帝之孙，又在《官氏志》中梳理出诸部落汉化姓氏，将黄帝推广成北朝各族共同祖先，从而体现出民族融合潮流，适应了中华文明升华趋势，增强学生的民族认同。同时，教师还应注意阐释中国古代"华夷之辨"的问题。"华夷之辨"的本质是解决民族认同问题，通过确立中华文明统绪，维护中央权威和国家统一。中华民族的形成是各民族交融、逐渐融入多元一体民族共同体的历史。

知识点二：北魏前期的政治经济状况及孝文帝改革的历史背景。

(1) 由教师梳理北魏前期的政治经济状况，诸如社会形态、赋役征发、官员腐败、胡汉分治、宗主都护等内容。

(2) 请学生回答，以上北魏前期的基本状况会造成怎么样的社会问题？进而引出孝文帝改革的必要性和紧迫性。

思政元素融入设计：

北魏前期的各项制度有着明显的政治二元性特征，且鲜卑族的传统占绝对优势，其民族政策也采取胡汉分治的制度，导致鲜卑贵族与汉族地主之间的矛盾冲突和严重的社会问题，进而引入民族融合的优势，加深学生对中国古代民族融合的深刻理解。

知识点三：孝文帝改革的具体措施。

(1) 请学生阅读课本相关内容，总结出北魏孝文帝改革的具体内容。

(2) 教师逐条讲解，分析其改革的必要性，以及对北魏社会产生的影响。孝文帝改革分前后两个时段：前一阶段始于太和八年(484 年)冯太后主持变革；后一阶段始于太和十八年(494 年)，孝文帝继续变革。

知识小点 1：整顿吏治。

知识小点 2：实行均田制。

知识小点 3：推行租调制。

知识小点 4：建立三长制。

知识小点 5：迁都和汉化。

思政元素融入设计：

(1) 政治改革加速了民族融合的进程，使鲜卑族快速封建化，达到了稳定统治的作用，使学生认识到和谐稳定的民族关系是国家稳定的重要保证。

(2) 经济改革使北方经济得到了恢复和发展，使学生认识到经济基础与上层建筑的关系，从而牢固树立马克思主义唯物史观。

(3) 社会改革丰富了中华文化的内涵，使学生了解少数民族文化对中华传统文化的多元贡献，树立正确的民族观。

(4)“汉化”改革使学生认识到“汉化”是各少数民族改造本民族文化以融入中华民族的历史过程，是一元主体、多元格局中华文化形成的重要渠道。

知识点四：北魏孝文帝改革的历史意义。

(1) 请学生阅读课本知识，总结出北魏孝文帝改革的重要贡献，同时在 PPT 中展示。

(2) 请学生逐条对应回答孝文帝改革的历史意义分别对应哪一条改革措施。

(3) 教师进行总结。孝文帝改革是中国北方长期以来的民族斗争、阶级斗争和民族融合的产物，是先进的生产方式较量并战胜落后的生产方式的客观要求和必然结果，遵循了历史发展的规律，取得了成功并产生了巨大的积极效应，有力地推进了北方各民族的封建化，加速了北方民族融合的历史进程，也推动了北方社会经济的恢复和发展，为国家统一奠定了基础。

思政元素融入设计：

升华本节课的内容，通过北魏孝文帝改革的措施及影响，最后回归到民族融合的主题上来，增强学生的中华民族共同体意识，铸牢中华民族共同体意识自主自为的信心，使学生认识到中国古代历史上全国大一统及大一统后对前朝华夏典章的承袭从来都是历史的主流。

知识点五：各民族起义与北魏的分裂。

(1) 请学生阅读课本，总结北魏后期社会的基本矛盾有什么？可能造成哪些社会问题？这些社会问题是否是北魏社会独有的？

(2) 教师进行总结，并在 PPT 上展示。

知识小点 1：吏治腐败。

知识小点 2：土地兼并严重。

知识小点 3：赋税徭役繁重。

思政元素融入设计：随着北魏封建化的完成，封建社会的基本矛盾也日益突显。引导学生思考，北魏后期社会的基本矛盾是中国封建社会的固有矛盾，并非北魏一朝独有，马克思主义唯物史观对封建社会特点和基本矛盾的看法具有科学性。同时，向学生强调前辈马克思主义史家跳出了西方中心论的窠臼，将马克思主义社会经济形态学说与中国历史实际相结合，经过长期研究探索，基本形成了战国秦汉直至鸦片战争为“地主封建制”的共识，揭示出不同于西欧封建领主制的更具典型意义的封建社会类型，大大丰富了我们对封建社会的认识，推进了马克思主义封建观的发展。

知识点六：北魏后期的人民大起义。

(1) 由教师简要讲述北魏后期三次大的人民起义的基本概况，请学生分析各民族的大起义对于北魏社会造成的影响。

(2) 学生通过阅读课本回答上述问题。

知识小点 1：六镇起义。

知识小点 2：河北起义。

知识小点 3：山东和关陇起义。

(3) 教师讲述北魏后期的政治局势，从“河阴之变”到北魏分裂。

思政元素融入设计：北魏后期，各族人民为反抗北魏的封建统治，掀起了三次重大的起义运动，这是民族之间融合的另一种形式——战争。让学生了解民族间的战争是民族矛盾斗争的最高形式，同时也是民族关系的重要内容。一方面给我国各族人民带来灾难，另一方面又是民族之间政治关系的一种重要内容，也是经济、文化交往的重要手段和方式。

知识点七：北方政权的对峙及更替。

（1）教师讲授北朝政权的更替情况，尤其是西魏宇文泰的改革。

（2）向学生展示陈寅恪先生关于西魏模仿周礼创建官制的重要观点，请学生思考宇文泰创立的西魏能够与南梁、东魏并立的原因，引出“关陇集团”和“关中本位主义”的概念。

（3）教师阐述西魏北周与东魏北齐的关系，以及此时南北朝的和战关系。

思政元素融入设计：宇文泰仿照《周礼》进行的官制改革，也是鲜卑族积极“汉化”的重要标志。让学生了解中国在历史上一贯重视制度建设，制度文明是中华文明的标识性载体。中国古代重视制度建设，有丰富的制度建设与国家治理思想，并在各个历史时期转化为政治实践，取得过重大成就。所以，我们应该充分吸取历史上的制度建设优秀成果，继续发扬集中统一领导的制度优势。

教学环节三：课后作业布置

（1）教会学生熟练使用鼎秀古籍检索系统。

（2）让学生利用鼎秀古籍检索系统，检索历代对于北魏孝文帝改革的评价。考察中国古代对于孝文帝这样一位少数民族改革家的认识。

思政元素融入设计：将实践教学和课后作业结合起来，教会学生检索史料的方法，进一步巩固本节课的知识点，并作必要的延伸，让学生认识到民族交流和融合是民族关系的主流，矛盾和斗争是支流。各民族交往、交流、交融，共同缔造统一多民族国家是中国古代历史发展的主要脉络。

（五）教学反思

中华民族共同体意识是国家统一之基、民族团结之本、精神力量之魂，承载着民族复兴的历史重任。培育大学生的中华民族共同体意识需要坚实有力的课程支撑。在本节课的教学中，教师应该进一步有意识地引导学生树立“中华民族一家亲，同心共筑中国梦”的自信自觉，同时要注意古代少数民族政权和近代以来“民族国家”概念的区别，准确认识中华文明取得的灿烂成就和对人类文明的重大贡献，增强学生的民族认同感和自豪感；探讨中华文明的内聚性及其强大凝聚力，使学生充分认识到传统制度文化在中华文明延续中的关键性影响，以及中华优秀传统文化的历史作用及其当代价值。

四、课件

安慶師範大學
ANQING NORMAL UNIVERSITY

北魏孝文帝改革与北朝历史演进

1. 北朝时期的朝代更替与鲜卑族早期历史 —— 民族认同
2. 北魏孝文帝改革 —— 制度认同
3. 北朝后期历史演进 —— 文化认同

安慶師範大學
ANQING NORMAL UNIVERSITY

思政元素

民族认同　　制度认同　　文化认同

安慶師範大學
ANQING NORMAL UNIVERSITY

导入新课

一、北朝时期的朝代更替与鲜卑族早期历史

北方自439年太武帝拓跋焘统一起，历北魏、东魏与西魏、北齐与北周的互相对峙等诸政权，迄于581年隋代北周，史称北朝。

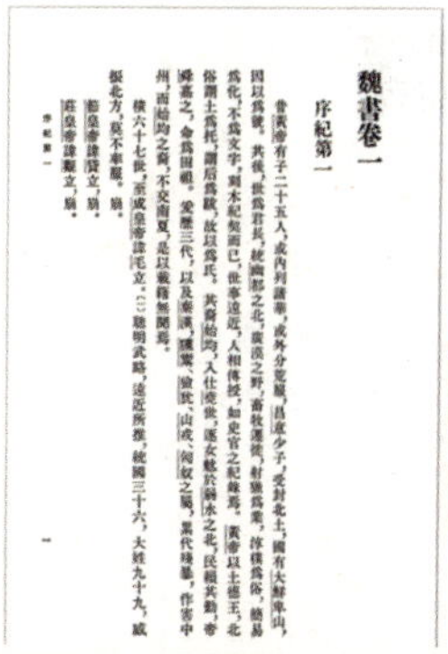
魏書卷一
序紀第一

民族认同

安慶師範大學 ANQING NORMAL UNIVERSITY

新课讲授

二、北魏孝文帝的改革

1. 改革的内容

孝文帝改革分前后两段：前一阶段始于太和八年（484年）冯太后主持变革；后一阶段始于太和十八年（公元494年）孝文帝继续变革。

制度认同

整顿吏治：484年颁行“班禄制”。
实行均田：485年颁布均田令。
推行租调：486年颁布租调制。
建立三长：486年废宗主督护，建立三长制（邻长、里长、党长）。
迁都汉化：服饰、语言、姓氏、姓族、婚姻、迁都。

安慶師範大學 ANQING NORMAL UNIVERSITY

2. 改革的历史意义

（1）促进了以鲜卑族为中心的北方各族的封建化和以汉族为主体的民族大融合的发展。

（2）顺应历史发展的趋势，放弃民族旧俗，冲破重重阻碍，对我国历史发展作出了重要的贡献。

（3）在汉化改革中将门阀制度引入北朝，导致了后来北魏统治者的腐败和阶级矛盾的尖锐化。

北魏孝文帝不愧为我国历史上杰出的政治家。

安慶師範大學 ANQING NORMAL UNIVERSITY

新课讲授

三、北朝后期历史演进

1. 各族人民起义与北魏的分裂

（1）六镇起义。
（2）河北起义。
（3）山东和关陇起义。

安庆师范大学
ANQING NORMAL UNIVERSITY

新课讲授

- 528年，河阴之变。“诸元殆尽，王侯第宅，多题为寺。”
- 530年，孝庄帝杀尔朱荣，尔朱兆杀孝庄帝，立节闵帝。
- 532年，高欢立孝武帝，自为丞相。
- 534年，孝武帝依宇文泰，高欢立孝静帝，迁都邺城，史称东魏。
- 535年，宇文泰杀孝武帝，立文帝，都长安，史称西魏。

安庆师范大学
ANQING NORMAL UNIVERSITY

新课讲授

2. 北方政权的对峙及更替

- 550年，高欢死，其子高洋废孝静帝，自立为帝，国号齐，史称北齐。
- 556年，宇文泰死，其子宇文觉受封周公。
- 557年，宇文觉废西魏恭帝，自立为帝，国号周，史称北周。

安庆师范大学
ANQING NORMAL UNIVERSITY

新课讲授

3. 宇文泰改革

- 精减机构，裁汰冗员。
- 实行均田，减轻赋役。
- 奖励生产，建立府兵制。
- 社会经济迅速得以恢复和发展，国力大为增强。

文化认同

安慶師範大學
ANQING NORMAL UNIVERSITY

新课讲授

宇文泰凭藉六镇一小部分之武力，割据关陇，与山东、江左鼎足而立。然以物质论，其人力财富远不及高欢所辖之境域，固不待言；以文化言，则魏孝文以来之洛阳及洛阳之继承者邺都之典章制度，亦岂荒残僻陋之关陇所可比。至于江左，则自晋室南迁以后，本神州文化正统之所在，况值梁武之时庚子山所谓“五十年间江表无事”之盛世乎？

故宇文泰苟欲抗衡高氏及萧梁，除整军务农，力图富强等充实物质之政策外，必应别有精神上独立的自成一系统之文化政策，其作用既能文饰辅助其物质即整军务农之进行，更可以维系其关陇辖境以内之胡汉诸族之人心，使其融合成为，以关陇地域为本位之坚强团体。此种关陇文化本位之政策，范围颇广，包括甚众，要言之，即阳传周礼经典之文，阴适关陇胡汉现状之实而已。

——陈寅恪《隋唐制度渊源略论稿》

安慶師範大學
ANQING NORMAL UNIVERSITY

新课讲授

4. 北周武帝宇文邕改革

- 放免奴婢，禁断佛道，强迫僧道还俗从事生产承担赋役，以增加国家的财政收入。
- 整顿吏治，惩办贪官，廉洁政治，强化中央集权。
- 积极整训军队，发展和完善府兵制。

安慶師範大學
ANQING NORMAL UNIVERSITY

思考/拓展

1. 登录安庆师范大学图书馆主页，熟练使用“鼎秀古籍检索”系统。

2. 检索中国古代历代学者对北魏孝文帝及其改革的评价。

"大学英语(2)"课程思政教学设计案例

一、课程简介

1. 课程性质

大学英语(2)是非英语专业的通识教育必修课,共51学时,3学分,大一第二学期开设,其先修课程为大学英语(1)。

2. 课程内容

本课程旨在从听、说、读、写、译各方面培养学生的英语应用能力,增强跨文化交际意识和交际能力,同时发展自主学习能力,提高综合文化素养,使学生在学习、生活、社会交往和未来工作中能够有效地使用英语,满足国家、社会、学校和个人发展的多元需要。

3. 授课教师

林灵,外国语言学及应用语言学硕士,讲师,主讲大学英语、基础英语等课程。主持省级大学英语课程思政示范课程项目,曾获2021年高等学校外语课程思政优秀案例征集与交流活动安徽省优秀教学案例一等奖,2020年首届全国高等学校外语课程思政教学比赛二等奖。

二、课程思政资源分析

(一) 课程思政建设目标

本课程在教学中注重挖掘并融入思政元素,发挥英语课程的隐性育人功能,在培养学生综合语言素养的过程中,通过"润物细无声"的方式给学生输入积极的理想信念,落实立德树人,培育学生的人文素养、道德素养和正确的价值取向,增强文化自信,实现读书明理、全面提高自身内在思想修养的课程思政和课程育人目标。

思政目标1:树立价值取向。帮助学生树立正确的世界观、人生观和价值观,改善学生思维形态的品质，使他们在学习、生活、社会交往和未来工作中不仅能够有效地使用英语，而且可以正确运用马克思主义原理分析和判断中西文化差异和意识形态差别，能将书本知识联系实际，有效解决现实问题。

思政目标 2:增强文化自信。培养学生用英语讲好中国故事的能力，提高社会主义文化自信，提升中国文化认同感，为传播中国文化和传统价值观打下基础；通过有效的语言输出，实现本课程工具性和人文性的高度统一。

思政目标 3:培养批判精神。通过文本阅读和讨论，帮助学生培养合理分析、独立思考、理性判断、辩证评价的思辨能力，培养敢于质疑、勤于探究、科学论证、不惧困难的批判精神和探索精神，以及运用所学知识和已有经验进行创造性产出的能力。

思政目标 4:培育时代精神。在聚焦语言能力的基础上传递社会主义核心价值观，将课文主题和中国的时代特征相结合，坚持继承与创新的统一，加深学生对人类命运共同体中重要组成部分的反思和认知，提升学生的时代使命感。

(二) 课程思政融入方式

在教学中有意识地挖掘教材中隐性的思想政治教育资源，将语言教学与思政教育有机集合，形成“一点三面”的课程思政教学模式:“一点”即抓住每个单元的课程思政点；“三面”指的是在教学中把这一思政点融入主题，融入语言，融入现实。

(1) 教学渗透。在讲解课文主旨的过程中，围绕思政点精心选取治国理政时代金句，聚焦时代发展、国际形势，提供中国视角、讲述中国故事，帮助学生在完成阅读进阶过程的同时，深刻理解新时期使命格局，厚植爱国情怀。如第二单元课文“The humanities: Out of date?”探讨大学里人文学科是否过时的问题，导入环节可以给学生补充 2018 年 12 月刊载于《人民日报》的文章——《大家手笔:人文学科有“大用”》中的节选段落翻译，通过汉英对照，使学生了解发展人文学科是提升国家文化软实力的必然要求，不能只看短期效益，而要看到其对国家和民族发展的“大用”，从而培养学生的政治格局和长远眼光。

(2) 课堂讨论。在关注学生能否整合输入并运用策略进行输出的同时，将思政理念融入其中，引导学生关注单元主题背后的价值取向，综合运用语言技能进行交际，自主得体地表达意义，进行批判与评价、推理与论证、说服与解释。如在第五单元“The money game”的教学中，课前布置学生调查家庭成员消费习惯，课中分小组进行汇报讨论，引导学生继承发扬中华民族“黜奢崇俭，勤俭节约”的传统美德，自觉抵制拜金主义、享乐主义，树立绿色、健康、积极的金钱观、消费观和理财观。

(3) 拓展延伸。以阅读和听力为载体，引导学生通过自主学习和小组合作学习相结合的方式，拓展单元主题下学习的深度和广度，通过演讲、辩论等方式，深化对语言形式的理解，实现单元学习内容的创新性输出以及价值观的形成和表达。如在第七单元“Women: Making a difference”的课文讲解之后，可以通过 QQ 群分享习近平总书记在联合国大会纪念北京世界妇女大会 25 周年高级别会议上发表讲话的英文报道，让学生更深入了解女性事业对于经济社会发展的重要性，增强学生的性别平等意识。

三、教学案例展示

Unit 3　Text A　Journey through the odyssey years

本节教学内容选自外研社出版的《新视野大学英语读写教程:2》(第3版)中第三单元"Discovery of a new life stage"。该单元包含Text A和Text B两篇课文。本案例主要针对"Text A　Journey through the odyssey years"开展设计,授课2学时。

(一) 教学目标

1. 情感态度与价值观目标

(1) 通过背景知识介绍和概念分析,了解人生新阶段"奥德赛岁月"(the odyssey years)的含义和特点,通过分析归纳"奥德赛岁月"的特点,做好抗击困难和迎接压力的心理准备,增强抗挫能力。

(2) 通过进阶式阅读,学会如何应对未来将会出现的这一人生阶段,树立积极的人生观和价值取向,形成对待困难、挫折和压力的正确态度,培养逆境中的探索精神和奋斗精神,勇担时代使命,实现自我成长。

2. 知识与技能目标

(1) 通过分析课文结构,掌握比较以及对比(comparison and contrast)的写作手法。

(2) 通过课文精读和翻转课堂,学会用比较及对比法进行推断,从而分析"奥德赛岁月"出现的原因以及这一人生阶段的特点。

(3) 通过语言学习,掌握重点词汇和典型句式,实现语言输入。

3. 过程与方法目标

(1) 通过自主学习和拓展阅读,初步了解单元主题,掌握重点概念,提高思辨能力。

(2) 通过思维导图和小组讨论,梳理课文结构,提炼写作方法。

(3) 通过主题探索和语料补充,联系课文主题在中国传统文化和个人现实生活中的体现,深化主题理解。

(二) 教学重难点

教学重点:阐释"奥德赛岁月"的概念和特点;学会比较和对比的写作手法。

教学难点:培养学生的批判性思维和积极的人生观,帮助他们形成对"奥德赛岁月"的正确态度;比较和对比法的两种不同写作模式:subject by subject 和 point by point。

(三) 教学方法、教学资源

教法:混合式教学法、任务式教学法、产出导向法。

学法：自主学习、合作式学习、探究学习。

教学资源：

(1) 郑树棠.新视野大学英语2：读写教程2[M].3版.北京：外语教学与研究出版社，2017.

(2) 郑树棠.新视野大学英语2：读写教程教师用书[M].3版.北京：外语教学与研究出版社，2017.

(3) NEWSLETTER英文网站：https://www.theberingergroup.com/newsletter3/newsletter5.htm.

(4) 5分钟看公元前700年的荷马史诗《奥德赛》.https://www.bilibili.com/video/BV1dW411e7fk?spm_id_from=333.337.search-card.all.click.

(5) 视频《What are the Odyssey Years?》(《什么是"奥德赛时期"?》).https://www.bilibili.com/video/BV12u411k7CB?p=3.

(四) 教学过程

教学环节一：新课导入

课前通过学习通平台布置预习作业，要求学生列出课文中重要短语搭配、有用句式，写出课文内容摘要，就课文语言或内容理解提出自己的问题。导入环节点评预习作业的完成情况，对优秀的内容摘要进行展示。

结合学生课前观看的《奥德赛》短片介绍以及教材第63页的文化要点阅读，组织学生进行小组分享，每个小组分享一段Odysseus的历险故事，帮助学生纵向深入了解奥德赛岁月的含义。

思政元素融入设计：

the Odyssey Years是一个具有西方文化特色且有文化内涵的表达，由于文化背景的差异，很多学生对荷马史诗《奥德赛》缺乏了解。因此，课前学习可为理解语篇做好先期准备，同时线上学习可以培养学生的自主学习能力，课堂及时反馈与点评可以帮助学生树立严谨的治学态度和探索精神。

教学环节二：新课讲解

(1) 主旨探索(theme exploration)。

学生阅读课文引言部分(Para. 1—2)，理解第一段中关于过去人们对人生阶段的划分：童年时期、青少年时期、成年时期、老年时期。引导学生思考在中国传统文化中人生不同阶段的划分、英文表达方式以及每个阶段的任务使命。

古代教育家孔子"三十而立"的论点精准地概括了"奥德赛岁月"的本质，通过学习中国传统文化中关于青年使命、战胜逆境的经典表述及其英文翻译，可以使学生增强翻译技能，同时感受文化经典中蕴含的深刻哲理，激发对祖国语言文字的热爱之情，自觉增强文化自信，弘扬中华优秀传统文化。

播放英文视频《Chinese Young People》(2分30秒)，学生针对视频展开讨论。启发学生思考部分大学生毕业后面临的困难以及困难产生的原因，重点组织学生讨论：该如何应对可能困难重重的少年向成年的过渡阶段?

回答问题:

① Why are college graduates in the video called a dependent generation and what can account for it?

② After watching the video, what is your idea or reflection upon the difficulties and struggles the graduates confront after graduation?

播放英文视频《What are the odyssey years》(1 分 40 秒),让学生找到“奥德赛岁月”这一概念的出处以及说话者对“奥德赛岁月”的解释。

思政元素融入设计:

将课文主题和中国大学生现状相结合,让学生了解到中西文化的共性以及新时代中国青年的使命。引用习近平总书记 2016 年 4 月 26 日在知识分子、劳动模范、青年代表座谈会上的讲话,立足中国、面向现实,引导学生认识到奥德赛岁月不仅包含着人生中的各种压力,同时更是自我发现、自我成长之旅,成功之路如同奥德赛之旅一样充满坎坷。激励学生发扬奋斗精神,在逆境中、在彷徨无措时,坚定信念,执着追求理想。

(2) 课文泛读(scanning and skimming)。

学生阅读:快速阅读课文第四段(scanning),找到作者对“奥德赛岁月”的定义。

回答问题:What is the definition of the odyssey years?

学生跳读课文第五至十段(skimming),找到作者对“奥德赛岁月”的典型特征的描述。

回答问题:What are the features of the odyssey years?

采用启发式教学,通过提问和引导的方式,启发学生思考教师设计的 which、how long、who、what to do 一系列问题,帮助学生找到 “奥德赛岁月”概念的核心内容,思考目前自身所处的人生阶段以及该阶段的重要性。

学生提问:采用翻转课堂的形式,由学生针对 Text A 文章难点向教师提问,教师或其他学生作答,并给提问和作答的学生做出评价。

(3) 结构分析(structural analysis)。

将课文分为五个部分,提炼概括每部分大意并排序,引导学生梳理文章逻辑:Previous phases in life—Transition—A newly-added phase in life:the odyssey years—Characteristics of the odyssey years—Advice to young people,然后指导学生以思维导图的形式进一步详细分析课文大意,尤其是课文第三部分(Para. 4—5)和第四部分(Para. 6—10),要求学生尽量细化这两部分的分析。

检查学生的思维导图,将优秀导图作品在学习通平台进行分享。

思政元素融入设计:

通过对“奥德赛岁月”的概念分析和意义探索,让学生反思自己的人生观和价值观。结合现实,引导学生正确认识大学生毕业后可能面临的人生难题,思考应该如何顺利度过“奥德赛岁月”,实现个人成长,以此发展学生的批判思维,认清自己的使命担当,培养良好的心态和不惧困难、追求理想的勇气,珍惜青春,不负韶华。

教学环节三：技能拓展

介绍课文采用的主要写作手法：比较和对比法（comparison and contrast）。

（1）学生仔细阅读3—5段，判断该部分写作手法，提示学生注意寻找标志性词语（signal words）。

Para. 3 In previous times, people didn't have a solid idea of childhood as being separate from adulthood... Until recently it was understood as a norm.（对比）

Para. 5 People who were born prior to the 60s or 70s in the last century tended to... Today, young people are unlikely to do the same.（对比）

引导学生通过观察发现contrast的写作手法：逐点比较法（point by point），帮助学生总结对比法写作的技巧和常用表达方式。

（2）学生仔细阅读6—9段，判断该部分写作手法。

Para. 6—7 The odyssey years can saddle young people with enormous pressure.... Likewise, their parents are feeling more anxious.（比较）

Para. 8 Male wages have remained stable over the past decades, while female wages have boomed.（对比）

Para. 9 Both genders are having a hard time finding suitable mates to build their lives with.（比较）

学生可以观察发现contrast写作手法的另一种模式——块状比较法（subject by subject），同时掌握比较和对比的区别：前者强调相似性，后者强调不同点。

思政元素融入设计：引导学生通过分析比较和对比的写作手法，更透彻地理解"奥德赛岁月"中年轻一代和父母反应的相似性和不同点，有利于学生换位思考，在过渡性人生阶段和父母意见产生分歧的时候，可以避免焦虑，理性沟通。

教学环节四：小结与作业

（1）课程小结。通过对课文主题的讨论、对课文内容的进阶式阅读，学生对课文的主旨应该有了准确的把握，对"奥德赛岁月"这一比较陌生的概念有了科学的认识，为即将面临的这一关键人生阶段做好心理准备，以积极的心态和正确的价值观引领，实现平稳过渡，不畏挫折，战胜迷茫，朝自己的人生理想不断奋进。同时，学生通过对课文结构的梳理、对写作手法的揣摩，能够掌握比较和对比写作手法的技巧及常用表达，并在以后的写作中根据自己论证的需要，较为灵活地运用该手法的两种不同模式：块状比较法和逐点比较法，从而增强论证的逻辑性和有效性。

（2）课后作业：

拓展阅读：自主阅读NEWSLETTER英文网站的一篇文章，将文章主人公的经历和感受与课文内容对比，并在学习通平台完成自编练习。

写作练习：使用比较和对比写作法，在学习通平台完成一篇题为Generation Gap between Parents and Children的文章，120—150词。

思政元素融入设计：通过拓展阅读让学生接触英语语境中对奥德赛岁月的讨论，看到如何正确度过人生这一阶段的真实案例，帮助学生直观地体会在这段较艰难的岁月中，正面的态度、积极的探索、理性的沟通对于个人发展以及家庭关系的重要性。通过运用比较和对比写作法，学生对所学内容进行整合输出，自主得体地表达意义，深化对语言形式和课文主题的理解。

（五）教学反思

思政教学的主题应该紧扣社会现实和学生生活，并且和课文主题自然巧妙地结合，这样才能让学生在语言学习中塑造正确的世界观、人生观和价值观，达到良好的育人效果。大一学生正处于世界观和人生观形成阶段，也面临着课文描写的人生新阶段——奥德赛岁月，帮助他们树立良好的心态和正确的价值观，对于他们成功迈入并平稳度过人生新阶段至关重要。

教学对象是大学一年级学生，相对较为害羞，欠缺自信，因此学生在小组讨论活动的参与度可能难以保证。在以后的教学中可以尝试更小范围的合作，例如结对活动，或设计较为简单的学习游戏供学生参与；鼓励英语语言表达水平较低的学生大胆发言，锻炼自己的英语思维和语言交际能力。

四、课件

安慶師範大學
ANQING NORMAL UNIVERSITY

思政元素

价值取向　文化自信　批判精神　时代精神

安慶師範大學
ANQING NORMAL UNIVERSITY

1. Theme exploration （主旨探索）

Different life stages in ancient China

襁褓 infancy
孩提 early childhood
弱冠 the 20-year-old men
而立之年 30 years old
不惑之年 40 years old
知命之年 50 years old
花甲之年 60 years old

安慶師範大學
ANQING NORMAL UNIVERSITY

Classic quotes in ancient China

艰难困苦，玉汝于成。——《西铭》

Adversity breeds success.

路漫漫其修远兮，吾将上下而求索。——《离骚》

My way ahead is a long, long one, oh! I'll seek my beauty high and low.

三十而立。——《论语》

A man should be independent at the age of thirty.

文化自信

安慶師範大學
ANQING NORMAL UNIVERSITY

Group discussion on the theme

1) Which stage are you at now?

The stage between adolescence and adulthood.

2) What significance do you think this stage has?

This is a crucial period of time when one forms his / her morals, values, outlook of the world and the principles.

安慶師範大學
ANQING NORMAL UNIVERSITY

Video watching and discussion

① Why are the college graduates in the video called a dependent generation and what can account for it?

② What do you think of the difficulties and struggles the graduates face after graduation?

安慶師範大學
ANQING NORMAL UNIVERSITY

Video watching and discussion

Why are college graduates in the video called a dependent generation?

- still live with their parents after graduation
- remain unemployed

What are the reasons?

- high home prices
- rising rents
- difficulty in finding a good job

安庆师范大学
ANQING NORMAL UNIVERSITY

Video watching and discussion

What do you think of the difficulties and struggles the graduates face after graduation?

can't find a good job
can't afford an apartment
can't get love and opportunity

keep fighting and never give up in the path of pursuing our ideals

价值取向

安庆师范大学
ANQING NORMAL UNIVERSITY

Classic quotes in modern China

Xi's advice for youth

Long road towards dream

The road of life for the youth is long. Along the way, there is flat journey as well as high mountains, slow flow as well as rapids, sunshine as well as rains and winds, joy as well as sorrow.

Only by nurturing sunshine in our hearts and having power under our feet can we strive for our dream unswervingly and live up to the expectations placed on us by the era.

—Xi Jinping, at a meeting with a group of scientists and researchers, model workers and young representatives on April 26, 2016

时代精神

安庆师范大学
ANQING NORMAL UNIVERSITY

2. Scanning and skimming （课文泛读）

The Odyssey years

Which? How long? — "the decade of wandering that frequently occurs between adolescence and adulthood.

Who — 20-somethings

What to do? —
go to school and take breaks from school.
They live with friends and they live at home.
They fall in and out of love.
They try one career and they try another.

uncertainty

安慶師範大學
ANQING NORMAL UNIVERSITY

Main idea of each part

① Advice to young people

② Previous phases in life

③ Characteristics of the odyssey years

④ A newly-added phase in life: the odyssey years

⑤ Transition

安慶師範大學
ANQING NORMAL UNIVERSITY

3. Structure analysis（结构分析）

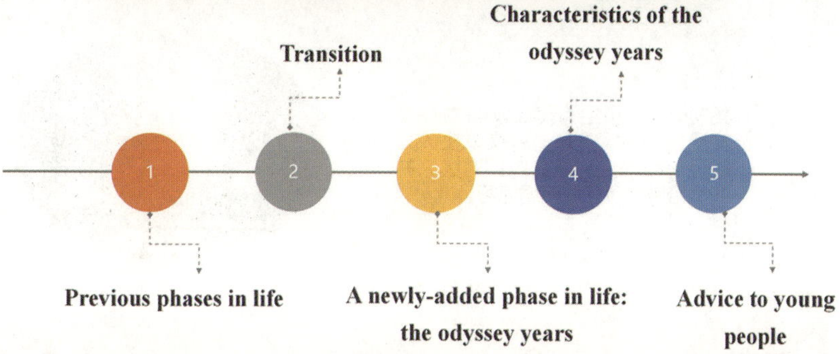

安慶師範大學
ANQING NORMAL UNIVERSITY

4. Skill enhancement（技能拓展）

The essay of comparison and contrast

Two patterns
- point-by-point
- subject-by-subject

➢ **Point** refers to **the aspects** you would like to use to develop your essay.（逐点比较法）

➢ **Subject** refers to **the two items or people** you want to compare or contrast.（块状比较法）

安慶師範大學
ANQING NORMAL UNIVERSITY
5. Summary（本课小结）
What are the features of the odyssey years and why does this new stage of life appear?
What are the odyssey years?
主旨探索
概念理解
价值引领
技能培养
How to develop a positive attitude towards this stage of life and get through it smoothly?
How to develop an essay by comparison and contrast?
批判思维

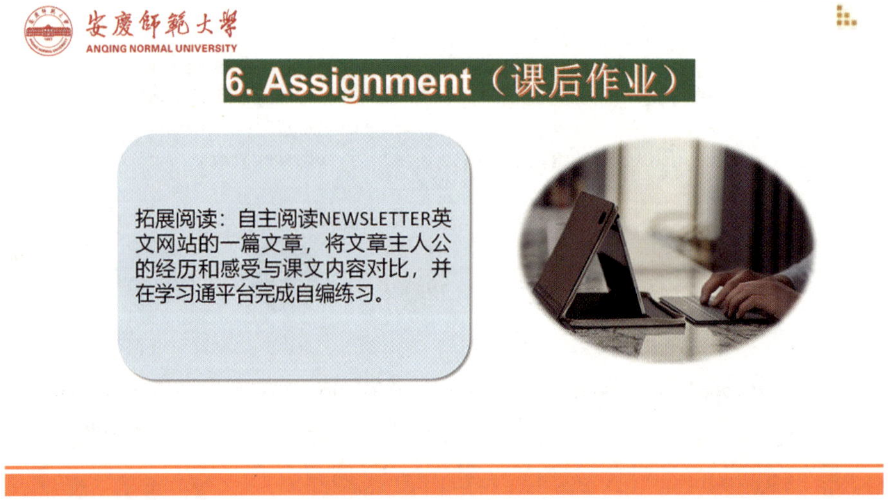
安慶師範大學
ANQING NORMAL UNIVERSITY
6. Assignment（课后作业）
拓展阅读：自主阅读NEWSLETTER英文网站的一篇文章，将文章主人公的经历和感受与课文内容对比，并在学习通平台完成自编练习。

“大学英语(4)”课程思政教学设计案例

一、课程简介

1. 课程性质

大学英语(4)是全校所有非英语专业学生的公共必修课,本科二年级第二学期开设,共51学时,3学分。

2. 课程内容

本课程内容由综合课程和听说课程组成。通过综合课程学习,学生掌握相应的语言技能和语用知识,包括词汇知识、句法结构和篇章结构,基本读懂一般性题材的英文文章,阅读速度达到每分钟大约80个单词,能借助词典对题材熟悉的文章进行英汉互译,持续提高英文写作水平;通过听说课程,学生学会抓住听力材料的要点和有关细节,领会文章的观点和态度,培养听写能力以及设定话题的英语口头表达能力。

3. 授课教师

汪曼卿,博士,讲师,主要研究方向为英语教学、语言与文化。主讲大学英语等课程,主持校级质量工程教学研究项目2项。曾获2020年第六届外语微课大赛安徽省二等奖,2020年首届全国高等学校外语课程思政教学比赛全国二等奖,2021年安庆师范大学第三届教师智慧教学大赛文科组一等奖,2022年第二届学校课程思政教学设计大赛二等奖,2022年外研社“教学之星”大赛全国复赛二等奖。

二、课程思政资源分析

(一) 课程思政建设目标

本课程在教学过程中融入思想政治教育,培养学生的家国情怀;拓宽学生的国际视野,培养学生的跨文化交际能力,学会用英语看世界;引导学生客观辩证地评判、借鉴西方思想理念，用英语讲好中国故事。

思政目标1：培养家国情怀。以习近平新时代中国特色社会主义思想为指导，坚持知识传授与价值引领相结合，围绕课程主题，结合时事新闻的拓展阅读，展现中国特色社会主义的伟大建设成就，增强民族自豪感。

思政目标2：拓展国际视野。培养学生的英语交际能力和自主学习能力，使其具有跨文化交际综合素质。通过课程学习，丰富学识，增长见识，成为担当民族复兴大任的社会主义建设者和中国话语的国际传播者。

思政目标3：增强理论自信。习近平总书记提出的著名论断阐释了我国进行中国特色社会主义建设实践的理论基础，揭示了我国社会主义发展道路的科学性。通过中西发展理念的差异对比，引导学生能够辨证思考或批判性地看待西方发展理论，继承、传播和弘扬中国特色社会主义理论。

（二）课程思政融入方式

本课程实行线上线下混合式教学，采用翻转课堂教学模式，主要运用教学引导、课堂讨论、拓展阅读等方式融入课程思政。

（1）教学引导。挖掘与教材单元主题相契合的思政素材，通过图片、音频、视频等多媒体手段，将英语表达和思政内容相互渗透，锻炼培养学生用英语讲述中国故事、中国理念的能力。如第五单元“Why culture counts”（文化为什么很重要）中，教师通过中西方文化差异图片的展示，播放文化冲突导致误解以及文化理解后共赢合作相关的短片等，引导学生拓展国际视野，正确认识与理解文化差异，培养学生消除误解、增进共识的语言沟通能力。同时，引导学生学习中国传统文化的英语表达，增强学生的文化自信，培养学生的跨文化交际能力。

（2）课堂讨论。借助翻转课堂，开展讨论式教学。课前发布课文学习视频制作任务，课上围绕单元主题分组做课文分析与话题讨论，使学生既掌握英语的语言知识，又能用英语思考与主题相关的社会问题。如第三单元“Secrets to beauty”（美的秘密），在课前布置课文讲解任务的同时，关注生活中会用到哪些美妆产品，在课上讨论使用这些产品提升外在美与培养内在美之间的关系，从而让学生形成正确的美育观，使其与社会主义核心价值观相兼容。

（3）拓展阅读。根据课文单元主旨，以学生关注的时事报道为切入点，引导学生以个人或团队的形式结合课程内容完成课外英语篇章的拓展阅读，丰富学生的英语表达，拓展学生的国际视野。如布置《War and Peace》（《战争与和平》）的课外阅读任务，促使学生深化课本语篇理解，反思二战行为，引导学生珍惜和平年代的成长环境，以史为鉴，热爱祖国，奋发图强，为中华民族伟大复兴而努力奋斗。

三、教学案例展示

Unit 3 Text A　Achieving sustainable environmentalism

本节教学内容是大学英语(4)课程第三单元的A部分语篇《实现可持续性发展的环

保主义》，主要针对课文相关段落主题内涵、具体词句释义开展设计；同时，进行思政内容的有效渗透与串联，使学生在习得英语表达的同时，深入思考生态环保相关问题，了解我国进行生态治理的巨大成就，增强生态文明建设的理论自信。

（一）教学目标

1. 情感态度与价值观目标

（1）学习国家可持续性发展战略和生态文明建设政策相关的英文表达，了解我国在生态保护方面所做的努力和取得的成就，坚定中国特色社会主义生态文明建设的理论自信。

（2）通过课前作业的回答与展示，思考环保理念，践行环保行为和绿色生活方式，增强家国观念。

（3）通过欣赏英语歌曲、观看英文视频等多媒体教学资源，辨证地思考和批判性地看待西方价值观，理性认识中西环保理念差异，提升跨文化交际能力。

2. 知识与技能目标

（1）通过拓展阅读和观看视频，了解国家可持续性发展战略和生态环境保护政策相关的英文表达。

（2）通过课前视频制作任务和学习成果展示，掌握课文中环境保护相关的英文表达。

（3）通过拓展阅读和语言学习，提高有关环保话题的理解和表达能力。

3. 过程与方法目标

（1）引导学生使用超星学习通 App 完成作业，并在 bilibili 视频网（简称 B 站）完成视频制作上传任务，提升自主学习能力和综合技术应用能力。

（2）通过使用翻转课堂教学模式与现场评分机制，充分发挥英语学习的主观能动性，增强英语学习的获得感与成就感。

（二）教学重难点

教学重点：掌握环境保护政策中相关的英文表达；结合身边的事例阐述周边自然环境的变化与绿色生活的方法。

教学难点：结合本文观点，能够就如何平衡经济发展与环境保护发表观点。

（三）教学方法、教学资源

教法：直观演示法、讨论法、讲授法、任务驱动法。

学法：自主学习法、探究学习法、合作学习法。

教学资源：

（1）郑树棠. 新视野大学英语 4：读写教程[M]. 3 版. 北京：外语教学与研究出版社，2015.

(2) 郑树棠.新视野大学英语 4:读写教程教师用书[M].3 版.北京:外语教学与研究出版社,2015.

(3) 教材附带光盘和官方网站 Unipus 内的课程思政教学课件. https://heep.unipus.cn/support/list.php? SeriesID = 185.

(4) Bilibili 自制可视化课件. https://www.bilibili.com/read/cv15486865.

(5) 超星平台课程. https://mooc1-1.chaoxing.com/course/219671215.html.

(6) 团队成员慕课资源. http://www.ehuixue.cn/index/Orgclist/course? cid = 32378.

(四) 教学过程

教学环节一:作业检查

(1) 课前通过学习通布置简答题作业,了解学生对自然环境问题的认识情况,以及与自然环境问题相关的英语表达的掌握情况。

(2) 随机选取学生的作业进行课堂检查,邀请学生进行口头展示并点评。

思政元素融入设计:作业要求学生关注环境问题和身边环境改善情况,使学生在使用英语表达的同时,了解我国在绿色城市建设方面所做出的不懈努力和伟大成就,培养家国情怀。

教学环节二:拓展阅读

引导学生阅读《中国日报》英文版(《China Daily》)中的一篇借习近平总书记植树这一标志性活动阐述总结"绿色中国"的建设目标和阶段性成就的新闻报道,学习与"生态文明建设"相关的英文词语,掌握新闻句式的翻译技巧。

思政元素融入设计:借助国家领导人的时事新闻英文报道,补充学生的英文词句储备,学习中国话语的英文表达,了解国家的生态文明建设成就,增强学生的制度自信和理论自信。

教学环节三:课文展示

(1) 学生课文视频展示。学生分小组完成教师课前在 B 站上布置的课文讲解视频制作任务,并将成果上传至 B 站。课堂上使用翻转课堂教学模式,由小组主讲成员进行展示,并回答教师、同学的随机提问与点评。

思政元素融入设计:课文内容和环保主义紧密相连,让学生课前做好讲解视频,有利于学生通过文本拓宽国际视野,加深对生态文明的基础认知。同时小组成员分工完成视频,培养学生的团队合作精神。

(2) 英文歌曲欣赏。播放与段落主旨相同的英文环保主题歌曲《种子》(《Seed》),引导学生正确翻译英文谚语"We cannot eat money"为"我们不能以钱为食物"或"钱不能当饭吃"。由此,了解环保主义的基础理念:如果人类不保护环境,那么人类的生存将受到威胁。

思政元素融入设计:利用音乐视频内容使学生丰富学识,增长见识,客观地了解西方环保理念，培养学生的跨文化交际能力。音乐视频与旋律的美感提高了课程的美育水平，有利于提升学生的文化素养。

(3) 视频观看与抢答。播放英文版政论片《活力密码》(《The CPC Way》)片段后，用学习通抢答功能引导学生掌握习近平总书记“绿水青山就是金山银山”(Lucid waters and lush mountains are invaluable assets.)等一系列生态文明建设著名论断的英文表达，由此了解中国特色社会主义的生态文明建设理念：良好的生态环境是最公平的公共产品，是最普惠的民生福祉。

思政元素融入设计：通过观看视频、参与抢答等富有趣味的教学活动让学生理解国家生态文明建设理论的现实基础与实践过程，增强对中国特色社会主义建设的理论自信。

(4) 中西环保理念对比。对比总结中西方环保理念“绿水青山就是金山银山(Lucid waters and lush mountains are invaluable assets)”与“钱不能当饭吃(We cannot eat money)”的异同，加深对文章内涵的理解。

思政元素融入设计：通过中西环保理念差异对比，引导学生全面了解中国特色社会主义生态文明建设的理论依据以及优越性，坚定理论自信和制度自信。

教学环节四：课后作业

在学习通内布置一篇以国家生态文明建设措施和成就为主要内容的段落翻译练习，帮助学生复习并运用本节课所学习的知识。

思政元素融入设计：课后作业有助于学生吸收掌握本节课的思政内容，通过翻译作业掌握生态文明建设方面的中国话语英文表达，增强学生讲好中国故事的语言能力，促进学生跨文化交际能力的持续发展。

(五) 教学反思

大学英语作为高校的公共课，面向所有非英语专业学生，受众面十分广泛。因此，大学英语的课程思政更应该明确自身的定位。大学生正处在世界观、人生观和价值观逐渐成形的阶段，良好的引导不仅能为学生个人的人生旅程扬好风帆，更能为国家培养民族复兴大任的社会主义建设者和接班人。学生学习英语，自然而然会接触到西方的思想观念，大学英语课程的使命应该是教育大学生辩证地看待西方思想观念，取其精华、为我所用。同时，大学英语课程也要使学生传承和发展中国话语的英文表达，利用英语语言这一载体，把中国思想理论推广出去，让世界更好地了解中国。

四、课件

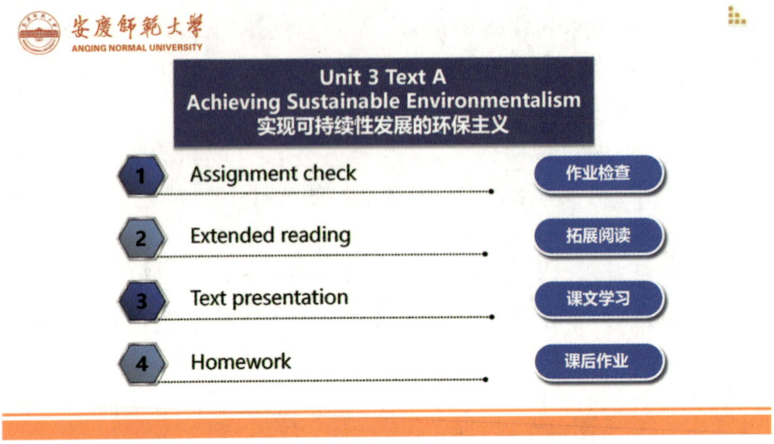

安庆师範大學
ANQING NORMAL UNIVERSITY
Unit 3 Text A
Achieving Sustainable Environmentalism
实现可持续性发展的环保主义
1 Assignment check
作业检查
2 Extended reading
拓展阅读
3 Text presentation
课文学习
4 Homework
课后作业

安庆师範大學
ANQING NORMAL UNIVERSITY
思政元素
家国情怀
国际视野
理论自信

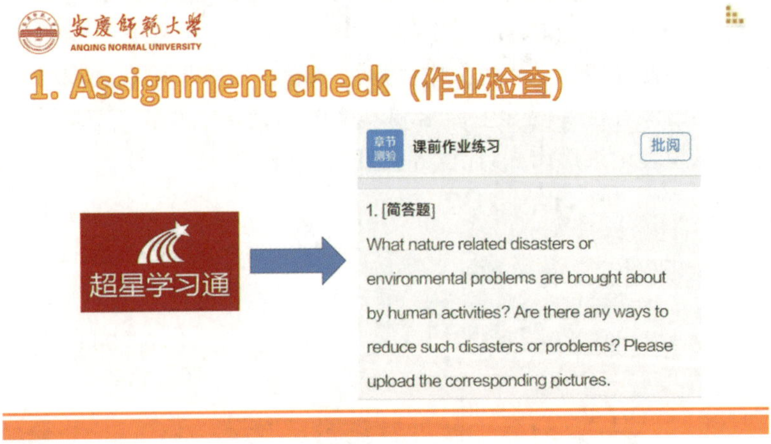

安庆师範大學
ANQING NORMAL UNIVERSITY
1. Assignment check（作业检查）
超星学习通
章节测验
课前作业练习
批阅
1. [简答题]
What nature related disasters or environmental problems are brought about by human activities? Are there any ways to reduce such disasters or problems? Please upload the corresponding pictures.

安慶師範大學
ANQING NORMAL UNIVERSITY

2. [简答题]

Have you discovered any environmental improvement around you? Please upload the corresponding picture and try to describe what happened in it.

家国情怀

安慶師範大學
ANQING NORMAL UNIVERSITY

2. Extended reading（拓展阅读）

CHINADAILY 中国日报网 .COM.CN

Global Edition ASIA
中文 双语 Français

HOME CHINA WORLD BUSINESS LIFESTYLE CULTURE TRAVEL WATCHTHIS SPORTS OPINION REGIO

China News Society Innovation HK/Macao Cross-Straits Cover Story Photo E

• Home / China / Top News

Xi Focus: Plant more trees to make the country's land greener

Xinhua | Updated: 2022-03-31 14:35

家国情怀

安慶師範大學
ANQING NORMAL UNIVERSITY

Participating in tree planting, switching to public transportation and practicing waste sorting have become more prevalent among Chinese citizens, who are keen to reduce their carbon footprints.

- waste sorting 垃圾分类
- prevalent a. 普遍发生的，盛行的，流行的

We are forging a green future!

我们正迈向更加绿色的未来！

家国情怀

安庆师范大学
ANQING NORMAL UNIVERSITY

3.1 Text presentation（课文学习）

bilibili

国际视野

安庆师范大学
ANQING NORMAL UNIVERSITY

3.2 Let's listen to the song!

Aurora - *The Seed*《种子》

- What's a proper translation of the sentence “we cannot eat money”?

  钱不能当饭吃。or
  我们不能以金钱为食。

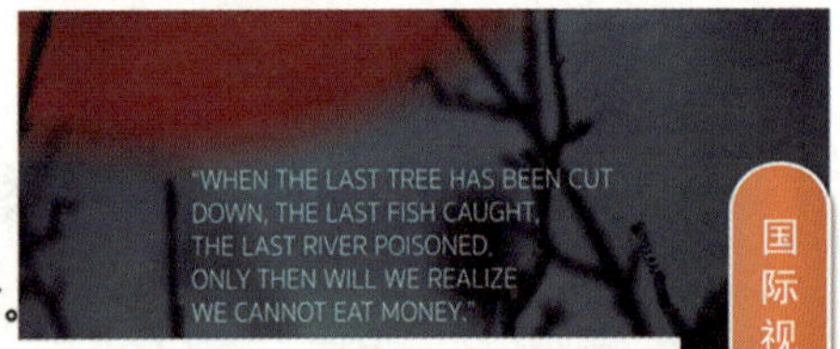

国际视野

4 The possible **thermal** consequences of the greenhouse effect are far deadlier: melting ice caps, flooded coastlines, disrupted climate, dry plains and, ultimately, empty breadbaskets. The American Midwest feeds people at all corners of the **atlas**. With the **planetary** climate changes, are we prepared to see Iowa take on New Mexico's desert climate, or Siberia **take on** Iowa's moderate climate?

安庆师范大学
ANQING NORMAL UNIVERSITY

3.3 Let's watch the video!

The CPC Way《活力密码》

- Please note down some important sentences when I pause and prepare for the answering game.

理论自信

安庆师范大学
ANQING NORMAL UNIVERSITY

President Xi's focus
平语近人

- **We should not develop the economy at the cost of the environment.**

我们不要以环境为代价去推动经济增长。

- **Lucid waters and lush mountains are invaluable assets.**

绿水青山就是金山银山。

理论自信

安庆师范大学
ANQING NORMAL UNIVERSITY

The notion of Environmentalism
环保主义理念中西对比

In the West

"We cannot eat money."

If we do not protect our environment, the existence of human beings will be threatened.

In China

"Lucid waters and lush mountains are invaluable assets."

A sound ecological environment is the most equitable public goods and the most inclusive people's well-being.

理论自信

安庆师范大学
ANQING NORMAL UNIVERSITY

4. Homework（课后作业）

超星学习通

章节测验 提交翻译 批阅

1. [简答题]

Please translate the following Chinese passage into English:

中国是发展中国家中的大国，其工业化正在快速发展，环境问题也变得日益严峻，因此环境保护被国家视为一项基本国策。近年来，国家采取了很多措施来加强环境治理，如建立了世界著名的生态工程“三北防护林工程"(the Three-North Shelter Forest Program)。此外，中国也在大力发展自然保护区，颁布了《环境保护法》(The law on Environmental Protection),加强环保意识和环保教育。目前，环境治理已取得明显成效，大部分城市环境和农业生态环境得到了很大改善，工业污染防治能力也大大提高。

家国情怀

理　工　篇

“普通物理一级实验”课程思政教学设计案例

一、课程简介

1. 课程性质

普通物理一级实验是物理学本科专业的专业必修课和专业基础课程，具有基本理论和实验实践相结合的学科特点，对强化夯实学生的理论基础、提升学生实践操作能力具有重要作用。第二学期开设，共36学时，1.5个学分。

2. 课程内容

普通物理一级实验是物理学本科专业学生接受系统教学方法和实验技能训练的开始。主要内容包括力学、热学、电学和光学等知识模块，通过实验课程教学，让学生熟悉常用仪器设备和常用物理实验方法，掌握实验操作技术和数据处理方法。

3. 授课教师

胡积宝，硕士，教授，主讲光纤通信、大学物理、普通物理一级实验等课程，主持安徽省重点教学研究项目1项、安徽省课程类项目3项，曾获安庆师范大学课程思政教学设计大赛理科组一等奖，指导学生获得“田家炳杯”全国师范生教学技能大赛三等奖、安徽省师范生教学技能大赛二等奖等。

二、课程思政资源分析

(一) 课程思政建设目标

本课程旨在帮助学生熟练掌握普通物理一级实验的操作方法，强化对相应专业理论知识的理解和应用，培养学生浓厚的学习兴趣以及发现问题、提出问题、分析问题、解决问题并最终达到独立获取物理知识的能力，形成永不言败的创新精神、实事求是的科学态度、严谨细致的工作作风和忠贞不渝的家国情怀。

思政目标 1:政治认同。通过学习,了解相关科学技术在我国的发展历史及发展水平,突出彰显党和国家对科学事业发展的关心和关注,使学生深刻认识到社会主义制度的优越性。

思政目标 2:科学精神。通过学习,深刻理解和把握相关学科定理及定律,坚持一切从实际出发、实事求是的基本原则;注重学习过程中科学精神的培养;启发学生树立创新意识,运用创新思维模式解决科学问题。

思政目标 3:家国情怀。通过学习,正确认识"科学技术是第一生产力"的科学真谛,准确理解国家对于科技发展的强力举措,激发学生积极投身建设中国特色社会主义事业的伟大实践之中。

(二) 课程思政融入方式

普通物理一级实验在大一开设。大一是大学生树立远大理想与目标的重要时期,是树立正确人生观、价值观,培养使命感和责任感的重要时间段。因此,本课程注重思政元素融入教学课堂,培养学生的科学素养,帮助其形成逻辑严谨的思维方式和科学严谨的问题解决方法。主要用到了教学渗透、案例分析、故事分享和课堂讨论等方式。

(1) 教学渗透。在具体的实验教学过程中要不断强化认真踏实的学习态度,强化测量和读取实验数据时精细度能力的培养,并结合教学现场学生的具体表现,培养求真务实的科学态度和严谨细致的工作作风,对标科学精神。

(2) 案例分析。充分运用与学习内容相关的国内外新闻案例及校园实验教学案例,深刻阐述课程学习的重要意义及科学技术对于民族振兴的重要意义,对标家国情怀。

(3) 故事分享。通过讲述与课程相关的历史故事和历史人物,让学生深刻认识努力学习的意义和高效学习的方法。通过讲述党和国家领导人对科技工作者的关心关怀的故事,让学生坚定政治认同、树立人生理想,对标政治认同和家国情怀。

(4) 课堂讨论。在教学过程中,让学生广泛讨论相关问题的答案和相关实验内容的操作方法,在实际错误中纠正思维方法和实践方法,及时认知端正学习态度和凝聚团队意识的重要意义,对标科学精神。

三、教学案例展示

用牛顿环测量凸透镜的曲率半径

用牛顿环测量凸透镜的曲率半径是光学和大学物理课程中牛顿环知识点的延续和强化,通过实验学习,培养学生的协作意识和创新能力,帮助学生树立实事求是的科学态度和严谨细致的工作作风。本次案例主要针对如何在实验课堂中融入课程思政开展设计,授课时长 1 学时。

(一) 教学目标

1. 情感态度与价值观目标

(1) 通过芯片翘曲度的导入内容，让学生树立奉献国家的社会担当。

(2) 通过实验过程中规范精准的操作，让学生形成严谨细致的科学态度。

(3) 通过实验小组的人员分工，让学生认识团队协作精神的重要意义。

(4) 通过实验操作所要求的相关品质，让学生加深对大国工匠精神的准确把握。

2. 知识与技能目标

(1) 通过实验原理的讲解，让学生加深对牛顿环理论知识的理解，启发学生学习理论向实践的转化方法。

(2) 通过牛顿环测量曲率半径的实验方法，让学生感知基础知识与前沿科技知识的关系，形成对创新思维的正确把握。

3. 过程与方法目标

(1) 通过课堂教学与微课教学的交叉运用，提升物理学(师范)学生的师范教学技能。

(2) 通过导入与总结的前后呼应，让学生学习知识表达的闭环效应。

(3) 通过比较现代芯片技术与传统光学实验，让学生形成“仰望星空、脚踏实地”的情感共鸣。

(二) 教学重难点

教学重点：牛顿环实验原理；数据的整理与计算。

教学难点：暗环坐标的读取；测微手轮转动方向的正确切换方法。

(三) 教学方法、教学资源

教法：案例分析法、问题引导法、微课教学法。

学法：探究学习法、问题讨论法、分组对抗法。

教学资源：

(1) 袁光宇，朱德权，丁智勇，等. 大学物理实验[M]. 3 版. 合肥：中国科学技术大学出版社，2021.

(2) 杨述武，马蔚生，贾玉民，等. 普通物理实验：一、二、三、四册[M]. 北京：高等教育出版社，2000.

(3) 华中工学院. 物理实验[M]. 北京：高等教育出版社，2001.

(4) 贾玉润. 大学物理实验[M]. 北京：复旦大学出版社，1997.

(5) 国防科学技术大学何焰兰“大学物理实验”MOOC. https://www.icourse163.org/course/NUDT-1001673004? from = searchPage & outVendor = zw_mooc_pcssjg_.

(6) 同济大学物理科学与工程学院“普通物理”MOOC. https://www.icourse163.org/course/TONGJI－1001691002? from＝searchPage & outVendor＝zw_mooc_pcssjg_.

(四) 教学过程

教学环节一：新课导入

(1) 我国走独立自主、技术创新之路，突破西方国家的芯片技术封锁。

(2) 采取光学方法实现垄断芯片翘曲度测量，显示了物理人的智慧和担当。

思政元素融入设计：将突破西方国家“卡脖子”的技术融入课程，激发学生的国家和民族自豪感；凸显物理人的贡献，引导学生树立努力学习报效祖国的人生志向。

教学环节二：新课讲解

(1) 牛顿环仪的结构。通过让学生观察牛顿环仪中的“油斑”，猜测“油斑”的形成原因。

思政元素融入设计：让学生树立发挥专业优势理想，养成透过现象探究事物本质内涵的科学观念。

(2) 实验原理。根据实验指导公式，m 和 n 的取值应采集多组数据，增加实验的任务量和操作的繁琐度。

思政元素融入设计：让学生在科学研究中克服困难，戒骄戒躁，养成追求数据精准的科学态度。

(3) 实验步骤：

① 在调焦手轮和测微手轮的调校过程中，突出无限放慢转动速度，高度注视目镜的变化。

② 在坐标读数时，强调小组中两位同学要努力配合。

③ 在暗环坐标测定时，应采取外切和内切的方式；通过多组数据求平均值。

思政元素融入设计：第①项是为了让学生注重学习态度和实验操作细节，形成“细节决定成败”“态度决定一切”的认知；第②项是督促学生形成团队协作意识；第③项是提醒学生要养成追求数据精准和完美的意识，实现科学态度和科学精神的正确认知。

教学环节三：数据处理

运用问题讨论法、分组对抗法和讲授法，讲述数据的处理计算过程，针对数据误差计算结果，启发学生思考并回答减少实验误差的各种措施。

思政元素融入设计：通过寻找减少误差的方法，培养学生追求完美、勇于创新的科学品质。

教学环节四：知识拓展

实验讲解结束后，启发学生运用“牛顿环测量曲率半径”的方法去思考如何测量芯片翘曲度。此时，强调芯片技术是代表高精尖的核心技术，牛顿环实验仅是学科基础知识。

总结实验过程中需要专注、精准、完美以及创新等特质，并将这些特质与习近平总书记一直倡导的大国工匠精神联系在一起。

思政元素融入设计：告诉学生不能好高骛远，要仰望星空，更要脚踏实地。激发学生勤奋学习、树立科技强国的情怀担当。

（五）教学反思

课堂讲解中采取了讲授法和演示、案例教学、微课教学、研讨教学、分组对抗等教学方法，运用了线上线下混合教学和智慧教学等教学模式，注重课程思政元素的融入。课堂气氛活跃，学生课堂参与度高，在讲授过程中分别运用情境创设、“花式”点名、分组对抗以及课堂讨论等教学策略，课堂注意力和思维活跃度更高。实际教学中也暴露了一些问题，如有极少部分同学对读数显微镜操作不熟练，实验采集速度较慢；部分同学仅重视实验结果数据，对课程之外的应用拓展和创新思维方法关注度不高。对于以上问题，拟从两个方面着手解决，一是课后再定期开放实验室，鼓励实验学习效果欠佳的学生“回炉再造”；二是加强实验教师与理论课教师的联系，实现理论与实验一体化，强化基础知识拓展和创新思维方法延伸。

课程思政是提升课堂教学质量，实现“立德树人”根本教学任务的重要抓手。如何挖掘思政元素并能将其与课程知识实现如盐入汤，真正让其成为学生汲取课程知识的“调味包”，这将是不断努力的方向。

四、课件

安慶師範大學 ANQING NORMAL UNIVERSITY

1 新课导入

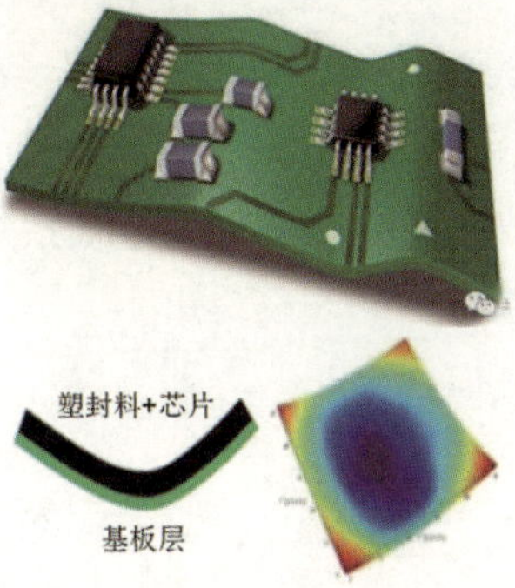

芯片的翘曲度产生的影响：

- 不利于集成封装；
- 影响芯片的功能实现；
- 降低芯片的使用寿命。

科学精神

安慶師範大學 ANQING NORMAL UNIVERSITY

1 新课导入

家国情怀

安慶師範大學 ANQING NORMAL UNIVERSITY

1 新课导入

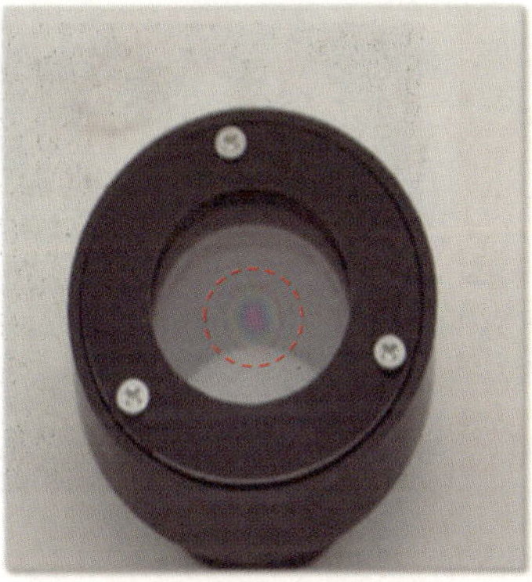

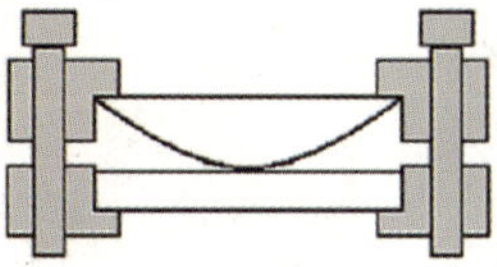

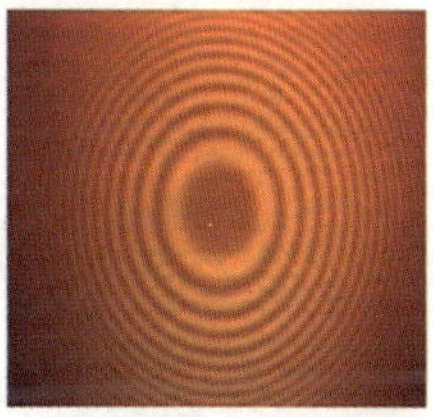

创新思维

安庆师范大学 ANQING NORMAL UNIVERSITY

2 新课讲解（实验原理）

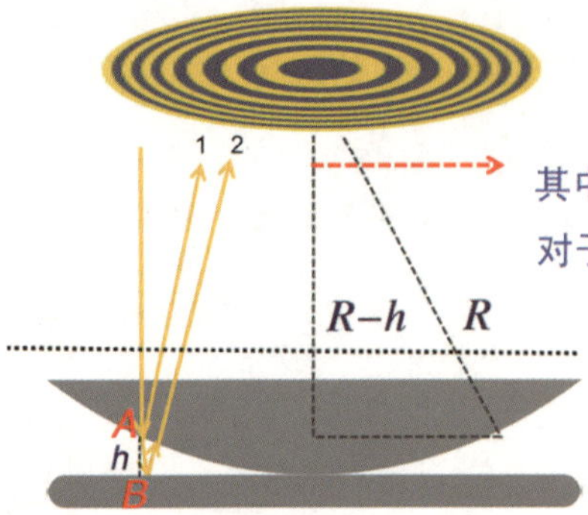

光线1和光线2形成了光程差Δ

$$\Delta = 2nh + \frac{\lambda}{2} \quad (1)$$

其中，$\frac{\lambda}{2}$ 是透射光线在B点处产生的半波损失。

对于第K条牛顿环，通过左图易知：

$$R^2 = r_k^{\ 2} + (R-h)^2$$

即 $$h = \frac{r_k^{\ 2}}{2R-h} \approx \frac{r_k^{\ 2}}{2R} \quad (2)$$

安庆师范大学 ANQING NORMAL UNIVERSITY

2 新课讲解（实验原理）

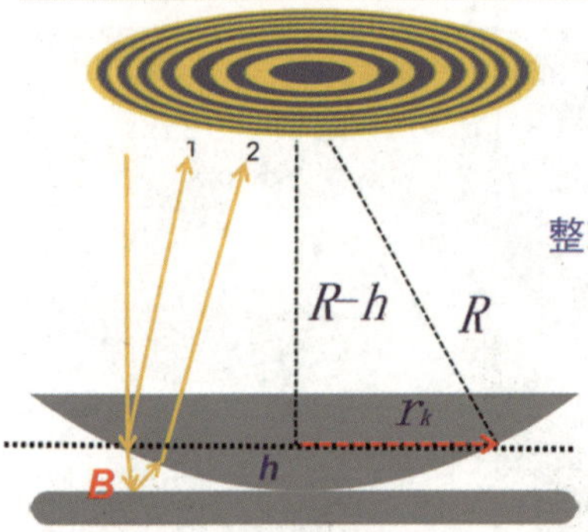

对于暗环，光程差

$$\Delta = 2nh + \frac{\lambda}{2} = (2k+1)\cdot\frac{\lambda}{2} \quad (3)$$

整理式(1)、式(2)、式(3)，可得

$$R = \frac{r_k^2}{\boldsymbol{k}\cdot\lambda} = \frac{D_K^2}{4\boldsymbol{k}\cdot\lambda} \quad (4)$$

分别将$k=m$和$k=n$代入式(4)，可得

$$R = \frac{D_m^{\ 2} - D_n^{\ 2}}{4(\boldsymbol{m}-n)\lambda} \quad (5)$$

安庆师范大学 ANQING NORMAL UNIVERSITY

2 新课讲解（实验仪器）

实验仪器1 牛顿环仪

实验仪器2 钠光灯

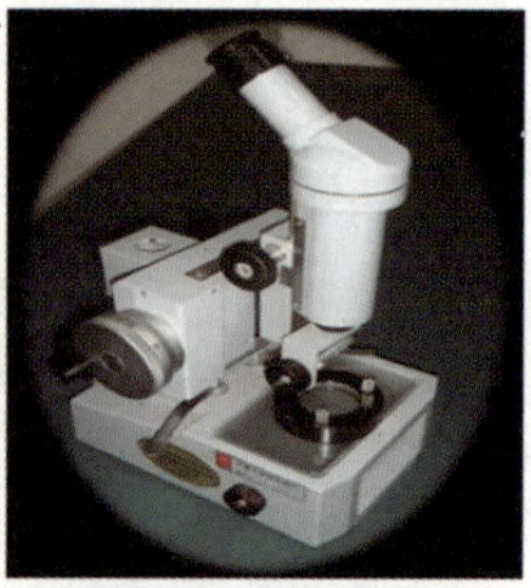

实验仪器3 读数显微镜

2 新课讲解（实验步骤）

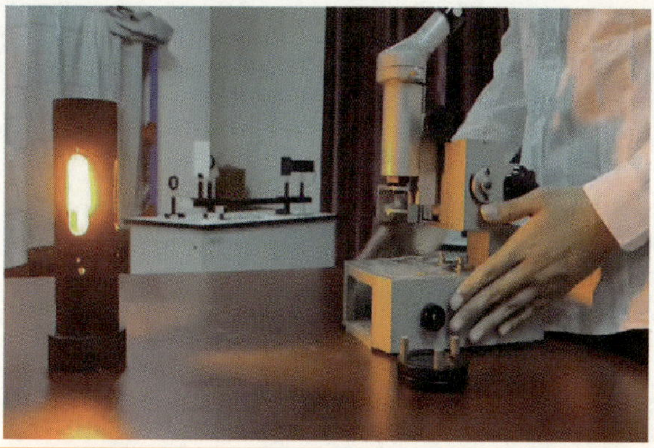

步骤（一）

打开钠光灯，将牛顿环仪放置在显微镜台面上，并将显微镜的台面和物镜靠近钠光灯。

科学态度

2 新课讲解（实验步骤）

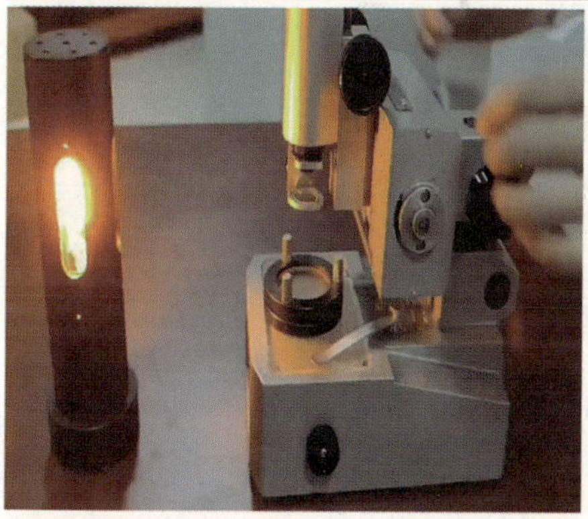

步骤（二）

调节物镜与牛顿环仪之间的距离，翻转反光镜，出现清晰的“黄斑”。

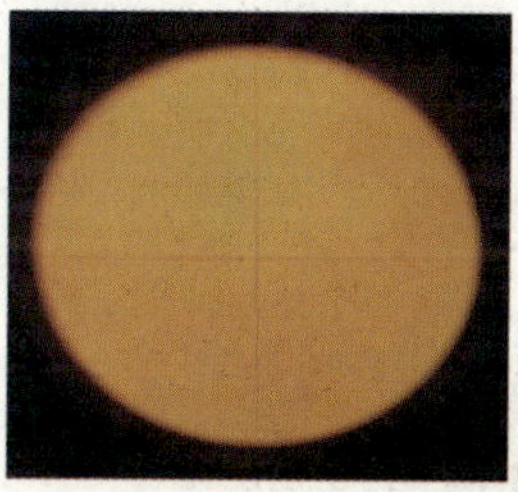

科学态度

2 新课讲解（实验步骤）

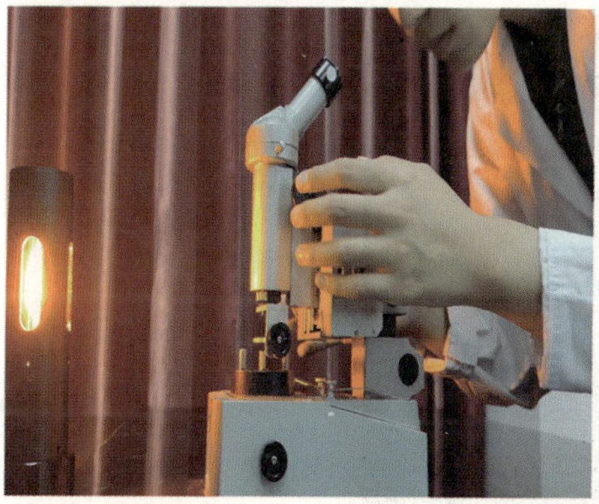

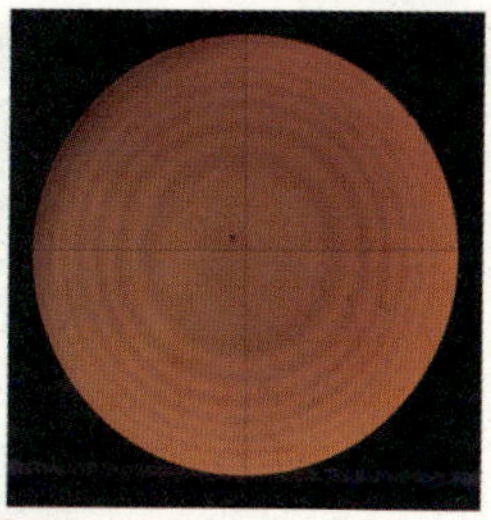

科学态度

步骤（三）

缓慢调节调焦手轮，使得物镜远离牛顿环仪，出现“模糊的”牛顿环。

安慶師範大學 ANQING NORMAL UNIVERSITY

2 新课讲解（实验步骤）

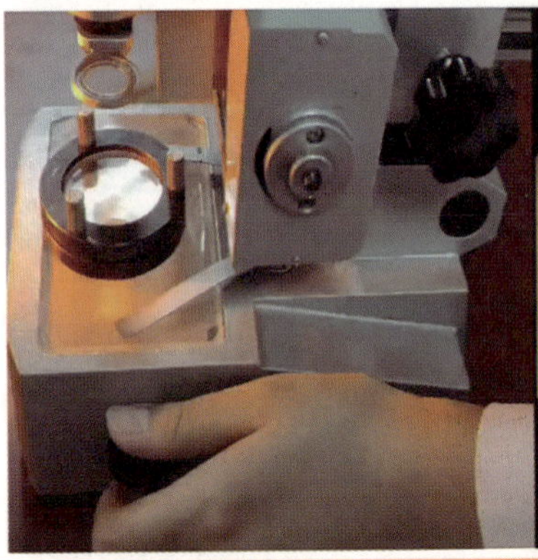

步骤（四）

缓慢调节反光镜，直到目镜视野“一片漆黑”。

安慶師範大學 ANQING NORMAL UNIVERSITY

2 新课讲解（实验步骤）

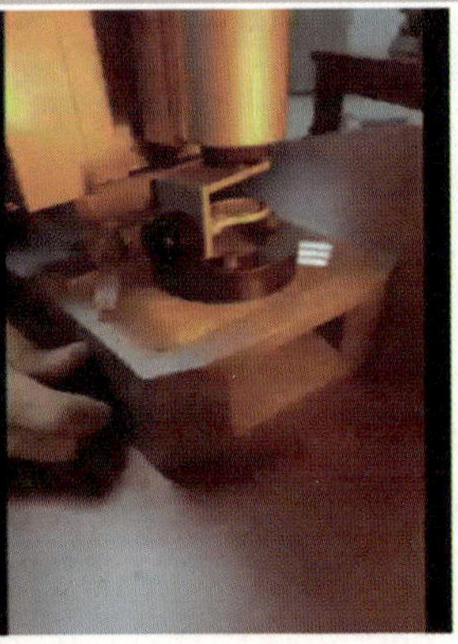

步骤（五）

逆时针缓慢地翻转物镜前的反射玻璃，直到模糊的牛顿环变得“清晰”。

安慶師範大學 ANQING NORMAL UNIVERSITY

2 新课讲解（实验步骤）

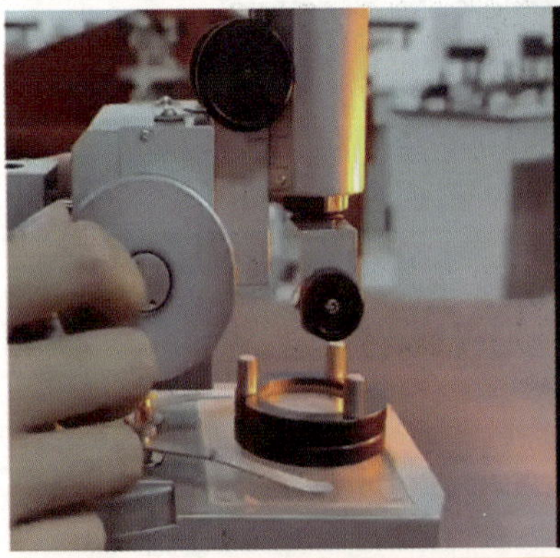
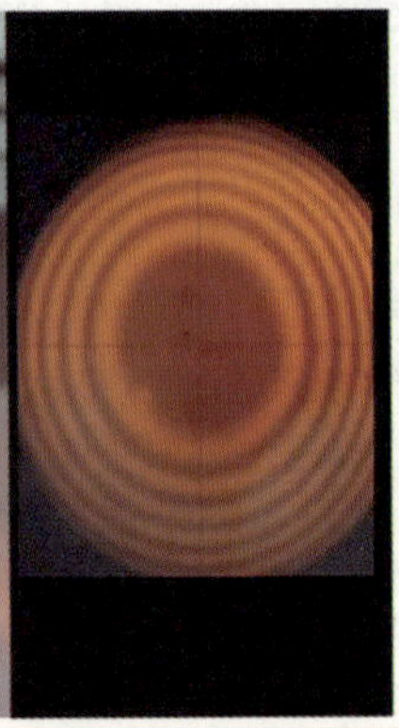

步骤（六）

1. 缓慢顺时针摇动测微手轮，牛顿环的左侧依次向中心“十字叉丝”移动，直至左侧第22环到达“十字叉丝”。

安庆师範大學
ANQING NORMAL UNIVERSITY

2 新课讲解（实验步骤）

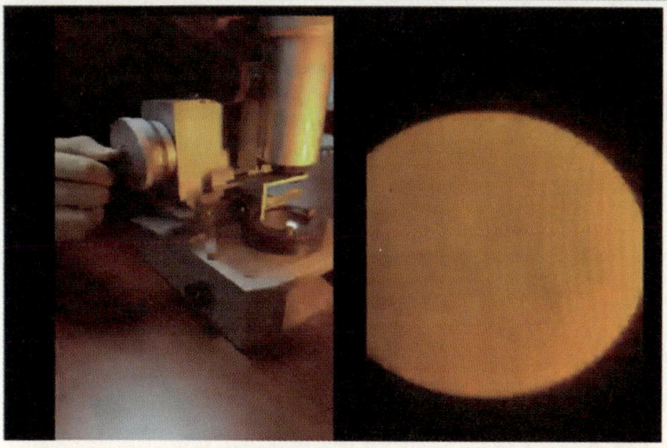

步骤（六）

2. 摇动方向切换逆时针摇动测微手轮，依次记录第20—16环、第10—6环对应的“左侧坐标”。

安庆师範大學
ANQING NORMAL UNIVERSITY

2 新课讲解（实验步骤）

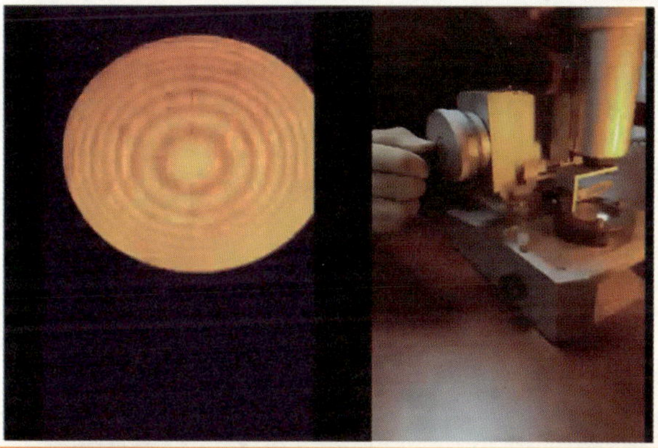

步骤（六）

3. 继续保持逆时针摇动测微手轮，牛顿环的右侧依次向中心“十字叉丝”移动，依次记录第6—10环、第16—20环右侧坐标。

工匠精神

安庆师範大學
ANQING NORMAL UNIVERSITY

2 新课讲解（实验步骤）

步骤（六）中存在的“雷区”：

1. “回程差”。测微手轮在单方向转动的过程中不能出现回转，要缓慢转动，戒骄戒躁。

2. “同切线”。暗环有一定的厚度，左侧坐标读数时十字叉丝定位在环的外切处，右侧坐标读数时十字叉丝定位在环的内切处。

科学态度

团队意识

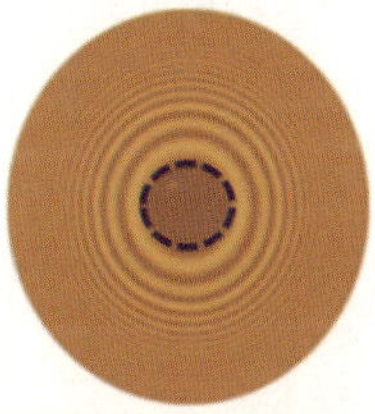

3. “0暗环”。牛顿环中心黑斑不能视为第1级暗环，由于半波损失，可将其视为第“0”级暗环。

4. “不协作”。两位同学相互配合，分别负责定位“十字叉丝”和记录标尺/鼓轮数据。

安庆师范大学 ANQING NORMAL UNIVERSITY

3 数据处理

✓ 记录各环左右坐标值，计算各环直径数值。

暗环序号	20	19	18	17	16	10	9	8	7	6
左坐标 $X_{左i}$	$X_{左20}$	$X_{左19}$	$X_{左18}$	$X_{左17}$	$X_{左16}$	$X_{左10}$	$X_{左9}$	$X_{左8}$	$X_{左7}$	$X_{左6}$
右坐标 $X_{右i}$	$X_{右20}$	$X_{右19}$	$X_{右18}$	$X_{右17}$	$X_{右16}$	$X_{右10}$	$X_{右9}$	$X_{右8}$	$X_{右7}$	$X_{右6}$
直径值 $\lvert X_{左i}-X_{右i}\rvert$	D_{20}	D_{19}	D_{18}	D_{17}	D_{16}	D_{10}	D_9	D_8	D_7	D_6

安庆师范大学 ANQING NORMAL UNIVERSITY

3 数据处理

✓ 代入公式$R=\dfrac{D_m^{\ 2}-D_n^{\ 2}}{4(m-n)\lambda}$计算曲率半径，并计算和分析数据误差。

暗环序号	20	19	18	17	16	10	9	8	7	6
直径值 $\lvert X_{左i}-X_{右i}\rvert$	D_{20}	D_{19}	D_{18}	D_{17}	D_{16}	D_{10}	D_9	D_8	D_7	D_6

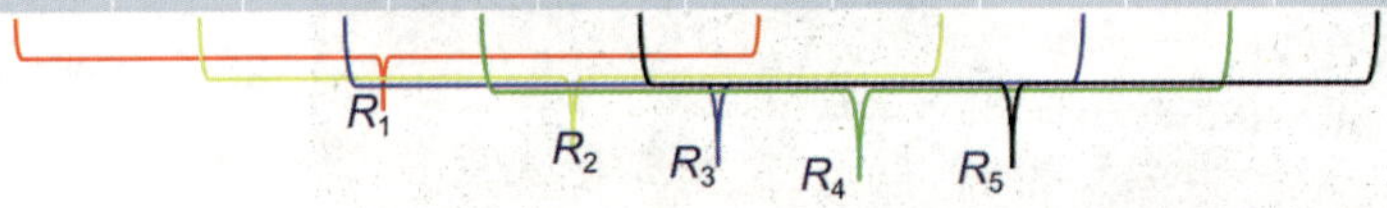

✓ 将计算的5组R值取平均值，即 $\overline{R}=\dfrac{R_1+R_2+R_3+R_4+R_5}{5}$ 完成数据计算，并计算数据的不确定度。

工匠精神

安庆师范大学 ANQING NORMAL UNIVERSITY

4 知识拓展

知识拓展一：用牛顿环装置精确检测光学元件表面的质量。

知识拓展二：利用牛顿环装置测均匀透光介质折射率。

知识拓展三：利用牛顿环理论知识解决芯片“翘曲度”测量。

工匠精神　家国情怀

“Python 语言程序设计”课程思政教学设计案例

一、课程简介

1. 课程性质

Python 语言程序设计是信息与计算科学、计算机科学与技术和统计学等专业必修课或选修课，通常开设于第三学期，共 51 学时(理论学时 34，实验学时 17)，2.5 学分。

2. 课程内容

Python 语言是荷兰数学和计算机科学研究学会的吉多·范罗苏姆(Guido van Rossum)于 20 世纪 90 年代初设计的。它是当今世界最受欢迎的计算机编程语言。本课程是一门体现大学水平的 Python 语言入门课程，以“理解和运用计算生态”为教学理念，快速且系统地学习 Python 语言，高效编写程序，掌握利用计算机解决问题的基本方法和过程。主要包括 3 个教学部分，共 17 周课程，涉及 Python 语法元素、基本数据类型、字符串与文本处理、函数与代码复用、模块化程序设计、计算生态等内容。

3. 授课教师

殷周平，硕士，教授，主讲 Python 语言程序设计、C 语言程序设计、操作系统和算法设计与分析等课程，主持全国大数据平台产学研项目 1 项、安庆师范大学校级质量工程项目 1 项，曾获得校级计算机教学优秀奖、优秀班主任称号等。

二、课程思政资源分析

(一) 课程思政建设目标

为全面贯彻和落实党的教育方针以及立德树人根本任务，以社会主义核心价值观指导课程建设，创新人才培养模式，着力提升计算机课程的思想性、时代性、系统性和科学性，培养具有崇高的职业理想、过硬的专业知识和技能、复兴民族大业的情怀和担当精神的、德智体美劳全面发展“时代新人”。

思政目标 1:辩证唯物主义。通过指数等式的程序表述，使学生感悟量变为质变奠定基础，质变则是量变的必然结果。发展的本质是事物的变化，新的事物出现，旧的事物消失，循环往复，不断推动社会发展。

思政目标 2:工匠精神。工匠精神作为一种职业精神，反映出一个人的职业道德、职业能力和职业品质。通过异常机制来指导学生学习程序设计技术，发挥工匠精神，精益求精，夯实基础知识、精技强能。

思政目标 3:家国情怀。新冠病毒感染疫情袭来，需要全国人民和全球人民积极应对，做好防疫抗疫工作，而在疫情中信息技术对防疫抗疫提供了极大的帮助。积极引导同学们深刻了解信息技术及信息技术行业从业人员对本次抗疫、防疫所具有的重要意义与贡献，培养学生的家国情怀。

思政目标 4:文化认同。通过课程中引入《三国演义》文本案例，提倡同学们多读我国经典著作，体会中华优秀传统文化魅力，继承与发扬民族传统文化，弘扬与培养民族精神，唤起民族归属感与文化认同感。

（二）课程思政融入方式

在本课程学习过程中，课程思政融入方式主要是通过教学渗透、合作交流、典籍渗透和实例示范等方式进行。

（1）教学渗透。通过 1.01 和 0.99 的 365 次方的例子，带领学生复习数据基本类型，既能调动学生学习的积极性，又能在代码运行过程中直观、形象地感受水滴石穿和积少成多所带来的巨大能量，进而培养他们持之以恒、锲而不舍的精神品质，体会质量互变的哲学思想。

（2）合作交流。在讲解程序分支结构时，通过安检测体温的例子，让学生开展小组合作探讨交流，如何通过程序设计让防疫抗疫更加科学有效，让学生在深度思考与学习的过程中提升社会责任感，引导学生要有扎实的学识，才能为祖国、为人民、为社会奉献自己的力量。

（3）典籍渗透。在讲解 if 嵌套语句时，在实现《三国演义》中人名词频统计的同时让学生感受到中华典籍的魅力，提倡学生多读中国经典著作，体会中华优秀传统文化魅力，继承与弘扬民族传统文化，唤起民族归属感与文化认同感。

（4）实例示范。通过具体代码使同学们了解关键词 try、except、else、finally 等的用法情景、书写规范及其功效作用等，使同学们感受到科学的严谨，并养成严谨、用心的工匠精神。

三、教学案例展示

选 择 结 构

使用 Python 选择结构可以根据条件来控制代码的执行分支，也称分支结构，这里使用 if 来实现分支结构。本节内容可以为学习后面的循环结构打下基础，授课时长 2 学时。

（一）教学目标

1．情感态度与价值观目标

（1）通过基本数据类型的回顾过程，培养学生“锲而不舍，金石可镂”的深刻认识。
（2）通过异常机制的处理过程，让学生学会“防患未然，未雨绸缪”。

2．知识与技能目标

（1）通过体温测量编程案例的学习，了解选择结构的概念。
（2）通过实际生活“如果……就……”“如果……否则……”语言的理解，掌握单分支结构和双分支结构实现语句。

3．过程与方法目标

（1）通过实际代码的复习回顾，让学生进一步了解数据的基本类型及选择结构的概念。
（2）通过 if 语句代码的学习过程，让学生掌握单分支和双分支结构。

（二）教学重难点

教学重点：单分支结构。
教学难点：分支结构的理解。

（三）教学方法、教学资源

教法：情境教学法、案例教学法、任务驱动法。
学法：练习法、合作交流法、实验法。
教学资源：
（1）江红，余青松．Python 编程从入门到实战[M]．北京：清华大学出版社，2021.
（2）明日科技．Python 从入门到精通[M].2 版．北京：清华大学出版社，2021.
（3）Chun W．Python 核心编程[M].3 版．北京：人民邮电出版社，2016.
（4）慕课网“初识 Python”（廖雪峰）. https://www.imooc.com/learn/177.
（5）中国大学 MOOC“Python 数据分析零基础速成”（刘经纬）. https://www.icourse163.org.

（四）教学过程

教学环节一：复习回顾

PPT 展示图片，让学生对图片中的两组公式进行编码，通过运行代码完成课程育人过程，达成思政教学目标。

```
importmath
dayup = math.pow((1.0 + 0.01),365)
daydown = math.pow((1.0 - 0.01),365)
print("向上:%.2f,向下:%.2f."%(dayup,daydown))
```

思政元素融入设计：

让学生补充并运行上述代码，观察结果。在教学生如何使用基本数据类型和输出格式设置时，告诉学生每天提高 1%，每天收回 1%，看似差别很小，但一年后的结果就大不一样了。学生通过实验会发现，如果每天努力学习，一年的能力可以提高 37 倍。不断改变要求，如果你一周休息两天，不学习，当你完成编程后，你会发现一年下来你的能力只会增长 4.36 倍。在不断修改和完成任务要求的过程中，学生的知识和技能得到提高。结合实验结果，让学生深刻体会孟子《劝学》“骐骥一跃，不能十步；驽马十驾，功在不舍”“不积跬步，无以至千里”的内涵。同时告诫同学们不要小看人生 0.01 这个看似微不足道的差距。人生的道路，从生到死，有三万多天，每一天都像爬山，在往上走的过程中，每天迈出一小步，就会创造出人生的新高度。通过对这一思政案例的开发和教学，不仅激发了学生的学习热情，也让学生直观、生动地体验到耐心和毅力在代码工作中的重要性。

通过 PPT 展示，让学生观看过安检时检测体温的视频，提问学生如何设计程序，当体温低于 37.3 ℃时显示屏上显示“体温正常”，高于或等于 37.3 ℃时显示“体温异常”。此外，对于疫情防控除了测量体温，还可以通过核酸检测结果进行判断，这时又该如何设计程序？这个时候只掌握数据的基本类型是否能设计出来呢？以小组为单位讨论交流，请小组代表发言。

教学环节二：新课讲授

我们知道“程序 = 算法 + 数据结构”。常用的程序结构包括顺序结构、选择结构和循环结构。今天我们将对选择结构的相关内容展开学习。

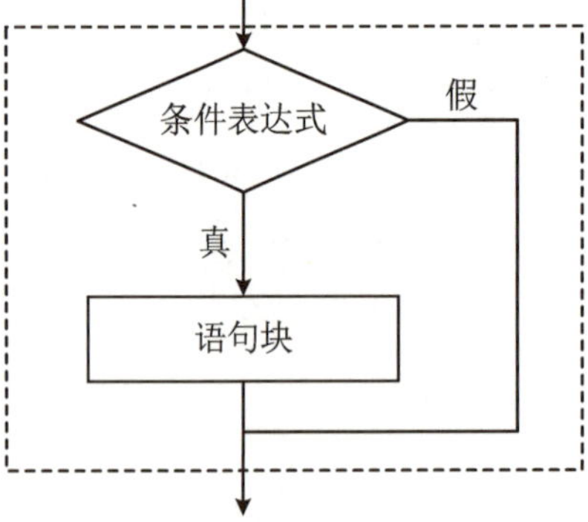

图 1 单分支结构流程图

(1) 选择结构

选择结构可以根据条件来控制代码的执行分支，也称为分支结构。Python 使用 if 语句来实现分支结构。分支结构分为单分支、多分支等多种形式，首先学习单分支结构。如图 1 所示。

(2) 单分支结构

条件表达式可以是关系表达式、逻辑表达式和算术表达式等；语句块可以是单个语句，也可以是多个语句，多个语句的缩进必须对齐一致。那么一测体温的问题我们就可以用以下代码来实现：

```
T = eval(input("请输入体温数值:"))
If 36.3< = T<37.3:
print("体温正常,通过!")
if 37.3 <= T
print("体温异常,请注意!")
```

思政元素融入设计:

在讲解程序分支结构时,通过安检测体温的例子,让学生开展小组合作探讨交流,如何通过程序设计让防疫抗疫更加科学有效,促进学生深度思考和学习,同时培养学生的社会责任感,引导学生要有扎实的学识,才能为祖国、为人民、为社会奉献自己的力量。

(3) 利用单分支结构组合数据

在讲解组合数据类型时,借助中文分词第三方库 jieba 实现《三国演义》中人名词频统计,学生既学习了组合数据类型,又掌握了第三方库的安装与使用,基本代码如下:

```
importjieba
excludes = {……}
txt = open("三国演义.txt","r", encoding='utf-8').
read()
words = jieba.lcut(txt)
counts = {}
for word inwords:
iflen(word) == 1: # 排除单个字符的分词结果
    continue
else:
    counts[word] = counts.get(word,0) + 1
for word inexcludes:
    del(counts[word])
items = list(counts.items())
items.sort(key = lambdax:x[1], reverse = True)
forinrange(15):
    word, count = items[i]
print("{0:<10}{1:>5}".format(word, count))
```

思政元素融入设计:

在讲解组合数据类型时,在实现《三国演义》中人名词频统计的同时,让学生感受到中华典籍的魅力。《三国演义》作为历代人民群众的智慧与文人作家思想相结合的产物,体现了历史发展中所积淀的伟大民族精神和人民群众的优良品德。中华优秀传统文化蕴含着中华民族最根本的精神追求,是最深的文化软实力,以课程思政的视角培养学生文化自信,帮助学生坚定中国特色社会主义文化自信,使其成为合格的社会主义接班人和建设者。

(4) Python 异常处理机制

在讲解 Python 中异常处理机制时,通过具体代码让学生理解关键词 try、except、else 和 finally 的使用场景,书写规范以及其功效作用,代码如下:

```
try:
    alp = "ABCDEFGHIJKLMNOPQRSTUVWXYZ"
    idx = eval(input("请输入一个整数:"))
print(alp[idx])
except NameError:
    print("输入错误,请输入一个整数!")
else:
    print("没有发生异常")
    finally:
print("程序执行完毕,不知道是否发生了异常")
```

思政元素融入设计:

通过具体代码让学生理解关键词 try、except、else 和 finally 的使用场景,书写规范以及其功效作用,让学生体会科学的严谨性。通过编写与调试程序,让学生切身体会任何一个小小的疏忽,哪怕是一个标点用错了,整个程序都将无法运行或不能得到正确结果。引导学生无论在日常的学习中,还是在今后的工作岗位上,都要养成认真细心和严谨的作风,培养学生精益求精的工匠精神。

教学环节三:课堂小结,布置作业

(1) 课堂小结。请学生回答本节课的收获并和同学分享,教师进行板书归纳。

(2) 布置作业。

① 输入两个整数 a 和 b,比较两者大小,使得 a 大于 b。

② 说明以下三个 if 语句的区别:

```
(1) if(i>0):
        if(j>0):n=1
        else:n=2
(2) if(i>0):
        if(j>0):n=1
        else:n=2
(3) if(i>0):
        else:
        if(j>0):n=1
```

(五) 教学反思

为了实现立德树人的根本教育目标,在 Python 语言程序设计课程中应深入贯彻课程思政理念。以 Python 相关知识为载体,有机融合相关思政元素,使知识传授、能力培养与价值引领三者相统一。有效实施课程思政建设,凝聚学生的价值认同,结合专业特点开展工作,做到思政元素与专业知识技能的融合,提高学生的思想水平,做到教化无痕,如沐春风。

四、课件

安庆师范大学
ANQING NORMAL UNIVERSITY

Python语言程序设计

——选择结构

1 复习回顾

2 新课讲解

3 课程小结

安庆师范大学
ANQING NORMAL UNIVERSITY

1 复习回顾

问1：你们能结合之前所学习过的知识，用简单的算法代码实现图片中的两组等式吗？

$$\begin{cases} 1.01^{365} = 37.8 \\ 0.99^{365} = 0.03 \end{cases}$$

这个等式告诉我们，积跬步以致千里，积怠惰以致深渊。

$$\begin{cases} 1.02^{365} = 1377.4 \\ 0.98^{365} = 0.0006 \end{cases}$$

这个等式则告诉我们，只比你努力一点的人，其实已经甩你太远。

```
import math
dayup = math.pow((1.0 + 0.01), 365)
daydown = math.pow((1.0 - 0.01), 365)
print("向上：%.2f，向下：%.2f."%(dayup,daydown))
```

安庆师范大学
ANQING NORMAL UNIVERSITY

1 复习回顾

问2：通过对比下面这两组等式，你有哪些感悟？

$$\begin{cases} 1.01^{365} = 37.8 \\ 0.99^{365} = 0.03 \end{cases}$$

这个等式告诉我们，积跬步以致千里，积怠惰以致深渊。

$$\begin{cases} 1.02^{365} = 1377.4 \\ 0.98^{365} = 0.0006 \end{cases}$$

这个等式则告诉我们，只比你努力一点的人，其实已经甩你太远。

安庆师范大学
ANQING NORMAL UNIVERSITY

1 复习回顾

“骐骥一跃，不能十步；驽马十驾，功在不舍”

上面两个例子，看似差别不大的0.01，不可小觑，微小的勤奋只要坚持下去也会成就非凡，微小的惰性日积月累亦会带来巨大的失败；量变是质变的必要前提，质变是量变的必然结果。量变引起质变，质变又引起新的量变，循环往复以至无穷，构成了事物无限发展的过程。

安庆师范大学
ANQING NORMAL UNIVERSITY

2 新课讲解

教学内容安排

安庆师范大学
ANQING NORMAL UNIVERSITY

2 新课讲解

- 2020年9月在英国发现的B.1.1.7新冠病毒变异株（“阿尔法”Alpha）传染能力是原始毒株的1.7倍；
- 2020年5月在南非发现的B.1.351新冠病毒变异株（“贝塔”Beta）可从天然和疫苗诱导的血清中逃逸，造成抗体免疫失败；
- 2020年11月在巴西发现的P.1新冠病毒变异株（“伽马”Gamma）其传染性是普通新冠病毒的1.4～2.2倍；
- 2020年10月，在印度发现新冠双重变异株B.1.617（“德尔塔”Delta）由于其传播力强、感染潜伏期短、致病性强、发病进程快等特点备受关注；
- 2021年11月，在南非发现新冠病毒变异毒株B.1.1529（“奥密克戎”）传染力比“德尔塔”高37.5%。

安慶師範大學 ANQING NORMAL UNIVERSITY

2 新课讲解

思考：如何设计程序，当体温低于37.3℃时显示屏上显示“体温正常”，高于或等于37.3℃时显示“体温异常”？

安慶師範大學 ANQING NORMAL UNIVERSITY

2 新课讲解

这个问题就不仅仅是一个简单的算法能解决的，需要程序来解决。

程序=算法+数据结构

让我们一起开启数据结构中的选择结构的学习！

安慶師範大學 ANQING NORMAL UNIVERSITY

2 新课讲解

选择结构可以根据条件来控制代码的执行分支，也称为分支结构。

Python使用if语句来实现分支结构。分支结构分为单分支、多分支等多种形式。

接下来，我们首先学习单分支结构。

在日常交谈中，常说“如果……就……”，这实际上就是单分支选择的一种描述。if单分支选择语句的一般格式是：

```
if <条件>:
    <语句>      #缩进语句块
<后续语句>
```


程序在执行中遇到if时：

若<条件>成立（取值True），则执行其后的缩进<语句>，执行完后去执行<后续语句>。

若<条件>不成立，不执行缩进<语句>，直接执行<后续语句>。

右图所示是if单分支选择语句的执行流程图。

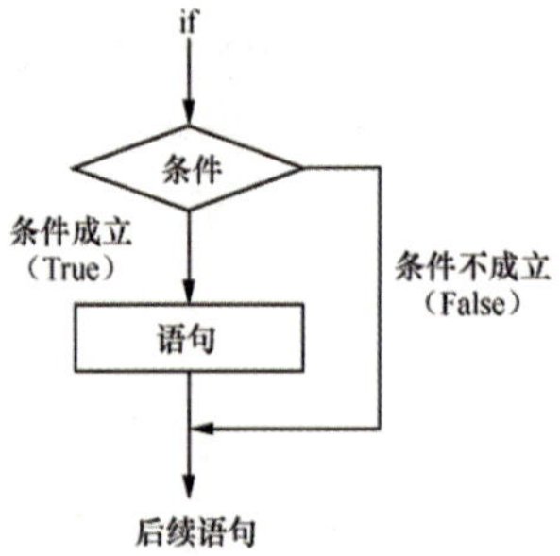

条件表达式可以是关系表达式、逻辑表达式和算术表达式等；语句块可以是单个语句，也可以是多个语句，多个语句的缩进必须对其一致。那么测体温的问题就可以用以下代码来实现：

```
T= eval(input(" 请输入体温数值 : "))
if 36.3<=T< 37.3:
print(" 体温正常，通过 !")
if 37.3 <=T
print(" 体温异常，请注意！ ")
```

安慶師範大學
ANQING NORMAL UNIVERSITY

2 新课讲解
—双分支结构

if-else双分支选择语句的一般格式是：

```
if <条件>:
    <语句 1>
else:
    <语句 2>
<后续语句>
```

在程序中遇到 if 时，

若<条件>成立（取值True），则执行跟随其后的缩进<语句1>；

若<条件>不成立（取值False），则执行跟随在else后的缩进<语句2>；

无论执行的是缩进<语句1>还是缩进<语句2>，最后都会执行<后续语句>。

安慶師範大學
ANQING NORMAL UNIVERSITY

2 新课讲解
—双分支结构

if-else双分支选择语句的执行流程图：

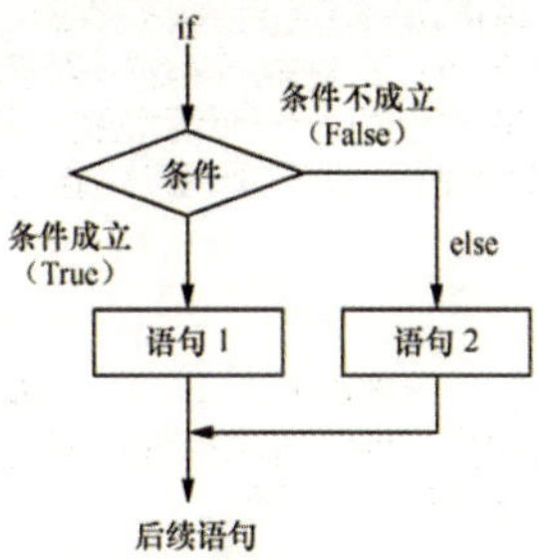

安慶師範大學
ANQING NORMAL UNIVERSITY

牛刀小试

例1：输入两个整数，如果第1个大于第2个，则显示信息“first is greater than second!”；否则显示信息“first is not greater than second!”最后显示信息“All done!”

```
print('Please enter two numbers!')
num1=input('\nenter first integer:')
num2=input('\nenter second integer:')
num1=int(num1)
num2=int(num2)
if num1>num2:
print('\nfirst is greater than second!')
#Indent, if you encounter a colon after if
else:
print('\nfirst is not greater than second!')
#Indent, if you encounter a colon after else
print('\nAll done!')      #Return to normal position
```

安庆师范大学 ANQING NORMAL UNIVERSITY

2 新课讲解
—多分支结构

“多分支”，有时也称“多重”，if-elif-else多分支选择语句的一般格式是：

```
if <条件 1>:
    <语句 1>
elif <条件 2>:
    <语句 2>
elif <条件 3>:
    <语句 3>
...
elif <条件 n-1>:
    <语句 n-1>
else :
    <语句 n>
<后续语句>
```

安庆师范大学 ANQING NORMAL UNIVERSITY

2 新课讲解
—多分支结构

遇到if时，
若<条件1>成立（取值True），则执行缩进<语句1>；
若<条件1>不成立，则去判定elif后面的<条件2>，
若<条件2>成立（取值True），则执行缩进<语句2>；
若<条件2>不成立，则去判定下一个elif后面的<条件3>，
若<条件3>成立（取值True），则执行缩进<语句3>……

以此类推……

如果<条件1>、<条件2>、<条件3>、……、<条件n-1>都不成立（都取值False），那么执行else后面的缩进<语句n>；
在执行了<语句1>、<语句2>、<语句3>、……、<语句n>后，最终都去执行<后续语句>。

安庆师范大学 ANQING NORMAL UNIVERSITY

2 新课讲解
—多分支结构

下图所示是if-elif-else多分支选择语句的执行流程图：

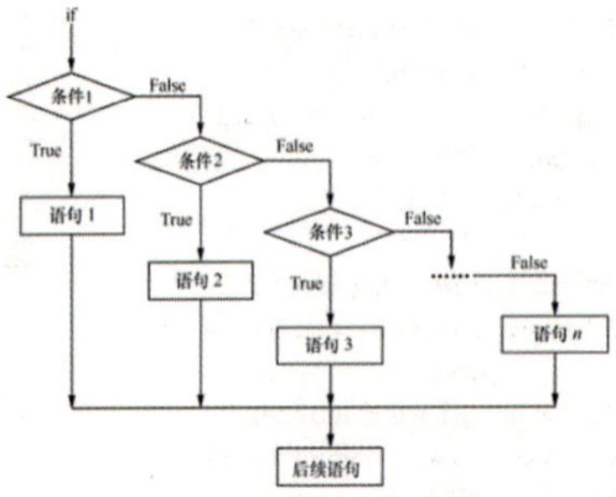

安庆师范大学 ANQING NORMAL UNIVERSITY

2 新课讲解

—多分支结构

注意以下几点:

（1）语句中给出的〈条件〉结果取值False时，Python会一点点地向下寻找，测试哪一个〈条件〉成立，找到成立的〈条件i〉后，就执行跟随在冒号后面的缩进〈语句i〉，然后就径直去执行〈后续语句〉；如果没有任何〈条件〉成立，那么就去执行else后面的缩进〈语句n〉，最后去执行〈后续语句〉。

（2）elif是else if的缩写。

（3）每个冒号都不能丢失，Python见到冒号才会自动产生缩进语句块的位置。

安庆师范大学 ANQING NORMAL UNIVERSITY

牛刀小试

例2：输入一个字符，如果字符是数字，输出“It is a number!”；如果是小写字母，输出“It is a small letter!”；如果是大写字母，输出“It is a capital letter!”；否则输出“It is a other character!”。最后输出“bye-bye!”。

```
"It is a other character!"。最后输出"bye-bye!"。
ch=input('Please enter a character:')
if ch>='0' and ch<='9' :
print('It is a number!')
elif ch>='a' and ch<='z' :
print('It is a small letter!')
elif ch>='A' and ch<='Z' :
print('It is a capital letter!')
else:
print('It is a other character!')
print('bye-bye!')
```

安庆师范大学 ANQING NORMAL UNIVERSITY

3 课程小结

数据结构有选择，我们人生也有选择，并且很重要。希望同学们在生活和学习上都能做出正确的选择。深入体会社会主义核心价值观，实现自己人生目标、为社会做贡献。

家国情怀

安庆师范大学 ANQING NORMAL UNIVERSITY

3 课程小结

本节课你收获了什么?

1、输入两个整数a和b，比较两者大小，使得a大于b。

2、说明以下三个if语句的区别：

```
(1)if(i>0):
       if(j>0):n=1
       else:n=2
(2)if(i>0):
       if(j>0):n=1
    else:n=2
(3)if(i>0):
    else:
       if(j>0):n=1
```

“环境监测”课程思政教学设计案例

一、课程简介

1. 课程性质

环境监测是环境类专业核心课程之一，在课程体系中占有重要地位，共 51 学时，3 学分。环境监测是环境保护的基础，是生态文明建设的重要支撑。因此，环境监测在环境类专业学生培养体系中具有不可替代的作用。

2. 课程内容

课程涵盖了环境监测基本知识、水环境监测、空气环境监测、土壤环境监测、环境自动监测、遥感监测、环境监测质量管理等基础知识和实验操作方法，可为后期环境影响评价、环境规划与管理、大气污染控制工程、水污染空制工程、土壤污染防治等课程学习打下坚实基础。

3. 授课教师

李明，副教授，主要承担环境化学、环境监测等课程教学任务，主持安徽省质量工程项目 3 项，发表教学论文 3 篇。

二、课程思政资源分析

（一）课程思政建设目标

本课程坚持“立德树人”根本任务，把习近平生态文明思想贯穿于课程教学全过程，引导学生树立唯物主义世界观、科学发展观、社会主义核心价值观和环境伦理观，激发学生的爱国精神和历史责任感，加深学生对“以人民为中心”的理解和感悟，夯实学生拥护中国共产党领导和社会主义制度、立志为中国特色社会主义事业奋斗终生的理想信念。

思政目标 1：贯彻习近平生态文明思想。通过课程学习，使学生深刻认识到生态文明是人类文明发展的历史趋势，生态文明建设是关系中华民族永续发展的根本大计。习近平生态文明思想是中国特色社会主义理论体系的重要组成部分，是对党的十八大以来习近平总书记围绕生态文明建设提出的一系列新理念新思想新战略的高度概括和科学总结，是新时代生态文明建设的根本遵循，贯穿着辩证唯物主义和历史唯物主义的世界观和方法论，是马克思主义哲学中国化的最新理论成果，为实现全球可持续发展贡献了中国智慧和中国方案。

思政目标 2：坚持以人民为中心。"良好生态环境是最公平的公共产品，是最普惠的民生福祉"，从"盼温饱"到"盼环保"，人民对美好生活的生态环境的呼声日益高涨。作为环境专业学生，要深刻认识到本专业肩负的历史使命和艰巨任务，坚定不移践行"绿水青山就是金山银山"理念，坚持以民为本，积极投身生态文明建设。

思政目标 3：培养科学精神。我国生态环境建设任务艰巨，必须立足我国实际需要，坚持"精准治污、科学治污"。通过介绍老一辈科学家对待大气污染问题的探索奋斗精神以及严谨治学的科研态度，帮助学生践行从实际出发、实事求是的原则，树立科学技术是第一生产力的观念，提升学生的科学精神与科研素养。

思政目标 4：勇于使命担当。良好的生态环境是中华民族永续发展的基础，通过课程教学激发学生的爱国精神和历史责任感，使学生形成"功成不必在我，功成必定有我"的思想觉悟，勇于担当，敢挑重担，为建成富强民主文明和谐美丽的社会主义现代化强国奉献青春的力量。

（二）课程思政融入方式

环境监测具有理论和实践紧密结合的特性，思政育人元素丰富。通过本课程的教学，要实现价值塑造、知识传授和能力培养三者融为一体的教学目标，将思政元素融入教学全过程，引导学生在习近平生态文明思想指引下，不断开创生态文明新境界，为构建人与自然生命共同体、共建地球生命共同体进行深入探索，贡献青春力量。因此，在教学过程中主要采用线上与线下混合教学法、案例分析、翻转课堂、课堂辩论和社会实践等方式来强化思政效果，实现课程思政目标。

(1) 线上与线下混合教学法。环境监测涉及物理、化学、生物、数学等基础知识，监测介质涵盖水、土、气、固、声等，内容繁多分散。开展线上线下混合教学，能够拓展覆盖面，给学生提供自主学习内容，提高课前预习效果，增加课堂形式多样性，活跃课堂气氛，改善教学效果。

(2) 案例分析。环境监测的应用性较强，开展案例教学能够将教学内容与社会需求结合，将理论知识和实践工作结合，提高教学效果。例如，在"颗粒物监测"教学中，引入"监测助力北京 $PM_{2.5}$ 治理"的案例，通过介绍监测和科学分析能够发挥"精准治污、科学治污"的巨大作用，加深学生对环境监测作用的认识，培养学生养成严谨治学的科研精神以及讲授科研工作者如何科研报国的责任担当。同时，通过分析历史监测数据，使学生充分认识到党的十八大以来我国生态环境建设取得的伟大成就，深刻体会中国特色社会主义制度的优越性，坚定社会主义道路自信。

(3) 翻转课堂。新时代环境下成长的学生获取知识的门槛低、途径多，课程教学的重点不再是知识的传授，而应转变为能力培养。开展翻转课堂能够锻炼学生搜集资料、分析总结、展示汇报、团队协作等综合能力。以“大气颗粒物性质监测技术”为例，以小组为单位，来开展翻转课堂，重点介绍技术的发展、优缺点，同时要进行国内外技术的比较。以此加深学生对国情的了解，通过知识和理念内化，提升教学效果和质量。

(4) 课堂辩论。辩论能够锻炼学生的思维表达和自信心，让学生认识事物都有优缺点，要用辩证唯物主义认识世界。例如，以生态环保督察典型案例“山东临沂市环保一刀切”为例，组织学生就“环保”和“经济发展”的利弊进行辩论，提升学生对“良好生态环境是最公平的公共产品”的认识，同时认识到生态环境建设是一个漫长而艰辛的过程，不可一蹴而就。

(5) 社会实践。通过校外实地见习，带领学生了解安庆市环境监测的历史、现状和未来规划，开展典型环境监测方案设计，加强监测技术实操演示和训练，进一步提升学生理论结合实际的能力。让学生切身感受到习近平生态文明思想如何在基层践行落实，体会百姓对生态环境改善的喜悦，加深学生对“以人民为中心推进社会建设”的理解和感悟，以此提升学生对专业知识的热爱，对生态文明思想的认同。

三、教学案例展示

细颗粒物的监测

细颗粒物（$PM_{2.5}$）是影响大气环境质量的主要污染物，也是大气环境治理的重点与难点。开展细颗粒物监测是大气环境质量研究和大气污染防治的基础。本教学案例主要针对高等教育出版社出版的《环境监测》(第5版)“细颗粒物监测”章节开展设计，内容为认识细颗粒物、细颗粒物监测技术和我国细颗粒物监测历史，授课时长为1学时。

(一) 教学目标

1. 情感态度与价值观目标

(1) 通过认识细颗粒物学习，学生认识到“良好生态环境是最公平的公共产品，是最普惠的民生福祉”。空气质量直接关系到广大群众的幸福感，从而产生对生态环境监测工作的热爱，愿意投身生态环境事业中，为我国生态文明建设贡献力量。

(2) 通过细颗粒物监测技术学习，让学生树立科学技术是第一生产力的观念认识，认识科学技术在“精准治污、科学治污”中发挥的巨大作用，培养对科学的热爱和崇敬之情。

(3) 通过我国细颗粒物监测历史学习，让学生认识到党的十八大以来我国生态环境建设取得的伟大成就，深刻体会中国特色社会主义制度的优越性和习近平生态文明思想的先进性，从而坚定“四个自信”。

2. 知识与技能目标

(1) 充分理解和掌握 $PM_{2.5}$ 的来源和危害。

(2) 准确掌握各种 $PM_{2.5}$ 监测技术的特征。

(3) 能够有效归纳中国 $PM_{2.5}$ 监测历史和趋势。

3. 过程与方法目标

(1) 以案例为引导，运用问题链，引导学生分析思考，把握教学内容。

(2) 通过横向比较，掌握各项监测技术的特征。

(3) 运用自主学习、小组讨论和课后探究等方式，提升学生综合能力，实现知行合一。

(二) 教学重难点

教学重点：$PM_{2.5}$ 监测技术种类、$PM_{2.5}$ 监测历史发展。

教学难点：$PM_{2.5}$ 成分的监测技术。

(三) 教学方法、教学资源

教法：混合式教学法、案例教学法、探究式教学法。

学法：自主学习法、协作学习法、探究学习法。

教学资源：

(1) 奚旦立. 环境监测[M]. 5 版. 北京：高等教育出版社，2019.

(2) 奚旦立. 环境监测实验[M]. 2 版. 北京：高等教育出版社，2019.

(3)《空气和废气监测分析方法》委员会. 空气和废气监测分析方法[M]. 4 版. 北京：中国环境科学出版社，2003.

(4) 中国环境监测总站. 环境监测人员持证上岗考核试题集[M]. 4 版. 北京：中国环境出版社，2018.

(5) 中国大学 MOOC 网“环境监测”. https://www.icourse163.org/course/DHU-1002080025? from=searchPage.

(6) APEC 蓝. http://news.cctv.com/2014/11/10/VIDE1415625719467893.shtml.

(四) 教学过程

教学环节一：线上学习

(1) 通过雨课堂“学堂云”，推送课前学习视频、文本资料和练习题。

(2) 根据线上学习数据，掌握学情，确定教学重点，制定课堂教学方式。

思政元素融入设计：通过视频介绍我国细颗粒物监测历史，对比细颗粒监测技术和监测数据变化，激发学生学习兴趣，为后续学习奠定基础。从视频观看和习题测试反映学生的知识基础、学习能力和态度。通过小组讨论培养学生相互协作、辩论思考的能力。利用数据图表，让学生充分认识到党的十八大以来我国生态环境建设所取得的伟大成就，深刻体会中国特色社会主义制度的优越性，坚定社会主义道路自信。

教学环节二：新课讲解

(1) 认识细颗粒物。播放2014年APEC欢迎晚宴的致辞视频，引出“APEC蓝”。引导学生思考2013年我国空气质量问题，从而引出“细颗粒物”。采用补充提问法，引导学生思考细颗粒物的来源。通过小组探究，总结细颗粒物对生态环境的危害，同时思考细颗粒物是否存在有益之处。

思政元素融入设计：① 利用重大历史事件，使学生对我国环境发展史的艰辛产生共鸣，认识环境监测的重要性，激发学习兴趣；② 通过讨论颗粒物的正反影响，学习辩证唯物主义的世界观和方法论；③ 使学生认识到良好生态环境是最普惠的民生福祉，空气质量直接关系到广大群众的幸福感，深刻认识“以人民为中心”的理念，从而产生对环境监测工作的热爱，愿意投身生态环保事业中，为我国生态文明建设贡献力量。

(2) 细颗粒物监测技术。借助思维导图，全面学习颗粒物监测技术。重点剖析手工分析和自动监测两种技术的优劣，了解天地一体化的细颗粒物监测网络。教学难点是化学成分分析及溯源技术。在教学过程中，将监测仪器搬进教室，随机抽取一个小组来介绍仪器原理，并进行操作演示。

思政元素融入设计：① 借助思维导图，帮助学生建立高效的学习方法，提升学生利用专业学习工具(Xmind等)的能力，培养积极使用先进生产力工具的思维；② 通过比较手工分析和自动监测两种技术的优劣，让学生认识到任何技术都不是完美的，培养学生的辩证唯物主义观，以及科学分析问题的思维；③ 科学技术在“精准治污、科学治污”中发挥巨大作用，让学生树立科学技术是第一生产力的观念，产生对科学的热爱之情。

(3) 我国细颗粒物监测历史。介绍我国2013年至2020年的细颗粒物监测数据，并与历史同期英国、美国治理监测数据比较，展示我国细颗粒物较快的消减速度。展示现阶段北京和伦敦的空气环境质量数据，说明我国生态环境工作成果是经得起国际比较的。

思政元素融入设计：① 以扎实详尽的数据进行国际比较，极具说服力，可以打破西方国家对中国“不环保”的造谣污蔑；② 让学生认识到党的十八大以来我国生态环境建设取得的伟大成就，深刻体会中国特色社会主义制度的优越性和习近平生态文明思想的先进性，从而更好地坚定“四个自信”。

教学环节三：应用拓展

展示WHO对于颗粒物的空气质量指导值和过渡期目标，说明我国细颗粒物的治理仍处于初级阶段，还有很长的路要走。

思政元素融入设计：① 通过科学分析，在肯定成就的同时，使学生清醒地认识到生态环境建设是一个漫长而艰辛的过程，必须坚持不懈，一代人接着一代人干下去；② 青年学子应勇于担当，敢挑重担，为建成富强民主文明和谐美丽的社会主义现代化强国奉献青春和力量。

教学环节四：小结与作业

(1) 小结。通过教学活动，让学生对细颗粒物的监测进行全面的了解。细颗粒物的监测是开展大气环境质量研究和污染大气治理的基础。虽然我国已逐步建立起天地一体化的细颗粒物监测网络，但是细颗粒物的治理仍任重道远。作为环境科学专业的学生，有责任担负起历史赋予的使命，在习近平生态文明思想的指引下，勇于担当，敢挑重担，为建成富强民主文明和谐美丽的社会主义现代化强国奉献青春力量。

(2) 课后实践作业。我国“十四五”规划中，党和国家在细颗粒物防治领域有哪些具体目标和重大改革措施？存在什么关键性科学问题需要解决？请同学们以小组为单位，进行课外调研，撰写一份调研报告。

思政元素融入设计：课后作业采取小组实践调研方式，关注我国“十四五”规划和科学研究，将现状和规划结合、理论和实践结合，将思想教育和科学精神培养贯穿始终，进一步提升课程思政的教学效果。

(五) 教学反思

专业课程教学既要培养学生的专业技能，也要开展思想政治教育，这样才能保证专业技能知识能够发挥出良好的社会效能。对于如何在专业课程知识中开展思政教育，笔者认为关键在于设计，在内容上不能生搬政府文本、空喊宣传口号。只有将科学翔实的数据、切近身边的新闻事件、严谨缜密的理论基础、学术前沿的探索发现，借助智慧教学工具，以学生喜闻乐见的形式进行推送和教学，激发学生学习兴趣，强调能力培养，让学生在充分的实践讨论中形成正确的思想认识，才能达到专业课程思政育人的教学目的，才能不断提高教学质量和教学效果。

四、课件

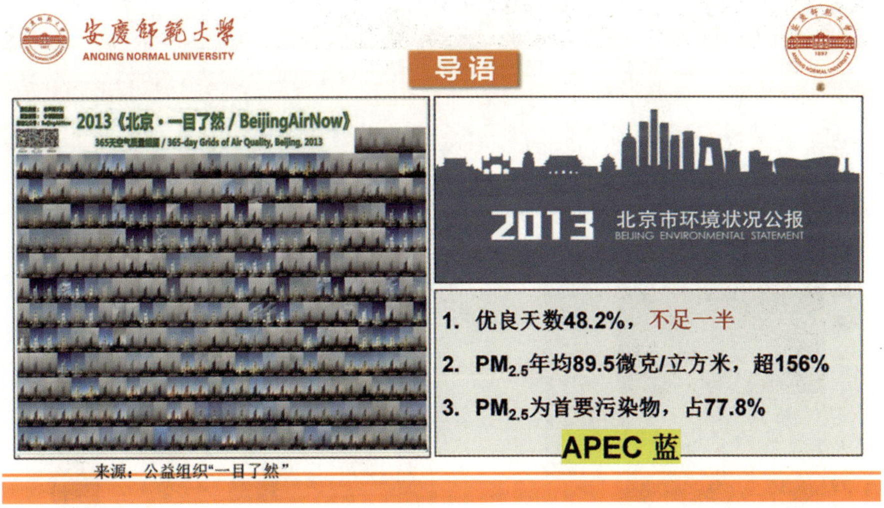

《环境监测》 第三章 第五节

细颗粒物 $PM_{2.5}$ 的监测

1. 认识细颗粒物
2. 细颗粒物监测技术
3. 我国细颗粒物监测历史

1. 认识细颗粒物——定 义

细颗粒物（$PM_{2.5}$） 指环境空气中空气动力学当量直径小于等于2.5 μm的颗粒物。

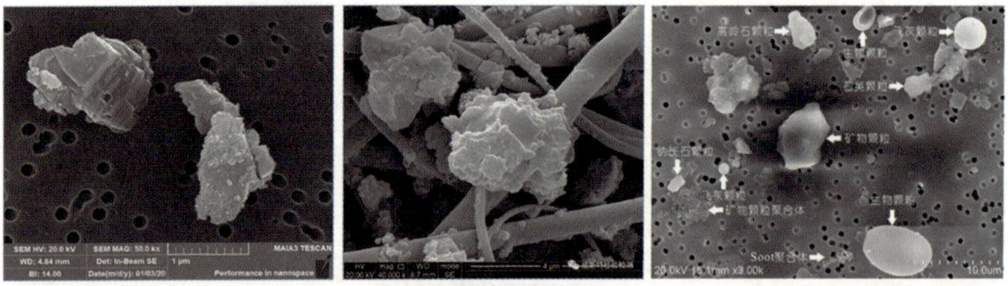

电子显微镜下的$PM_{2.5}$

1. 认识细颗粒物——来源

自然源

人为源

转化

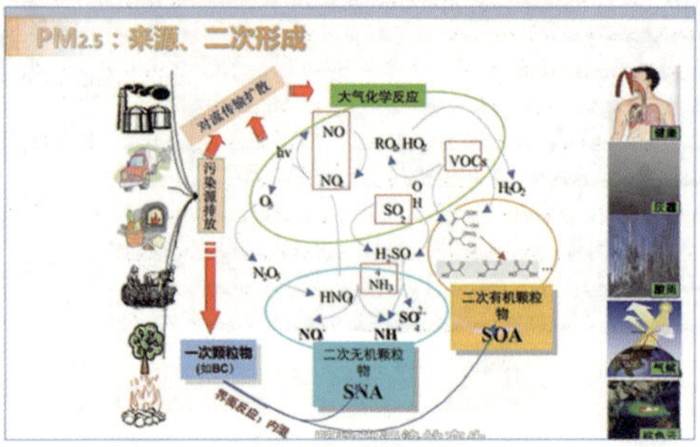

二次污染物

安庆师范大学 ANQING NORMAL UNIVERSITY

1. 认识细颗粒物——成分

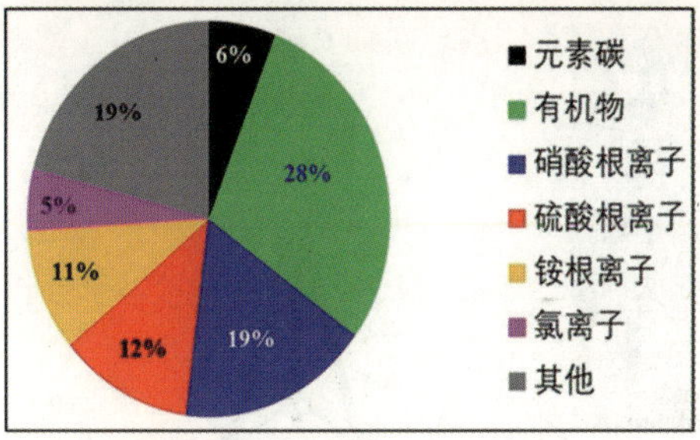

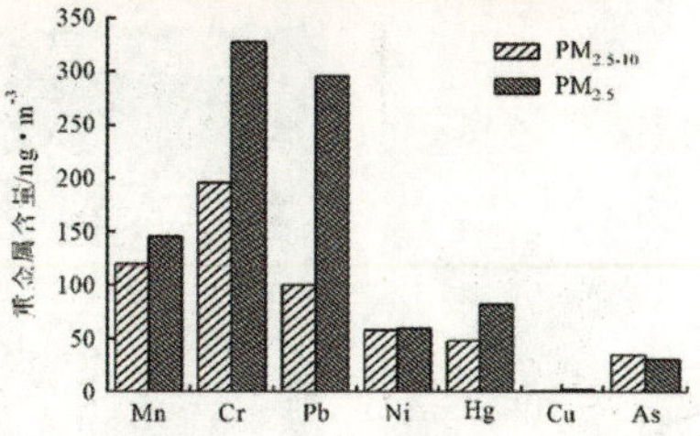

图3 $PM_{2.5\sim10}$、$PM_{2.5}$中重金属的平均含量

资料来源：国家大气污染防治攻关联合中心

安庆师范大学 ANQING NORMAL UNIVERSITY

1. 认识细颗粒物——弊与利

湿度大于90% 时的低能见度天气现象称为雾，而湿度小于80% 时称为霾，湿度在80%~90%则为雾、霾的混合体。

- 对人体的健康影响如下：
- ◆ 呼吸系统：
- 易引起上呼吸道感染、使鼻炎、慢性咽炎、慢性支气管炎、支气管哮喘、肺气肿、尘肺等呼吸系统疾病恶化
- ◆ 对心血管疾病的影响：
- 增加血液的粘稠度、增加突发心肌梗死
- ◆ 神经系统：
- 可影响儿童智力的正常发育
- ◆ 具有致癌、致突变、致残作

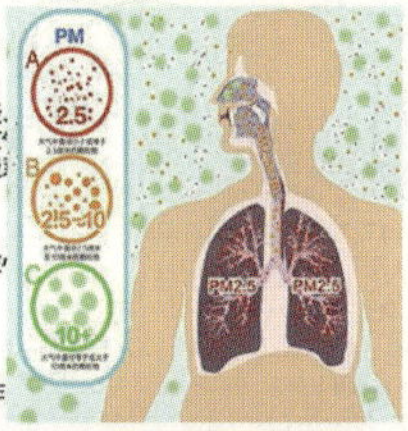

细颗粒物在人体呼吸系统各部位沉积图

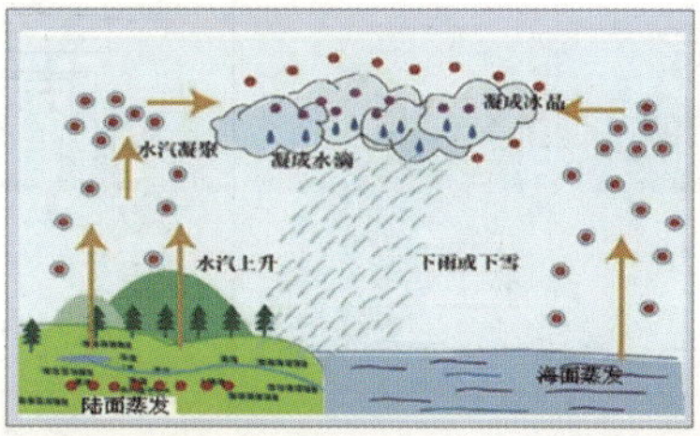

安庆师范大学 ANQING NORMAL UNIVERSITY

2. 细颗粒物监测技术

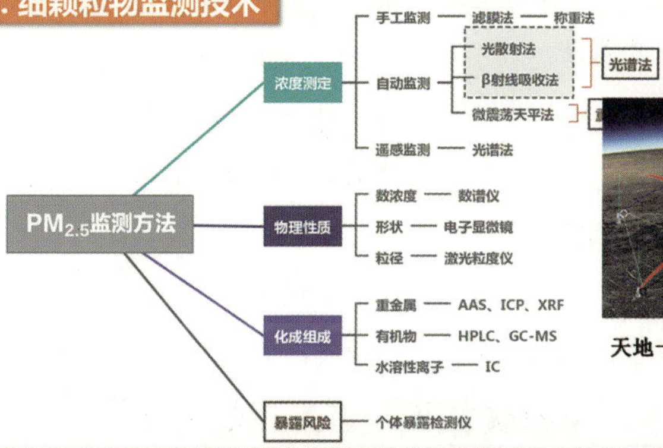

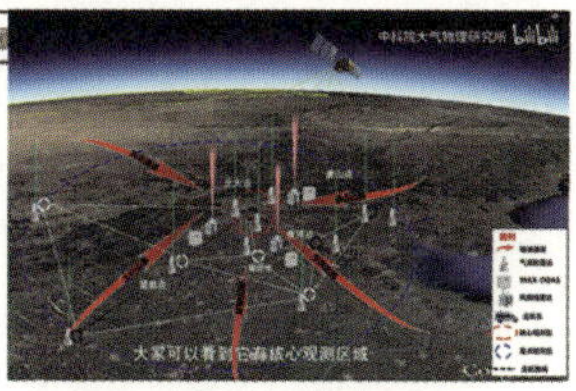

天地一体化的环境监测系统

安庆师范大学 ANQING NORMAL UNIVERSITY

2. 细颗粒物监测技术——手工重量法

玻璃纤维滤膜

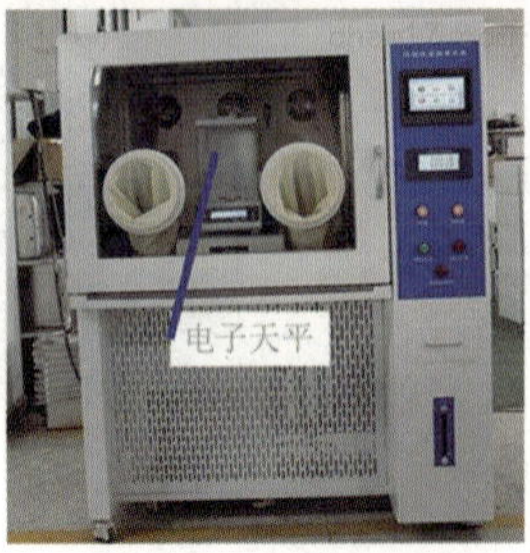

恒温恒湿称重系统

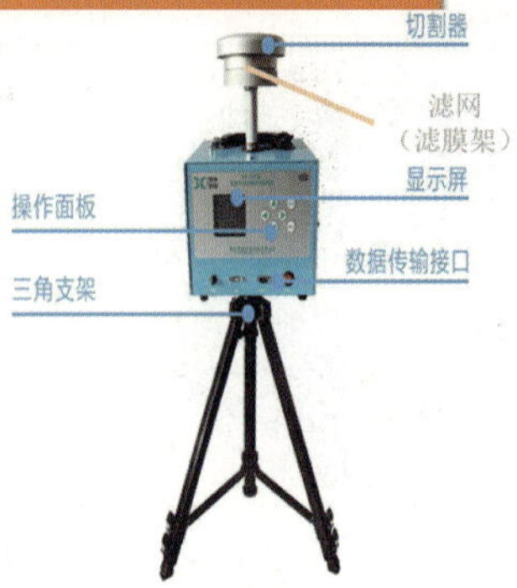

采样器

安庆师范大学 ANQING NORMAL UNIVERSITY

2. 细颗粒物监测技术——自动监测法

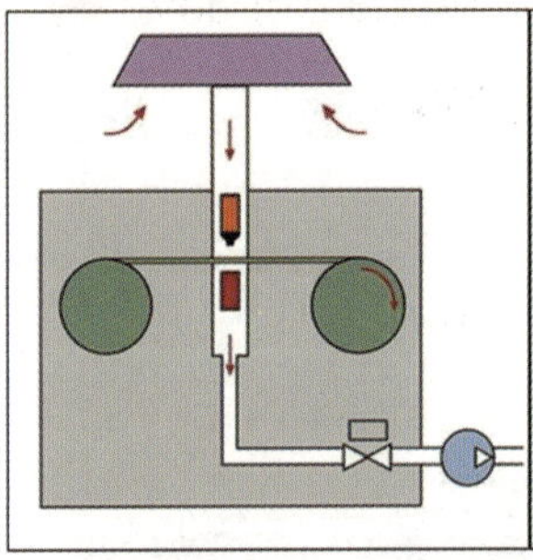

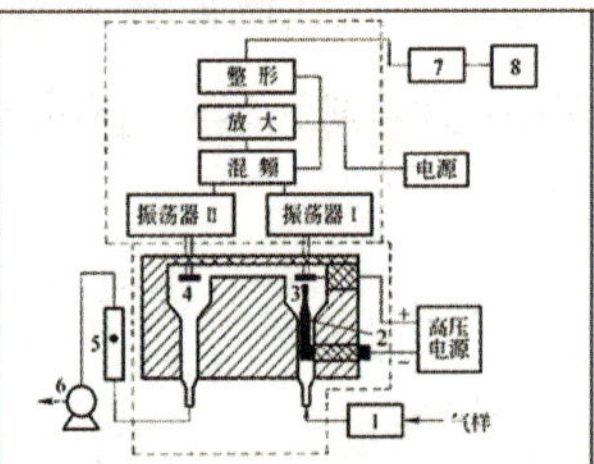

图 3-35 石英晶体 PM_{10} 测定仪工作原理
1. 大粒子切割器；2. 放电针；3. 测量石英谐振器；4. 参比石英谐振器；5. 流量计；6. 抽气泵；7. 浓度计算器；8. 显示器

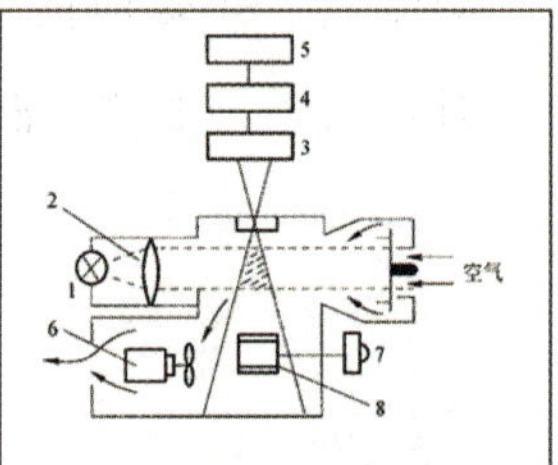

图 3-36 光散射法 PM_{10} 监测仪工作原理
1. 光源；2. 透镜；3. 光电转换器；4. 积分电路；5. 计数显示器；6. 抽气风机；7. 切换控制板；8. 标准散射板

β射线测量法　　震荡天平法　　光散射法

安庆师范大学 ANQING NORMAL UNIVERSITY

2. 细颗粒物监测技术——比较

- 手工重量法

  优点：准确度高，简单，基准方法（质控）

  缺点：耗时较长，无法满足实时发布需要

- 自动监测法

  优点：实时读取数据、时效性强，应用广泛

  缺点：技术要求高杂，设备昂贵

各有优缺点　互为补充

2. 细颗粒物监测技术——组分分析

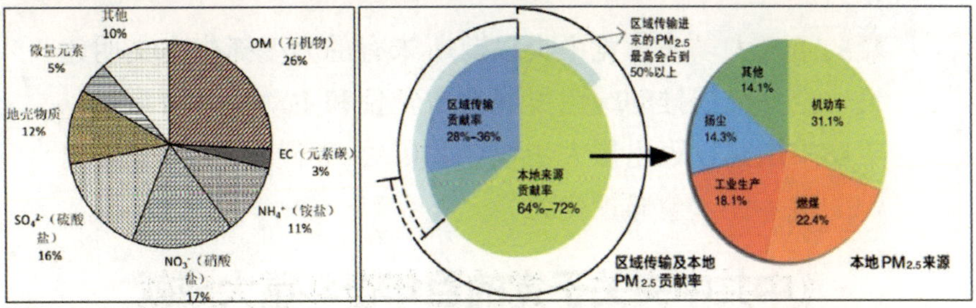

北京地区$PM_{2.5}$组成　　区域传输对北京$PM_{2.5}$的影响　　北京地区$PM_{2.5}$来源分析

数据来源：中科院

科学监测助力“精准治污”

2013—2017年中国$PM_{2.5}$空气质量改善的驱动力

——郝吉明院士、贺克斌院士、张强教授

①二氧化硫的减排幅度巨大，氮氧化物减排幅度有限，氨排放基本未得到控制。

②主要关注烟气末端减排，能源结构调整的作用相对较小，以煤为主的能源结构未得到根本改变。

③对移动源的控制相对薄弱，缺乏对农业部门排放的有效控制。

④缺乏有效的挥发性有机物（VOCs）排放控制措施。

3. 我国细颗粒物监测历史

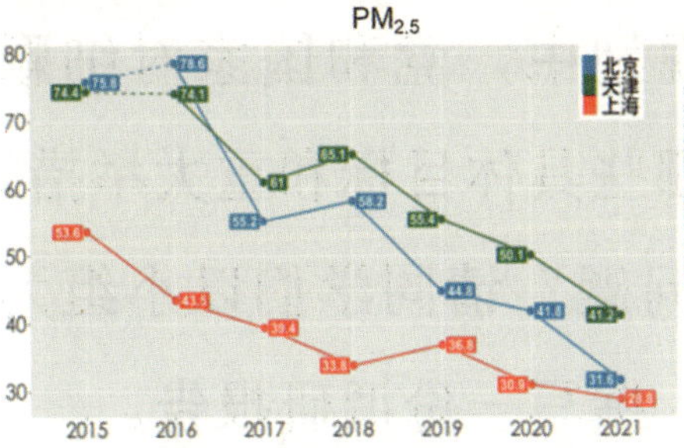

北京大学陈松蹊院士团队第九份《空气质量评估报告》

2022年4月29日

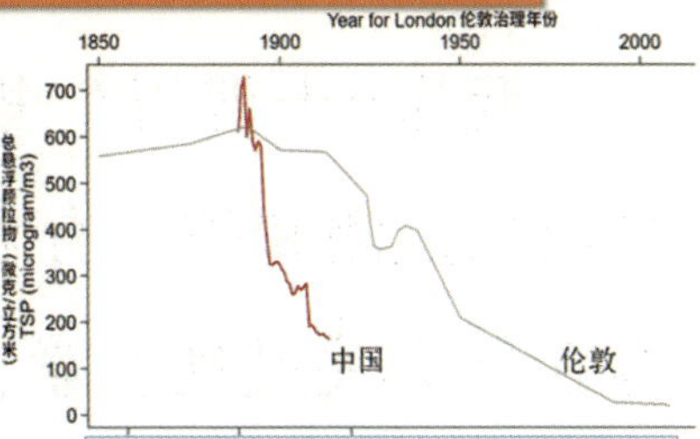

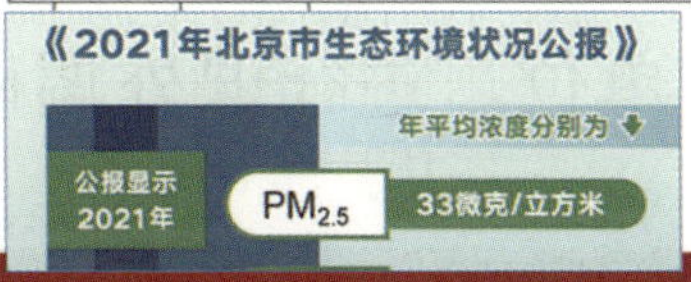

安庆师范大学 ANQING NORMAL UNIVERSITY

伟大成就

党的十八大以来，党中央以前所未有的力度抓生态文明建设，全党全国推动绿色发展的自觉性和主动性显著增强，美丽中国建设迈出重大步伐，我国生态环境保护发生历史性、转折性、全局性变化。

《中共中央关于党的百年奋斗重大成就和历史经验的决议》

安庆师范大学 ANQING NORMAL UNIVERSITY

拓展

WHO 对于颗粒物的空气质量指导值和过渡期目标

	$PM_{2.5}(\mu g/m^3)$	
	年平均	24 小时平均
过渡期目标-1	35	75
过渡期目标-2	25	50
过渡期目标-3	15	37.5
空气质量指导值	10	25

GB 3095—2012

安庆师范大学 ANQING NORMAL UNIVERSITY

课后实践作业

我国“十四五”规划中，党和国家对细颗粒物的监测和防治有哪些具体目标和重大举措？存在什么关键性科学问题？请同学们以小组为单位，进行课外调研，撰写一份调研报告。

“环境科学与工程导论”
课程思政教学设计案例

一、课程简介

1. 课程性质

环境科学与工程导论是环境科学与工程类专业必修的学科基础课程，18 学时，2 学分，在本科一年级开设。作为环境类专业学生的第一门专业课程，是了解环境专业发展脉络、知识体系的窗口课程。

2. 课程内容

本课程主要介绍环境科学与工程的基本概念和理论、生态学基础、环境与可持续发展、大气污染及其控制、水污染及其控制、土壤污染及其控制、固体废物污染及其控制等专业核心知识。旨在使学生掌握环境科学与工程专业的基本学习内容、学科特点及发展动向。

3. 授课教师

黄小丁，博士，讲师，主要研究方向为固体废物资源化，承担环境类专业的环境科学与工程导论、固体废物处理与处置、环境学等课程的教学任务，主持校级教学研究项目 1 项。

二、课程思政资源分析

(一) 课程思政建设目标

穹顶之下，江河之滨，空气、饮水、粮食、环境保护不再遥远，已深深融入每个人的生活。环境科学与工程导论课程坚持以习近平新时代中国特色社会主义思想为指导，以强化环境保护意识与可持续发展理念为核心点，坚持“授人以渔”的原则，旨在培养具有家国情怀、社会责任感的高素质环保专业人才。

思政目标 1:牢固树立环境保护意识与可持续发展理念。通过本课程的学习，全面理解人与环境的相互作用，深刻认识到环境对人类有着不可取代的价值。人类要存在、要发展，就必须协调好社会、经济与环境的关系，培养环境友好的价值观和伦理观，加强生态文明理念和自然和谐的环保意识。

思政目标2：培养家国情怀。通过课程的学习，引导学生关注新中国环保事业70多年的发展历程，以及祖国环保事业的发展成就，培养大学生关心国家大事的意识，牢固树立爱国爱家的价值取向，提高学生投身环保事业、服务国家的个人情怀。

思政目标3：强化专业认同与社会责任感。了解国内外面临的主要环境难题，让学生感受到所学专业与国家社会发展需求的高度契合，切身体会到环境保护的重要性以及急迫感，强化学生在环境保护国家战略中所承担的责任与义务，树立环境专业学生在环保事业中的排头兵使命感。

思政目标4：培养创新及批判性思维。授人以鱼不如授人以渔。破除学生中固有的思维模式和观念，培养其自主实践能力和批判性思维，让学生能够用马克思辩证唯物主义的思想、科学发展观等一系列基本理论分析和解决问题。

（二）课程思政融入方式

(1) 教学渗透。党的十八大以来，我国把"生态文明建设"纳入"五位一体"总体布局，把"美丽中国"纳入社会主义现代化强国目标，把"人与自然和谐共生"纳入新时代坚持和发展中国特色社会主义基本方略，把"绿色"纳入新发展理念，把"污染防治"纳入三大攻坚战，充分彰显了生态文明建设在党和国家事业中的重要地位，充分表明了我们党加强生态文明建设的坚定意志和坚强决心。在教学过程中，把上述思想融入课堂的一点一滴，把环境专业本科教育当作发扬上述精神，实现国家战略目标的重要阵地。

(2) 案例示范。本课程以国际、国内、身边各个角度的环保事件为案例，启发学生对环境问题的关注与思考，培养其社会责任感、职业道德以及家国情怀，激发学生热爱环境、愿意投身环保事业的热忱之心。

(3) 拓展阅读/实地调查/课堂展示。基于环保主题，从选题、组织、制作、表达各个环节，使学生通过主动思考、阅读参考文献、实地调研、课堂展示等诸多环节的参与，让他们亲身体会到环境保护的重要性以及急迫感，激发他们环境保护的社会责任感与使命感，锻炼他们的独立处事、思考能力和批判性思维能力。

(4) 课堂讨论/辩论会。针对某一个环保话题（通常没有绝对答案），让同学通过小组讨论+大组辩论的方式，对论题进行深入思考。大多数本科新生存在于根深蒂固的"标准答案"思维怪圈中，而往往许多现实问题都没有标准答案，需要通过大量阅读资料，思维推演、凝练、碰撞才能产生。开展课堂讨论/辩论会的意义在于让学生打破固有思维束缚，建立自己的思维体系，挖掘自己的创新潜力。

三、教学案例展示

固体废物污染概述

固体废物与人类的生产生活密切相关。随着社会经济不断发展，固体废物的排放量逐年增加，日益增长的固体废物不仅占用大量土地，还对水、大气和土壤造成严重的二次污染，成为全社会普遍关注的热点环境问题。本教学案例主要讲授固体废物的定义、来源、分类、特点、污染途径和危害，授课时长1学时。

（一）教学目标

1. 情感态度与价值观目标

（1）通过学习固体废物相关法律及政策，让学生感受到所学专业与国家社会发展需求的高度契合，帮助学生树立专业自信，提升学生保护环境、实施垃圾分类的主人翁意识，树立学生在环保事业中排头兵的使命感。

（2）通过小组合作讨论及组间竞争，培养学生团队合作精神，同时重点培养学生的创新思维及独立思考能力，让学生打破固有思维束缚，建立自己的思维体系，激发团队合作潜力。

2. 知识与技能目标

（1）了解固体废物的特点、来源和分类。
（2）理解固体废物的污染途径及危害。
（3）从管理角度理解固体废物的定义，掌握生活垃圾的分类方法与原则。

3. 过程与方法目标

（1）通过混合式教学设计，课前在学习通平台布置自学任务，培养学生运用现代技术手段获取信息、分析信息的能力，激励学生自主学习。

（2）课上学习最新版《中华人民共和国固体废物污染环境防治法》（以下简称《固废法》），学习我国及安徽省垃圾分类相关政策，让学生从管理角度理解固体废物的定义，掌握生活垃圾的分类方法及原理。培养学生科学分析和解决问题及知识迁移的能力，在实践中低碳生活、减少垃圾产生，成为绿色环保的实践者和引领者。

（3）分析国家生态环境部《全国生态环境统计公报》及《全国大中城市固体废物污染环境防治年报》数据，让学生了解近年来我国主要固体废物的产生量及趋势。通过课堂讲授及小组讨论，了解主要固体废物的来源、性质，理解固体废物的污染途径及危害特性，培养学生的表达交流能力及团队合作能力。

（二）教学重难点

教学重点：固体废物的定义、分类及危害。
教学难点：固体废物鉴别。

（三）教学方法、教学资源

教法：问题导向型互动教学、启发探索式讨论教学。
学法：自主学习、小组合作探究学习。

教学资源：

(1) 赵景联，徐浩.环境科学与工程导论[M].北京：机械工业出版社出版，2019.

(2) 卢桂宁，等.环境科学与工程通识教程[M].北京：科学出版社，2017.

(3) 龙湘犁，何美琴.环境科学与工程概论[M].上海：华东理工大学出版社，2007.

(4) 中国大学 MOOC“固体废物处置与资源化技术”(华东理工大学)。

(5)《中华人民共和国固体废物污染环境防治法》，2020 年 4 月 29 日修订。

(6)《安徽省生活垃圾分类管理条例》，2021 年 11 月 19 日通过。

(四) 教学过程

教学环节一：课前自主学习

课前任务 1：学生完成学习通主题讨论，“你从字面意思理解的，或者根据已有的背景知识所了解的固体废物的定义是什么？固体废物有哪些特点？请分别列举一个固体废物和非固体废物的例子”。

课前任务 2：通过网上查阅资料，了解我国生活垃圾分类制度，学习《安徽省生活垃圾分类管理条例》。

思政元素融入设计：新修订的《固废法》自 2020 年 9 月 1 日起施行，第六条明确规定，国家推行生活垃圾分类制度，确立生活垃圾分类的原则。《安徽省生活垃圾分类管理条例》于 2022 年 5 月 1 日起正式施行。通过自主学习垃圾分类政策，提升学生保护环境的主人翁意识，帮助学生树立专业自信，激发学习热情和爱国情怀。

教学环节二：新课导入

(1) 教师通过学习通 App 发布签到指令。

(2) 展示课前学习通主题讨论结果，让同学们记住自己的答案，与后面要讲述的内容进行对比，看哪些内容是已经从字面意思或者自己的背景知识获得的，哪些是没有的。

(3) 完成学习通问卷：“请判断以下物体是否属于固体废物？”根据后台数据，展示学生问卷调查结果，重点展示学生有争议的几类废物，激发学生的求知欲，让学生带着疑问进入新课学习。

教学环节三：新课讲解

(1) 固体废物的定义。PPT 展示最新版《固废法》第一百二十四条关于固体废物的定义，与修订前的内容对比，了解固体废物的认识理念变迁，从固体废物的形态属性、来源及管理范畴等，逐句解析固体废物定义。

学习通随机选人提问：与你课前所理解的固体废物的定义和特点有何区别？引导学生从管理的角度深入理解固体废物的定义。

学习通抢答：请再次判断并解释以下废物为什么属于/不属于固体废物？与你之前的选择有何不同？

思政元素融入设计：固体废物本质上并非无用的废物，引导学生认识到凡事都有两面性，在对立统一中发展，只看事物的一面而忽视另一面都是偏颇的。同时将知识与场景联系，培养学生科学分析和解决问题的能力及知识迁移的能力。

（2）固体废物的分类。PPT 展示新《固废法》关于固体废物的分类：工业固体废物、生活垃圾、危险废物、建筑垃圾、农业固体废物等。与修订前的分类方法对比，从管理角度解释分类的依据。重点介绍我国及安徽省生活垃圾分类相关政策，让学生掌握生活垃圾的分类方法及原理。

通过学习通随堂测试，检验学生对生活垃圾分类原理的掌握程度，学以致用。

思政元素融入设计：新《固废法》的实施，标志着我国的垃圾分类工作开始上升到法律层面，并进入强制分类阶段。通过对环境法律法规的解读，让学生知道这些法律的通过都经历了草案、向公众征求意见稿等多个阶段，鼓励学生更要积极参与，建言献策，充分发挥主人翁的作用，这些都是民主的体现，也是创造人民美好幸福生活的政治保障。同时也让学生懂法、知法，进而在设计相关项目时守法。

（3）固体废物的产生量。分析我国生态环境部《全国生态环境统计公报》，让学生了解近年来我国工业固体废物的产生趋势。

分析《全国大中城市固体废物污染环境防治年报》及《安庆市固体废物污染环境防治年报》数据，让学生计算不同城市人均生活垃圾日产生系数，通过数据分析影响生活垃圾产生量的因素。

思政元素融入设计：固体废物产生量受很多因素影响，如经济发展水平、产业结构、技术和管理水平、社会发展水平、人口、消费习惯等。良好的个人消费习惯对固体废物的减量化有重要影响。作为环境专业的学生更要在实践中低碳生活、减少垃圾产生，成为绿色环保的实践者和引领者。

（4）固体废物的污染特点及环境影响。分组讨论固体废物有哪些污染途径，会带来哪些环境问题。开展小组间比赛，看谁提出的观点更多、更新颖。老师进行总结点评，前三名的小组可分别额外获得 5 分、3 分和 1 分的课堂表现加分。

思政元素融入设计：固体废物的污染途径及危害没有绝对的标准答案，摒弃传统的凡事要找标准答案的做法，让同学通过“小组讨论 + 大组辩论”的方式，对论题进行深入思考，意义在于让学生打破固有思维束缚，凝练、碰撞出创新思想。

（5）课程小结。对本次课重点难点内容进行总结回顾。

教学环节四：课后作业

（1）小组调研。通过查阅文献，实地走访观察，采访同学、清洁工等方式，调查安庆师范大学校园垃圾的分类、收集、运输、处理系统，分析有无需要改进的地方？

（2）小组思考。通过查阅文献了解世界各国都是如何进行垃圾分类的，选择一个国家并探讨其垃圾分类制度的优缺点及垃圾分类处理的实践对我国的启示。

思政元素融入设计：在垃圾分类政策的实践中会出现新的问题、产生新的认识，如何使垃圾分类持续开展，就需要我们从实践到认识到再实践到再认识的循环往复过程。鼓励学生在认识世界、改造世界时，将改造主观世界与改造客观世界相结合，丰富主观认识，从而指导客观实践，用实践充分检验和发现新的认识，从行动上真正做到改造客观世界。

（五）教学反思

环境科学与工程导论是环境类专业学生的专业先导课，是了解环境专业发展脉络、知识体系的窗口课程。然而，要达到较好的教学效果具有一定的挑战，这不仅体现在学生接受程度上，也因该课程覆盖内容宽泛而且教学学时短（仅 18 学时）。因此，要想切实达到预定教学效果，在教学模式选择、课程内容设置、思政元素挖掘与融入、教学资料选用、考核方式设定等方面都要紧紧围绕教学目标，提前做好规划设计。

四、课件

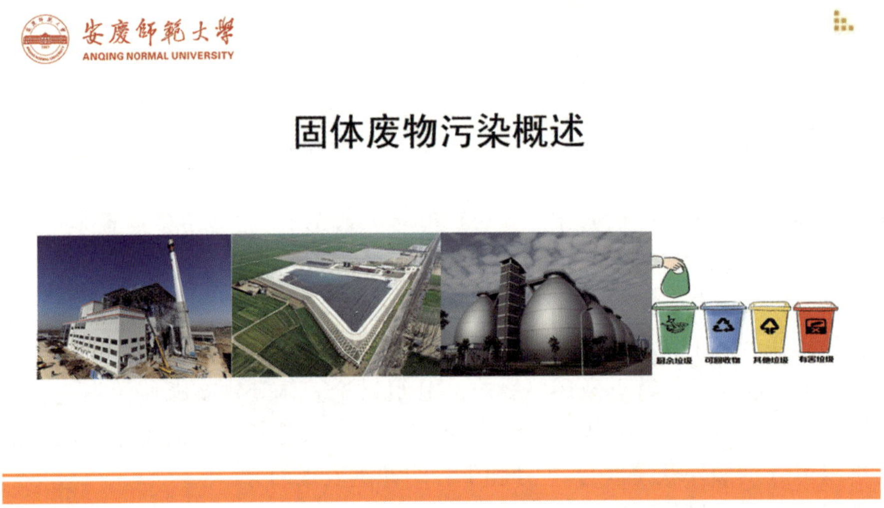

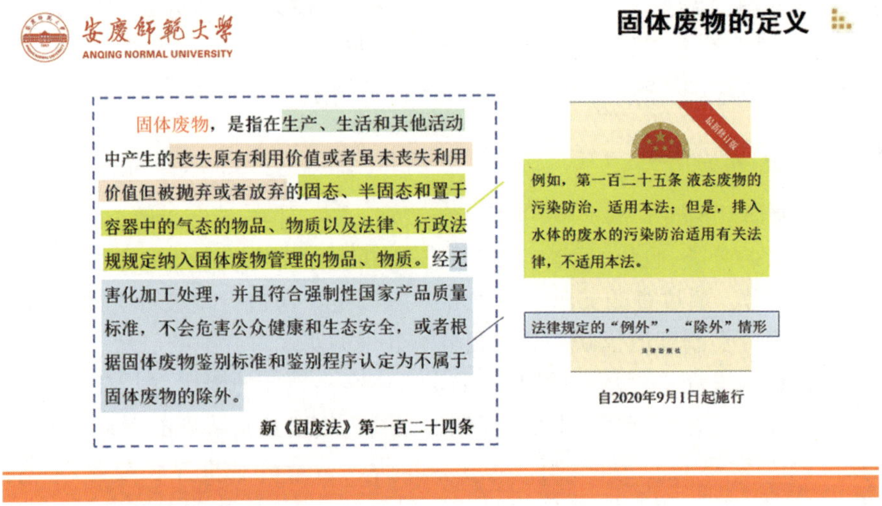

安慶師範大學 ANQING NORMAL UNIVERSITY

它为什么属于/不属于固体废物？

安慶師範大學 ANQING NORMAL UNIVERSITY

固体废物的分类

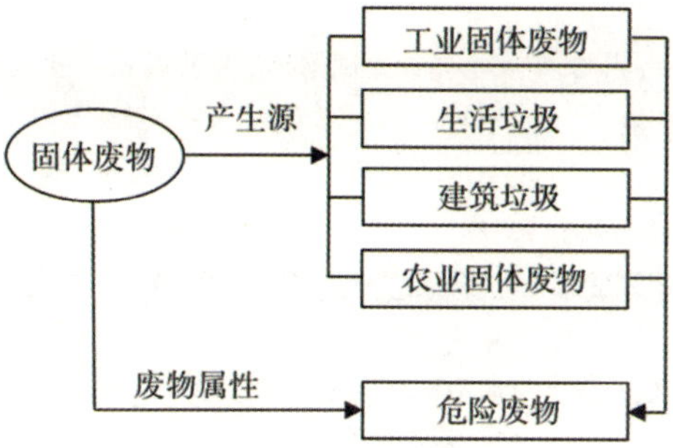

《固废法》关于我国固体废物的分类

安慶師範大學 ANQING NORMAL UNIVERSITY

工业固体废物

在工业生产活动中产生的固体废物。

安慶師範大學 ANQING NORMAL UNIVERSITY

生活垃圾

在日常生活中或者为日常生活提供服务的活动中产生的固体废物，以及法律、行政法规视作生活垃圾的固体废物。

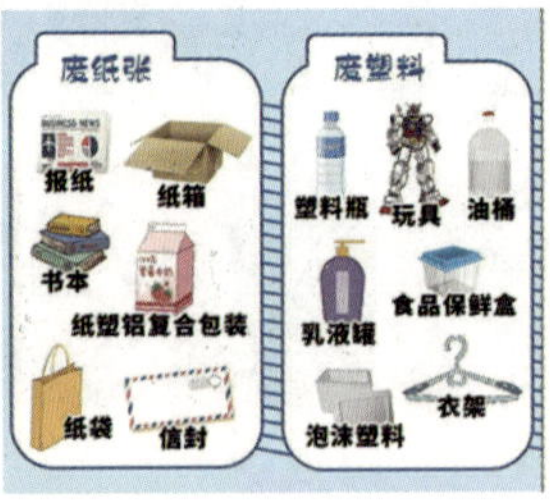

安慶師範大學 ANQING NORMAL UNIVERSITY

生活垃圾分类

住建部公布，到2020年底，先行先试的46个重点城市，要基本建成垃圾分类处理系统。　（安徽省：合肥、铜陵）

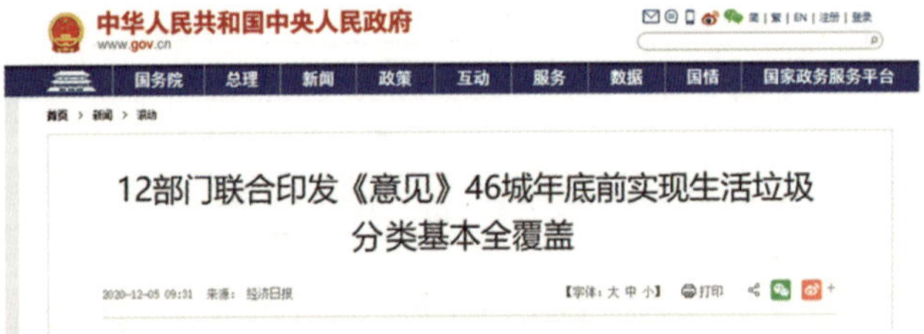
中华人民共和国中央人民政府
www.gov.cn

国务院 | 总理 | 新闻 | 政策 | 互动 | 服务 | 数据 | 国情 | 国家政务服务平台

首页 > 新闻 > 滚动

12部门联合印发《意见》46城年底前实现生活垃圾分类基本全覆盖

2020-12-05 09:31　来源：经济日报　【字体：大 中 小】　打印

安慶師範大學 ANQING NORMAL UNIVERSITY

生活垃圾分类

安徽省生活垃圾分类管理条例

信息来源：备案审查处　被阅览数：14933次　发布人：安徽人大网　发布日期：2021-11-22

安徽省人民代表大会常务委员会

公　　告

（第五十五号）

《安徽省生活垃圾分类管理条例》已经2021年11月19日安徽省第十三届人民代表大会常务委员会第三十次会议通过，现予公布，自2022年5月1日起施行。

安徽省人民代表大会常务委员会
2021年11月19日

你知道安徽省的生活垃圾分类方法吗？

安庆师范大学
ANQING NORMAL UNIVERSITY

生活垃圾分类标识的辨认

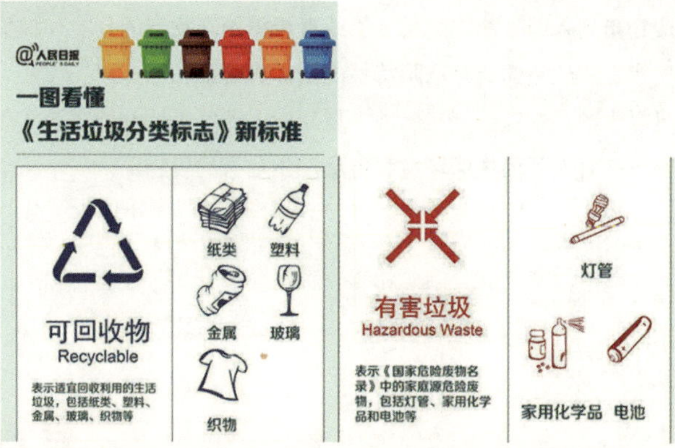

安庆师范大学
ANQING NORMAL UNIVERSITY

生活垃圾分类标识的辨认

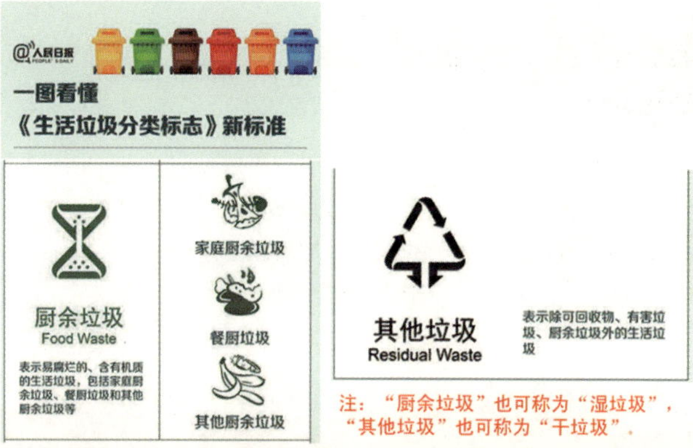

注："厨余垃圾"也可称为"湿垃圾"，"其他垃圾"也可称为"干垃圾"。

安庆师范大学
ANQING NORMAL UNIVERSITY

建筑垃圾和农业固体废物

建筑垃圾是指建设单位、施工单位新建、改建、扩建和拆除各类建筑物、构筑物、管网等，以及居民装饰装修房屋过程中产生的弃土、弃料和其他固体。

农业固体废物是指在农业生产活动中产生的固体废物。

危险废物

危险废物指列入国家危险废物名录或者根据国家规定的危险废物鉴别标准和鉴别方法认定的具有危险特性的固体废物。

泛指具有毒性、腐蚀性、易燃性、反应性或者感染性一种或者几种危险特性而可能对人类的生活环境和健康产生危害的废物。

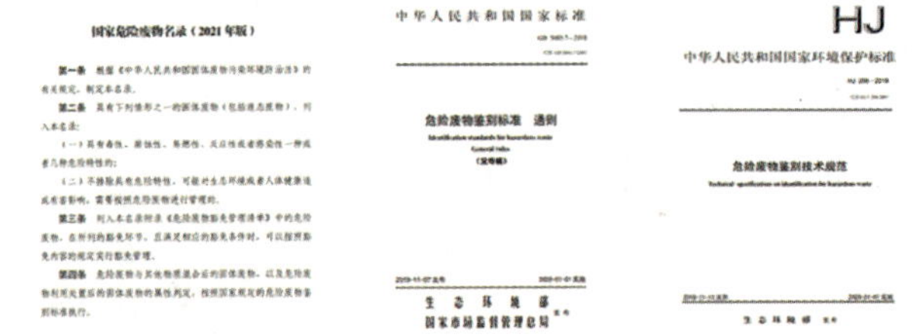
国家危险废物名录（2021年版）

中华人民共和国国家标准

危险废物鉴别标准 通则

生态环境部

国家市场监督管理总局

HJ

中华人民共和国国家环境保护标准

危险废物鉴别技术规范

安慶師範大學
ANQING NORMAL UNIVERSITY

危险废物鉴别程序

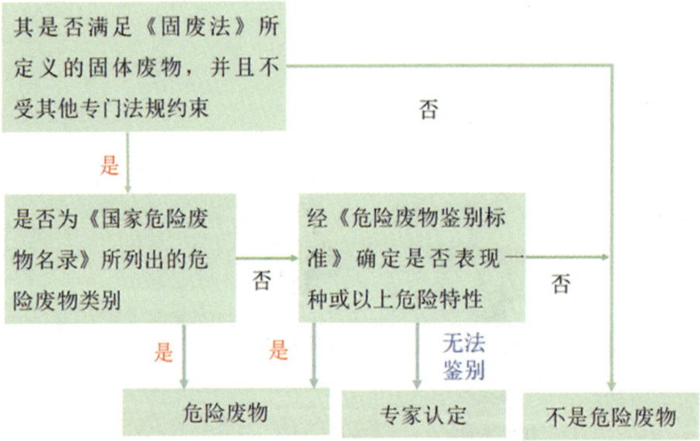

安慶師範大學
ANQING NORMAL UNIVERSITY

固体废物的产生量

一般/危险工业固体废物

指标	单位	2016 年	2017 年	2018 年	2019 年
工业固体废物产生及利用					
一般工业固体废物产生量	亿吨	37.1	38.7	40.8	44.1
一般工业固体废物综合利用量	亿吨	21.1	20.6	21.7	23.2
一般工业固体废物处置量	亿吨	8.5	9.4	10.3	11.0
工业危险废物产生量	万吨	5219.5	6581.3	7470.0	8126.0
工业危险废物综合利用处置量	万吨	4317.2	5972.7	6788.5	7539.3

注：数据来源国家生态环境部《2016—2019 年全国生态环境统计公报》

安慶師範大學 ANQING NORMAL UNIVERSITY

固体废物的产生量

2019年城市生活垃圾产生量排名前十的城市

序号	城市名称	城市生活垃圾产生量（单位：万吨）
1	上海市	1076.8
2	北京市	1011.2
3	广东省广州市	808.8
4	重庆市	738.1
5	广东省深圳市	712.4
6	四川省成都市	685.9
7	江苏省苏州市	595.0
8	浙江省杭州市	473.7
9	广东省东莞市	449.0
10	广东省佛山市	436.2
合计		6987.1

安慶師範大學 ANQING NORMAL UNIVERSITY

固体废物的环境污染特性

- 第一　产生量大、种类繁多、成分复杂
- 第二　污染“源头”和富集“终态”的双重性
- 第三　所含有害物呆滞性大、扩散性小
- 第四　危害的潜在性、长期性和灾难性

安慶師範大學 ANQING NORMAL UNIVERSITY

固体废物污染危害

小组讨论：

固体废物有哪些污染途径？会带来哪些环境问题？

安庆师範大學 ANQING NORMAL UNIVERSITY

课程小结

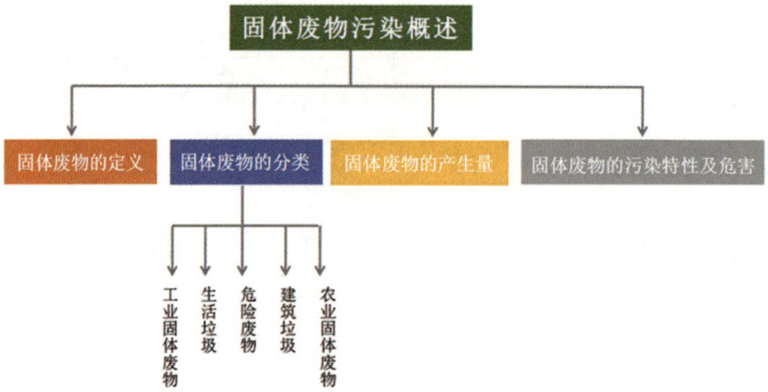

安庆师範大學 ANQING NORMAL UNIVERSITY

课后作业

1. 通过查阅文献、实地走访观察，采访同学、清洁工等方式，调查校园垃圾的分类、收集、运输、处理系统，分析有无需要改进的地方？

2. 通过查阅文献了解世界各国都是如何进行垃圾分类的，选择一个国家，探讨其垃圾分类制度及垃圾分类处理的实践对中国的启示。

预习：固体废物管理“三化”原则

固体废物处理处置及资源化技术

“自然资源学原理”课程思政教学设计案例

一、课程简介

1. 课程性质

自然资源学原理是高等院校地理科学专业开设的主干课程之一，共34学时，2学分，主要针对地理科学专业本科三年级学生开设。人口、资源、环境与发展是当今全球共同关注的重要问题，自然资源的可持续利用已成为我国知识创新和教育振兴的任务之一。因此，开设本门课程能够使学生真正理解自然资源与人类社会发展间的关系，最终培养出符合时代需求的人才。

2. 课程内容

自然资源学原理课程选用蔡运龙教授编著的《自然资源学原理》(第2版)教材，是“十二五”普通高等教育本科国家级规划教材。本课程主要包括自然资源及其稀缺的性质、自然资源生态学原理、自然资源经济学原理和自然资源管理学原理。

3. 授课教师

孙俊，博士，讲师，主要研究方向为自然地理学，主讲自然资源学原理课程。

二、课程思政资源分析

(一) 课程思政建设目标

本课程坚持以习近平新时代中国特色社会主义思想为指导，将自然资源学原理课程知识的传授与社会主义核心价值观相结合。运用能够培养大学生家国情怀、资源保护意识、社会责任感的教学内容与时事案例，全面提高大学生珍惜资源、保护环境、坚持生态文明发展观的核心素养。

思政目标 1：树立资源节约意识，培养家国情怀。高校的基本职能是培养人才，首先应当培养其具有家国情怀的道德情操。通过介绍我国以及世界上重要自然资源稀缺的性质等内容，使大学生牢固树立资源节约意识，践行环保生活方式；通过介绍资源争夺的国内外矛盾和冲突理论，结合当今世界的资源争夺形势等时事例证，培养大学生关心国家大事，了解国情，培养爱国爱家的价值取向。

思政目标 2：加强生态文明建设，坚持绿色发展观。通过介绍自然资源的生态过程，人类对自然资源的生态适应等内容，让生态文明理念深入大学生内心；结合人类对自然资源利用的现状以及造成的生态影响实例，使大学生树立正确的发展观和生态观，增强大学生建设生态文明的自觉性和主动性。

思政目标 3：理解并支持国家在环境治理上的政策措施。通过对资源环境问题与经济社会的关联特征介绍，促进大学生了解自然资源经济学的基本问题与资源的配置功能，使其理解并支持环境保护的基本国策，积极为有效地解决我国环境问题创造良好的社会环境。

思政目标 4：提高学术素养，积极为我国资源利用和管理献言献策。通过对自然资源的开发决策和自然资源保护等章节内容的介绍，结合国内外最新理论研究成果，联系实际案例，使大学生掌握自然资源利用与管理的研究手段，具备献言献策的学术能力，增强参与社会主义现代化建设的主人翁意识。

（二）课程思政融入方式

依据自然资源学原理课程的思政目标，在介绍自然资源的稀缺与冲突、自然资源利用的生态影响、自然资源与经济社会的联系、自然资源开发和决策等主要知识点时，灵活利用案例示范、课堂讨论、拓展阅读和课堂展示等方式融入思政内容。

（1）在讲解自然资源的基本属性和稀缺、冲突等课程内容时，使用案例示范教学法融入思政内容。在介绍自然资源的稀缺和冲突等特征时结合课程思政目标 1“树立资源节约意识，培养家国情怀”。利用国内外时事新闻，如“东北地区限电”“俄美能源制裁危机问题”作为本章节的案例教学。在资源争夺的冲突当中，本案例结合时事政治，引发大学生认识到我国是自然资源较为贫乏的国家，从当下做起，节约自然资源，培养学生的家国情怀。

（2）在讲授自然资源利用的生态影响等课程知识点时，使用课堂讨论式教学法融入思政内容。在课堂上就“中央生态环境保护督察”进行短视频学习和讨论，如让学生就“滇池长腰山和黄山太平湖的过度开发引发生态环境破坏”话题进行分组讨论，总结资源过度开发带来的环境生态影响。学生分组讨论后就如何加强生态文明建设，坚持绿色发展观发表感想。

（3）在介绍自然资源与经济社会相关联等内容时，可以将“2021 年巴西总统宣布国家破产”话题引入。提出“为什么拥有众多资源条件的巴西会宣布国家破产呢？”这一问题，利用多媒体和智慧平台将新闻及专家学者对这一事件调研后的文章或视频发送给学生，让大家主动拓展阅读并了解其相关原因。同时融入讨论式教学，在拓展阅读及讨论后理解并支持国家在环境治理上的经济政策等内容。

（4）在学习自然资源的开发决策和自然资源保护等章节内容时，可结合国内外最新理论研究成果。如下载文献，通过智慧平台发送给学生，在课堂上结合书本知识讲解，使得学生掌握自然资源利用与管理的研究手段，具备献言献策的学术能力。还可以使学生主动拓展阅读相关学术论文，课后按照学术论文形式撰写小论文或报告，积极为我国资源的利用和管理献言献策。

三、教学案例展示

自然资源的稀缺与冲突

教学展示内容选自科学出版社出版的《自然资源学原理》(第 2 版)中“中国自然资源基本态势”和“全球视野”两个部分。授课时长为 1 学时。

(一) 教学目标

1. 情感态度与价值观目标

(1) 通过学习中国自然资源的基本特点，了解我国自然资源存在总量大、人均少、资源禀赋不佳等基本国情，让学生了解一个客观真实的中国，从而认真思考国家、民族的未来和人生的意义。

(2) 通过学习我国将持续面对自然资源供给保障不足，资源开发以消耗环境为代价等的挑战，让学生树立节约自然资源的意识。

(3) 通过了解全球的资源稀缺、冲突和争夺，培养学生的家国情怀，维护国家安全利益的核心价值观。

2. 知识与技能目标

(1) 通过学习中国自然资源的空间分布情况，让学生掌握煤炭、有色金属等主要矿产资源分别呈现北多南少和南多北少的分布格局，在资源分布地图上可以描述出大致的划分区域等。

(2) 通过学习资源开发带来的生态影响，使学生掌握我国资源开发带来的生态环境影响：土地退化、环境污染和生态功能降级。让学生可以从这三个方面对其他常见环境污染问题提出系统化的见解。

3. 过程与方法目标

(1) 通过对比分析我国自然资源与世界其他主要国家的资源状况，让学生找到我国和世界资源平均水平之间的差距，从而提高对本国国情的基本认识。

(2) 通过阅读案例，如俄乌冲突导致欧洲能源危机的一些时事政治材料，让学生认同国家能源保障机制的长久运行具有重大现实意义。

(二) 教学重难点

教学重点：中国自然资源基本特征和世界自然资源稀缺的表现。

教学难点:“文明冲突论”及“资源战争论”的观点及其主张。

(三) 教学方法、教学资源

教法:讲授法、讨论法、演示法。

学法:探究学习法、合作学习法。

教学资源:

(1) 蒂坦伯格,刘易斯.环境与自然资源经济学[M].11 版.北京:中国人民大学出版社,2021.

(2) 张丽萍.自然资源学基本原理[M].2 版.北京:科学出版社,2017.

(3) 章铮.环境与自然资源经济学[M].北京:高等教育出版社,2008.

(4) 张帆,李东.环境与自然资源经济学生态学[M].2 版.上海:上海人民出版社,2007.

(5) 中国大学 MOOC(慕课)国家精品课程在线学习平台“资源与环境经济学”(南京农业大学,石晓平、诸培新、马贤磊、冯淑怡、蓝菁).https://www.icourse163.org/course/NJAU-1001755047?from=searchPage;“资源经济学”(东北大学,顾晓薇、胥孝川、邱景平).https://www.icourse163.org/course/NEU-1001640003?from=searchPage.

(四) 教学过程

教学环节一:结合典型案例,导入新课

教学内容:利用新闻案例导入课程内容。① 2021 年 9 月东北地区网友反映家里停电,“东北限电”的消息也登上微博热搜,引发广泛关注。除了东北地区之外,其他地方亦传出“限电”消息,发生了什么?为何电突然不够用了?这体现了自然资源的哪些问题呢?② 2022 年 3 月美国宣布禁止进口俄罗斯石油,俄威胁中断“北溪-1”天然气管道反击。

设计意图:通过介绍与生活密切相关的案例,结合时事政治事件,引发学生认识到当今世界处在资源争夺白热化的形势下,应当从自我做起,节约自然资源,培养学生的家国情怀。

预设效果:通过时事案例分析国情和世界局势,加深学生爱国爱家的情怀,引起共鸣。

教学方法与手段:案例导入(案例分析法),讨论式(设问解答)。

思政元素融入设计:通过以上新闻材料,提出问题,引导学生对资源的基本特征——稀缺与冲突进行思考,使学生了解因资源稀缺引发国际冲突的具体原因,引发学生认识到我国是自然资源较为贫乏的国家,从而使学生树立起节约自然资源意识,培育家国情怀。

教学环节二:中国自然资源的基本特征

教学内容:通过观察中国的矿产资源分布图,并通过智慧平台设置问题,让学生总结

中国自然资源主要的分布特征。

设计意图：通过设置课堂题目，让学生按照课本内容总结归纳，了解基本国情。

预设效果：试图通过题目和地图，清晰地展示本节课的教学重点，让学生了解到中国自然资源的基本特征，包括资源总量大、类型齐全，人均少，资源禀赋不足，分布不均等。

教学方法与手段：地图演示法（直观展示），自主学习法（归纳知识点）。

思政元素融入设计：通过以上问题设置，让学生主动参与课程学习。总结我国自然资源的空间分布特征，促进学生深入了解我国自然资源空间分布不均等基本特征，加强对我国自然资源国情的了解。

教学环节三：自然资源稀缺的挑战

教学内容：播放安徽省重点水利工程“引江济淮”视频资源，指出我省水资源稀缺的主要原因和面临的挑战。然后分组讨论如何应对水资源以及其他资源的短缺问题。每个小组讨论后的答案由小组长总结，评出总结优良的小组。

设计意图：通过视频教学，讲解我省水资源稀缺的现状，从省情出发，切身实地让学生感受到我们面临资源稀缺的一系列挑战，了解到为了缓解短缺问题所建设的重要水利工程措施。

预设效果：通过视频教学极大地提高学生的学习热情，提高他们了解我省乃至国家自然资源稀缺所面临的挑战，促进学生理解国家为应对资源稀缺所开展的一系列重要工程建设，培养学生坚持绿色发展观，弘扬水利建设精神。

教学方法与手段：视频演示法（直观展示）、分组讨论法。

思政元素融入设计：激发学生学习兴趣。让学生理解我国大力推进水利工程、农业基础设施工程的政策，对调动资源促进经济社会发展的重要作用，培养其理解和拥护国家和地方对自然资源配置等问题的扶持政策。

教学环节四：自然资源稀缺与冲突的全球视野

教学内容：通过讲授法将自然资源的全球稀缺态势介绍给学生，如矿物、水、食物等；举例战略性矿产资源“稀土”的前世今生。结合书本知识和智慧平台，将有关文献发给学生。

设计意图：通过介绍全球的自然资源稀缺形势，举例分析战略性矿产资源“稀土”在国内外的分布及开采情况，促使学生了解战略性矿产资源在全球冲突与争夺中的重要作用。

预设效果：通过阅读文献，显著提升学生的科学素养。较好地引导他们认识到战略性矿产资源的重要性，培养学生保护战略性矿产资源的意识。

教学方法与手段：文献阅读法、自主学习法。

思政元素融入设计：通过阅读文献，深刻体会“稀土”等战略性矿产资源在全球资源稀缺与冲突问题中的主要影响，从而有利于提高学生的综合学术素养、培养家国情怀和树立良好的世界观，达到课程思政育人的最终目的。

教学环节五:应用拓展

(1) 拓展内容:围绕"文明冲突论"还是"资源战争论"不同学派的观点,对俄美石油能源制裁问题进行辩论。

(2) 拓展方式:按照课前分组,由双方进行课堂现场辩论。

(3) 大众评分:实行反转课堂,由剩下的同学组成大众评委并进行现场打分,且随机对正反双方做出评价。

(4) 教师总结:教师针对辩论的过程和表现,对双方进行打分。最终根据课堂分组辩论结果决出胜负,由教师最终点评。

(5) 通过布置课后作业对本场辩论赛进行课后总结。

设计意图:通过设计课堂活动,提升学生讨论式学习氛围,使他们更好地掌握本节课的重点,加深对本节课知识难点的记忆。

预设效果:通过辩论赛和互动活动,极大提升学生的学习热情和氛围,能促进学生深刻地理解全球资源稀缺所面临的严峻挑战。

教学方法与手段:头脑风暴法、讨论式学习。

思政元素融入设计:通过"文明冲突论"和"资源战争论"的双方辩论,将本节课的知识点融会贯通,结合时事政治向同学们传递当今社会面临的资源冲突问题。这有助于促进了学生关心国家、国际大事,增强了民族自豪感和自信心。

教学环节六:课程小结

通过本节课程内容的学习,让学生了解中国自然资源的基本特征,利用案例分析、材料阅读以及视频教学等手段,全面分析国内、国外自然资源的稀缺与冲突问题;利用辩论赛将以上知识运用到对美国、俄罗斯与欧洲能源问题的时事政治观察中去,既加深了对课本知识的融会贯通,又极大地提高了同学们的学习兴趣。

(五) 教学反思

本课程坚持以习近平新时代中国特色社会主义思想为指导,针对本课程的四大思政目标,将思想政治教育贯穿到课堂教学活动中去。在学习自然资源的稀缺与冲突章节中,从国内、国际两个视角运用了多个案例教学、多种教学方法,分别从家国情怀、节约资源意识、资源配置的经济政策等角度潜移默化地影响学生,以达到本课程思政育人的最终目的。

四、课件

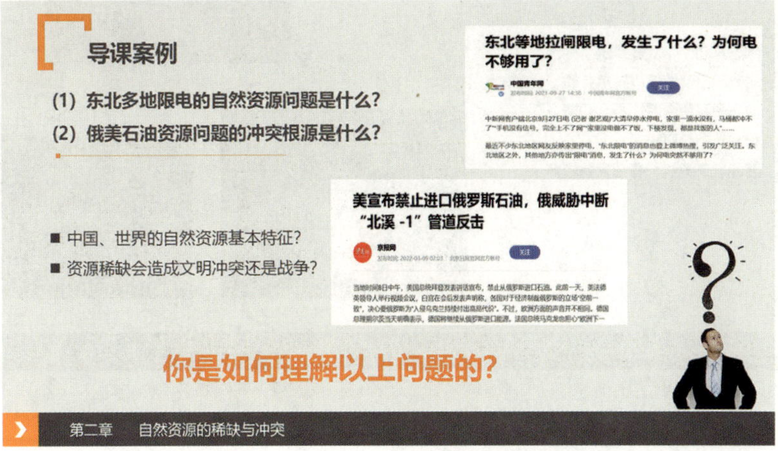

导课案例
(1) 东北多地限电的自然资源问题是什么?
(2) 俄美石油资源问题的冲突根源是什么?
■ 中国、世界的自然资源基本特征?
■ 资源稀缺会造成文明冲突还是战争?
东北等地拉闸限电，发生了什么？为何电不够用了？
中国青年网
关注
美宣布禁止进口俄罗斯石油，俄威胁中断“北溪 -1”管道反击
京报网
关注
你是如何理解以上问题的?
第二章　自然资源的稀缺与冲突

一、中国自然资源的基本特点
1. 自然资源总量大，类型齐全
■ 我国陆地面积960 万km²，居世界第三位
■ 耕地面积约1.3 亿hm²，居世界第四位
■ 森林面积2.32亿hm²，居世界第六位
■ 草地约2.65 亿hm²，居世界第二位
■ 地表水资源26000 亿m³，居世界第六位
■ 按45种主要矿物资源的潜在价值，居世界第三位
■ 水能、太阳能、煤炭资源分别居世界第一、第二、第三位
了解基本国情，珍惜自然资源
第一节　中国态势

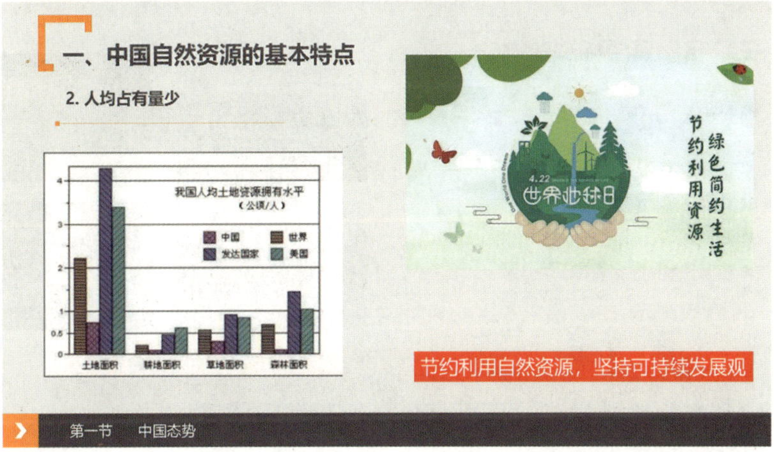

一、中国自然资源的基本特点
2. 人均占有量少
我国人均土地资源拥有水平
（公顷/人）
中国
世界
发达国家
美国
4
3
2
1
0.5
0
土地面积
耕地面积
草地面积
森林面积
4.22
世界地球日
绿色简约生活
节约利用资源
节约利用自然资源，坚持可持续发展观
第一节　中国态势

一、中国自然资源的基本特点

3. 空间分布的不均匀性

- 中国东北、华北多煤炭、稀土
- 中南和西南地区以有色金属、化学矿为主
- 南方多有色金属、稀土和磷
- 华东有色金属较多
- 西北区产钾盐、有色金属较多

第一节　中国态势

一、中国自然资源的基本特点

4. 资源禀赋欠佳

5. 资源潜力可观

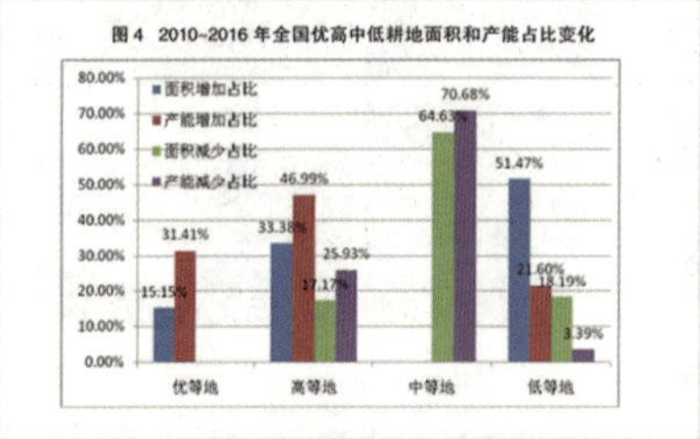

（赵玉岭，2020）

2018年我国煤炭查明资源储量增长2.5%

《中国矿产资源报告2019》

第一节　中国态势

二、自然资源稀缺的挑战

稀缺的表现

- 矿产资源短缺
- 耕地资源：粮食安全
- 水资源
- 资源开发的生态影响

供给保障不足，需求压力巨大

经济高速增长>>资源消耗>>环境代价高昂

第一节　中国态势

引江济淮工程实现长江与淮河“牵手”！
网络视频
https://www.bilibili.com/video/BV1Lr4y1t7EK/
温馨提示：此视频框在点击“上传手机课件”时会进行转换，用手机进行观看时则会变为可点击的视频。此视频框可被拖动移位和修改大小
3月22日世界水日 3月22-28日中国水周
建设幸福河湖
坚持绿色发展，弘扬水利精神
第一节 中国态势

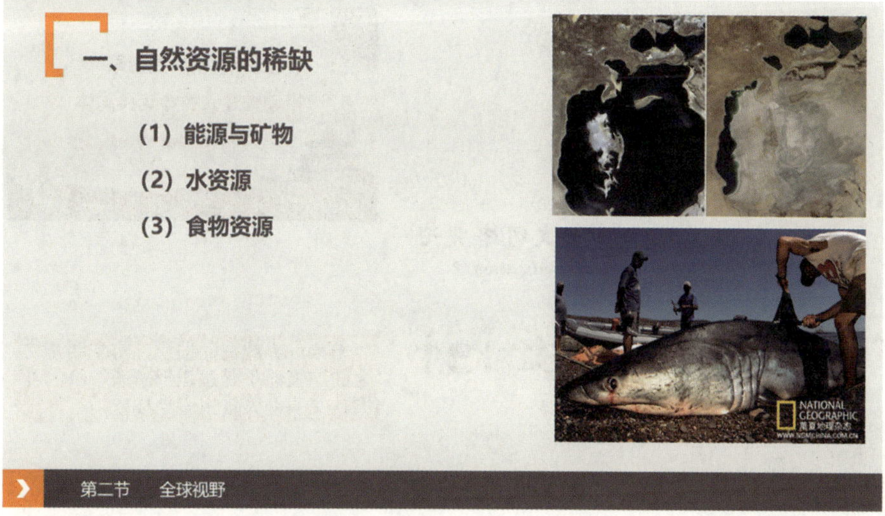

一、自然资源的稀缺
（1）能源与矿物
（2）水资源
（3）食物资源
NATIONAL GEOGRAPHIC
国家地理杂志
第二节 全球视野

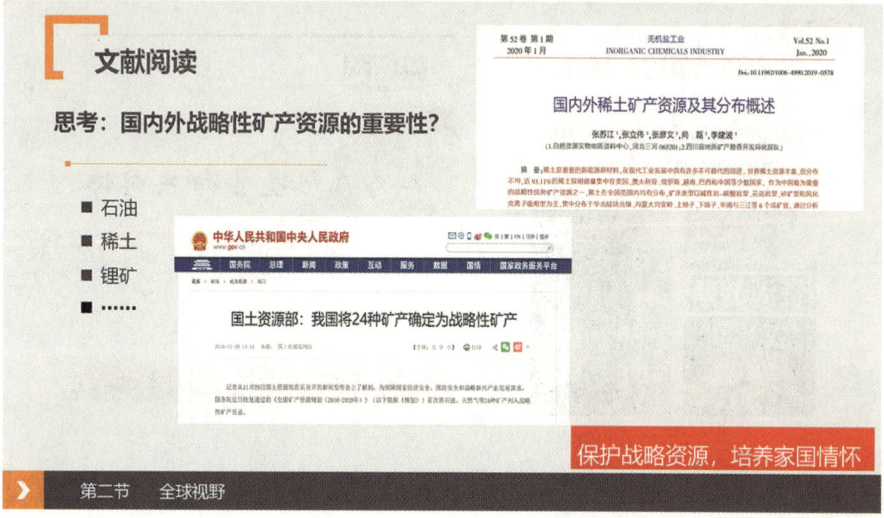

文献阅读
思考：国内外战略性矿产资源的重要性？
■ 石油
■ 稀土
■ 锂矿
■ ……
第52卷 第1期 2020年1月
无机盐工业 INORGANIC CHEMICALS INDUSTRY
Vol.52 No.1 Jan.,2020
国内外稀土矿产资源及其分布概述
中华人民共和国中央人民政府
国务院 总理 新闻 政策 互动 服务 数据 国情 国家政务服务平台
国土资源部：我国将24种矿产确定为战略性矿产
保护战略资源，培养家国情怀
第二节 全球视野

二、资源的冲突与争夺

冲突的起因

- 某一跨国界资源分配：水资源、石油（大流域、大的储油构造盆地）
- 近海地区权利主张争议
- 重要资源（石油、天然气等）运输通道权利之争

第二节　全球视野

“文明冲突论”观点：

文明之间的冲突是现代世界冲突演化的最后阶段

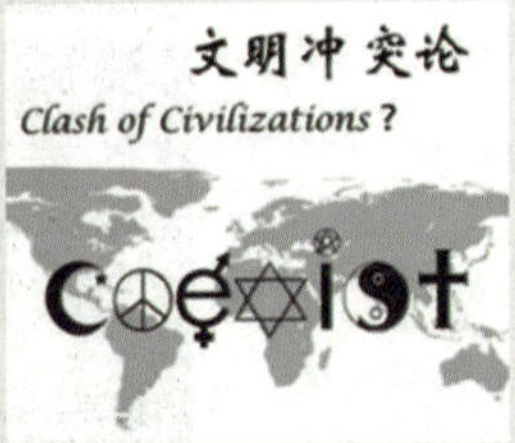

“未来世界冲突的根源，将主要是文化的冲突而不是意识形态或经济的冲突，文明冲突将主宰全球政治。”

第二节　全球视野

“资源战争论”观点：

追逐或保护重要资源已经成为国家安全中的重要特征

资源争夺是国际冲突的根本动因

第二节　全球视野

三、资源消耗的环境后果
温室气体与气候变化
土地退化
水环境、淡水生态系统退化
森林与物种多样性减少
生态系统健康的挑战
第二节　全球视野

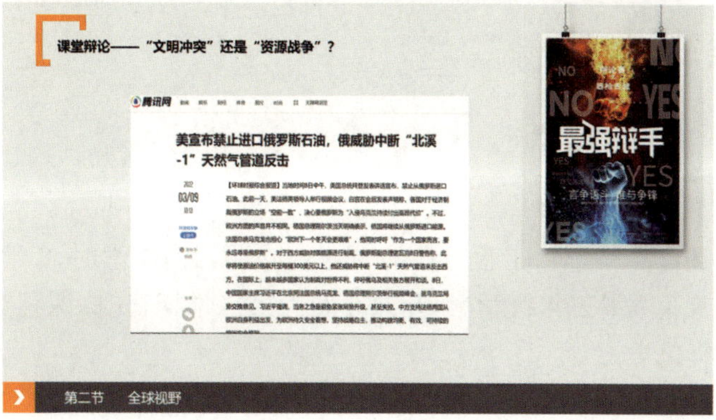
课堂辩论——“文明冲突”还是“资源战争”？
腾讯网
美宣布禁止进口俄罗斯石油，俄威胁中断“北溪-1”天然气管道反击
03/09
最强辩手
NO
YES
第二节　全球视野

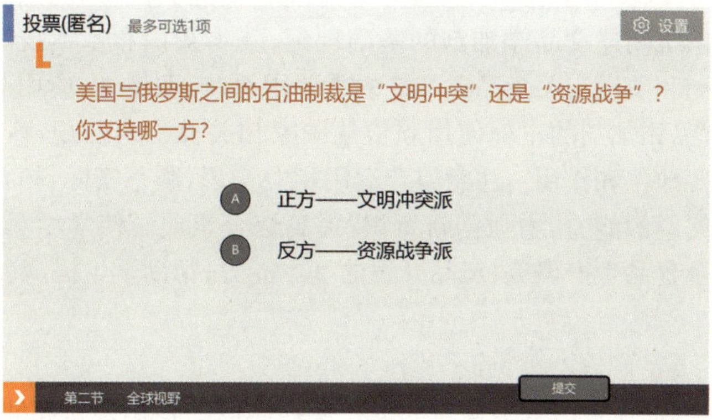
投票(匿名)　最多可选1项
设置
美国与俄罗斯之间的石油制裁是“文明冲突”还是“资源战争”？
你支持哪一方？
A　正方——文明冲突派
B　反方——资源战争派
提交
第二节　全球视野

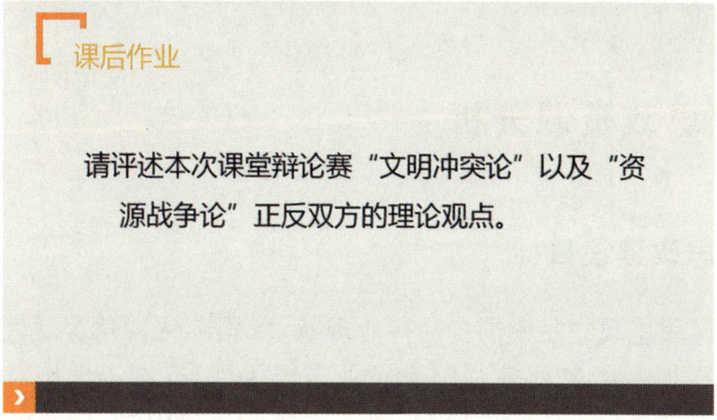
课后作业
请评述本次课堂辩论赛“文明冲突论”以及“资源战争论”正反双方的理论观点。

“食品添加剂”课程思政教学设计案例

一、课程简介

1. 课程性质

食品添加剂是食品科学与工程专业的专业选修课，共 34 学时，2 学分。修读对象为食品科学与工程专业本科三年级学生，开课时间为第二学期，先修课程为食品化学、有机化学和无机及分析化学。

2. 课程内容

本课程旨在系统阐述食品添加剂的基础理论、基本知识和基本技能。通过教学，使学生能够系统掌握和熟悉有关食品添加剂的重要术语、典型属性、应用范围与限量，强化法制观念，明确食品添加剂的正确使用须依从国家相关标准与法规，认识食品添加剂在食品产业中的重要地位和作用。注意综合运用相关知识，联系实际，拓宽思路，提高学生分析问题和解决问题的能力，增强创新意识，提高综合素质。使学生具备利用食品添加剂理论和方法从事食品生产研究、产品开发的基本能力；帮助学生提高表达交流能力。

3. 授课老师

胡婷，博士，讲师，研究方向为微量元素在生物体内的转化及营养健康分析。主讲食品微生物学、食品添加剂等课程。

二、课程思政资源分析

(一) 课程思政建设目标

食品添加剂课程思政立足中国食品行业现状，以国际化视角客观评价中国食品添加剂行业面临的机遇与挑战，以国家战略和行业需求为引导，端正学生对食品添加剂的价值观与安全观。以社会主义核心价值观、家国情怀为价值引导，树立学生的专业自信心和创新精神。培养学生的家国情怀、责任担当、行业信心，以食品人的踏实进取精神，去应对未来食品安全的新挑战，为实现“舌尖上的安全”奠定坚实的基础。

思政目标1：诚信意识、责任意识。以滥用非法添加物和食品添加剂引发的食品安全问题为例，如非法添加物（三聚氰胺、苏丹红等），增强学生的诚信意识、责任意识和社会责任感，遵纪守法意识和良好的职业道德。通过我国政府对食品添加剂滥用案例处理的态度，激发学生的爱国热情与民族自豪感。

思政目标2：辨证思维分析问题。授课过程中通过引导学生对“最大无作用剂量（MNL）与每日允许摄入量（ADI）”的关系进行分析，以及“由动物试验得到食品添加剂的ADI值和A值”的计算过程的推理，通过问题导入，引导学生从事物矛盾的运动、发展和变化来系统、完整地认识客观事物的方式，培养学生透过现象看本质分析问题的哲学思维。帮助学生理解知识点内容，树立正确的认知和科学发展观。

思政目标3：严谨的科学观和科研态度。授课过程中引导学生梳理食品添加剂安全性使用原则，培养学生以严谨、科学的思维方式进行科学探索，注重科学研究的严谨性。在食品添加剂课程中开展思政教育，能够帮助学生更加深入地理解知识点内容，建立专业自信，激发学生对专业的热爱和学习热情，进而为食品行业高质量发展贡献自己的力量。

思政目标4：敬畏生命、关爱生命。整合食品添加剂安全性问题和该课程的外延知识点，对食品添加剂安全使用的相关研究中所用到的动物实验在科研工作中的付出，进行肯定和升华。授课过程中引导学生敬畏生命、关爱生命，遵从动物伦理学“3R”原则。

思政目标5：家国情怀。对《食品添加剂的使用规范》进行剖析，引导学生肯定党和政府为食品安全提出食品安全实施战略与部署做出的努力。激发学生的家国情怀，并积极投身食品安全事业，为食品安全工作做出努力。

思政目标6：法律意识和法制观念。通过学习《食品添加剂的使用规范》中关于使用量的限定，以及《中华人民共和国食品安全法》与《食品安全实施条例》的规定，使学生深入树立对食品添加剂安全性评价过程中的法律意识和法制观念，培养学生平等、公正、法治的社会主义核心价值观。

（二）课程思政融入方式

本课程思政融入方式主要通过教学渗透、课堂提问、案例分析、小组研讨等方式进行。在教学过程中立足知识、引经据典、循循善诱、案例导入，力求实现食品添加剂课程的知识传授、能力培养和价值引导三者的有机统一。

通过介绍目前我国对食品质量安全采取的一系列措施，包括颁布的法律条文、添加剂的使用规定以及强大的监管制度等，使学生切实意识到从中央到地方对百姓食品安全的关注，树立学生诚信观念，培养法律意识，增强爱国热情。

通过教学渗透，有意识地融入德育教育，发挥专业课程协同思政课程共同育人的渗透辐射作用，培养学生明辨是非的科学思维，消除对食品添加剂的误解，并且能够对相关的食品安全事件进行理性分析，明确食品添加剂的正确使用所必须遵循的国家相关标准与法律法规。

通过案例分析，加强对学生诚信和职业道德、责任意识和社会责任感的教育，以及强调依法添加、按标准添加的遵纪守法意识教育，让学生深刻领悟到在今后从事食品相关工作时要自觉把人民群众的生命健康放在首位。

通过问题引导与讨论等环节，提高学生的表达能力和团队协作意识。

通过课后实践研讨的教学方式，激发学生对专业的热爱和学习的热情，培养学生专业自信以及创新创业精神。

三、教学案例展示

食品添加剂的安全性评价

教学展示内容选自高等教育出版社出版的《食品添加剂》(第3版)第二章“食品添加剂的安全性评价与卫生管理”第二节“食品添加剂的安全性评价”。该节教材包含有四项内容：食品添加剂的每日允许摄入量、食品添加剂的每日允许摄入总量、食品添加剂的最大使用量。本案例授课时长1学时。

(一) 教学目标

1. 情感态度与价值观目标

(1) 通过本课题的学习，让学生深刻认识食品安全的重要性。作为未来食品行业从业者，树立正确的食品价值观和安全观，增强社会责任感和家国荣誉感。

(2) 通过本课题的学习，让学生感知国家和政府对食品安全的监管力度。增强学生对未来食品行业的信心。

2. 知识与技能目标

(1) 通过本课题的学习，让学生能够区分非法添加物与食品添加剂。

(2) 通过本课题的学习，让学生掌握食品添加剂的每日允许摄入量的概念及计算。

(3) 通过本课题的学习，让学生掌握食品添加剂的每日允许摄入总量的概念及计算。

(4) 通过本课题的学习，让学生掌握食品添加剂的最大使用量的概念及计算。

3. 过程与方法目标

(1) 以教学内容为核心，提供多层级多方面的案例，运用问题导向链，引导学生分析、思考教学内容，把握教材相关知识。

(2) 运用课题知识点剖析和课后探究等方式，提升学生综合能力，实现知行统一。

(二) 教学重难点

教学重点：理解食品添加剂的每日允许摄入量(ADI)、摄入总量(A)、最大使用量(E)。

教学难点：掌握食品添加剂使用量的确定方法。

(三) 教学方法、教学资源

教法：问题引导法、案例分析法、迁移教学法。

学法：自主学习法、讨论学习法、探究学习法。

教学资源：

(1) 郝利平. 食品添加剂[M]. 3 版. 北京：中国农业出版社，2019.

(2) 孙宝国. 食品添加剂[M]. 北京：化学工业出版社，2007.

(3) 李凤林. 食品添加剂[M]. 北京：化学工业出版社，2008.

(4) TED 演讲视频《中国健康食物的未来》(《The future of good food in China》)：https://www.bilibili.com/video/BV1jW411j7Th? spm_id_from = 333.337.search - card.all.click.

(5) 纪录片《食品添加剂：被误读的真相》：http://xinmengapi.jmtv.cn/web/video/content/112354/3? share = 1.

(四) 教学过程

教学环节一：新课导入

教师展示非法添加物引起食品安全的相关视频，引导学生从食品安全问题的历史事件中思考我国食品安全中存在的问题及对食品添加剂的认识。通过对非法添加物与食品添加剂的概念进行对比分析，指出食品添加剂的安全性评价的重要性，进而导入本课。

思政元素融入设计：

(1) 将法制与政策融入课程教学。

(2) 利用食品安全发生的重大事件和国家政策与法制的监管实施，激发学生的爱国热情和民族自豪感。

(3) 鼓励学生参与事件的讨论与互动，激发学生兴趣，完成对新课的导入。

教学环节二：新课讲解

知识点一：什么是食品添加剂的“每日允许摄入量”(Acceptable Daily Intake，ADI)？

引导学生阅读教材第 16 页关于食品添加剂安全性使用的相关内容，思考食品中 ADI 的意义。

思政元素融入设计：将我国卫生法律规范及食品添加剂使用标准的必要性引入，帮助学生树立食品人的价值观，培养“食品人”的社会责任感。

知识点二：ADI 值是如何确定的？

将最大无作用剂量(MNL)与 ADI 的相关性进行逻辑性地分析，让学生思考动物试验获得的 MNL 是如何用来计算 ADI 的。

思政元素融入设计：通过将动物试验获得的 MNL 进行知识延伸，让学生掌握《食品添加剂使用标准》中数据的严谨性和试验的逻辑关系，培养学生对待科学研究的严谨科学观与科研态度。

知识点三：什么是食品添加剂的"每日允许摄入总量（A）"？

通过案例分析，剖析 ADI 与 A 的相关性，通过引导学生进行计算，帮助学生梳理 A 的意义和计算过程。

思政元素融入设计：通过对案例的讨论，启发学生只有具备严谨的治学态度，才能获得可靠的结果与数据，才有可能做到"博观约取，厚积薄发"，激发学生的科研热情。

知识点四：食品添加剂在食品中的最大使用量（E）的确定。

引导学生阅读教材第 16 至 17 页中关于食品添加剂在食品中的最大使用量的确定过程。通过案例分析苯甲酸在不同食品中的最大使用量，抛出问题"为什么某种食品添加剂在不同食品中的最大使用量是不同的？"，引导学生全面分析问题。进而延伸到实际生活中，"一天吃多种食品，会造成某种食品添加剂的摄入过量吗？"，将理论知识生活化，引导学生加深对概念的理解。通过对"山梨酸"的案例分析，生动解剖《食品添加剂使用标准》设定的使用标准量的安全性，加深学生对知识点的理解。

思政元素融入设计：通过对问题的探讨与讨论，引导学生将理论与生活结合；通过对《食品添加剂使用标准》使用量的安全性分析，增强学生对食品添加剂使用标准的认识，提高法律意识和法制观念。

教学环节三：应用拓展

结合时政案例布置课后思考与实践作业，进一步加强学生对《食品添加剂使用标准》的认识。

思政元素融入设计：将时政案例与课后作业相结合，进一步增强学生食品安全的认识，提升学生作为食品人的社会责任感。将教学与思政结合，帮助学生树立正确的人生观和价值观，对食品添加剂的合理使用能够有更深层次的理解，从而实现课程思政的教学目标。

（五）教学反思

为实现大学生"价值塑造""能力培养"和"知识传授"三位一体的培养目标，在进行课程教学中，应将思政教育和教学内容有机融合，巧妙渗透。食品添加剂与人类生命健康息息相关，在食品添加剂安全性评价章节教学中，应充分引导学生的思想行为，增强他们的食品安全意识、诚信意识、社会责任与义务、法律意识，从而深入贯彻落实党中央和国务院人才培养理念，引导青年学生牢记时代使命，勇担专业重任，提高高校人才培养质量。

四、课件

“民以食为天，食以安为先”——食品安全是重大民生问题。

食品添加剂

食品工业的灵魂

三聚氰胺事件给我们哪些启示？

德在智先，行胜于言

“食品人”既是食品的消费者，又是食品行业的从业者，更应该以身作则、严于律己，保障“舌尖上的食品安全”。

食品添加剂

谈剂色变

不健康？

有毒？

化学成分？

尽量少吃？

食品添加剂是有害物质的代名词吗？

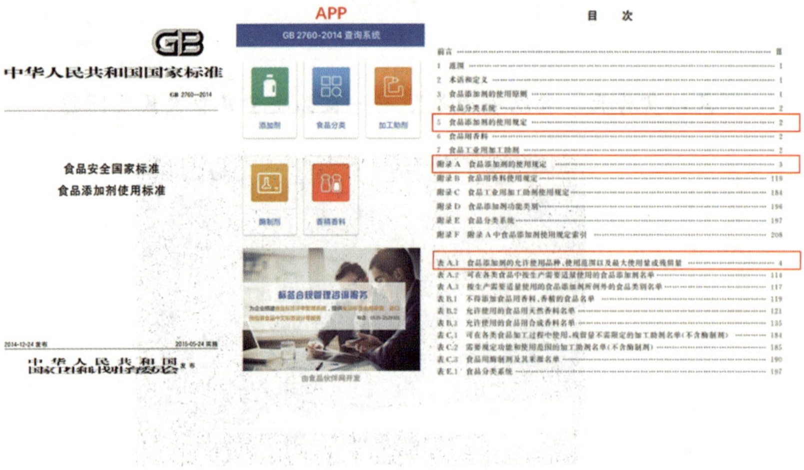

什么是食品添加剂的“每日允许摄入量（Acceptable Daily Intake，ADI）？

“每日允许摄入量”简称“日允量”，是指人类每天摄入某种食品添加剂直至终生，而对健康无任何毒性作用或不良影响的剂量，它以每公斤体重可摄入的量来表示，单位为mg/kg（体重）。

ADI就是人体每公斤体重每天允许摄入的某种食品添加剂的量。

怎么将动物试验数据用在人体身上？

最大无作用剂量对动物是安全的，但将动物试验所得到的数据用于人体时，由于存在个体和种系差异，所以应给出一个合理的安全系数。

根据国际规定，把种间差异缩小10倍，个体差异缩小10倍，这样安全系数就是100。

每日允许摄入量（*ADI*）=0.01×*MNL*

案例分析 1

如何由动物试验得到食品添加剂的ADI值和A值？

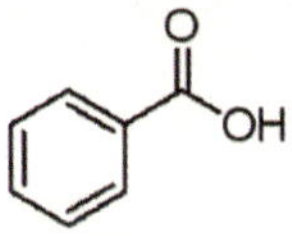

苯甲酸

$$ADI=\frac{\text{最大无作用用量（}MNL\text{）}500\text{mg/kg}}{100}=5\text{mg/kg}$$

$$A=ADI(5\text{mg/kg})\times 60\text{kg}=300\text{mg}$$

某种食品添加剂在食品中的最大使用量（E）是如何确定的？

1. 每日允许摄入量（ADI）

2. 膳食习惯

3. 添加剂的功效

根本原则

每人每天可能摄入的添加剂量不超过每日摄入总量（A）

按照我国《食品添加剂使用标准》（GB 2760-2014），苯甲酸及其钠盐作为防腐剂其使用范围和最大使用量如下图所示：

食品分类号	食品名称	最大使用量 (g/kg)	备注
03.03	风味冰、冰棍类	1.0	以苯甲酸计
04.01.02.05	果酱（罐头除外）	1.0	罐头除外。以苯甲酸计
04.01.02.08	蜜饯凉果	0.5	以苯甲酸计
04.02.02.03	腌渍的蔬菜	1.0	以苯甲酸计
05.02.01	胶基糖果	1.5	以苯甲酸计
05.02.02	除胶基糖果以外的其他糖果	0.8	以苯甲酸计
11.05	调味糖浆	1.0	以苯甲酸计
12.03	醋	1.0	以苯甲酸计
12.04	酱油	1.0	以苯甲酸计
12.05	酱及酱制品	1.0	以苯甲酸计
12.10	复合调味料	0.6	以苯甲酸计
12.10.02	半固体复合调味料	1.0	以苯甲酸计
12.10.03	液体复合调味料（不包括12.03，12.04）	1.0	以苯甲酸计

在不同食品中的最大使用量不同

主观题 10分

设置

为什么某种食品添加剂在不同食品中的最大使用量是不同的？

作答

投票 最多可选1项

设置

一天吃多种食品，会造成某种食品添加剂的摄入过量吗？

A 会

B 不会

提交

案例分析 2

一天吃多种食品，会造成某种食品添加剂的摄入过量吗？

食品品种	各种食物的每日摄食量（g）	各种食品中的最大使用量（g/kg）	苯甲酸每人每日摄食量（mg）	苯甲酸每人每日摄食总量（mg）
酱油	50	1	50	220
醋	20	1	20	
汽水	250	0.2	50	
果汁	100	1	100	

必需小于苯甲酸每日允许摄入总量（A）300 mg

一天吃多种食品，不会造成某种食品添加剂的摄入过量

案例分析 3

食品防腐剂—山梨酸钾

山梨酸钾的ADI 0~25mg/kg

山梨酸钾在果汁、果味型饮料中最大使用量不得超过0.5g/kg

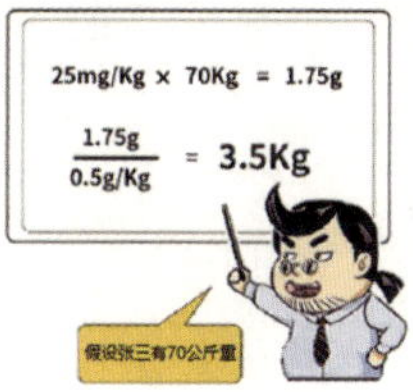

GB
中华人民共和国国家标准
GB 2760—2014

食品安全国家标准
食品添加剂使用标准

2014-12-24 发布　　2015-05-24 实施

中华人民共和国
国家卫生和计划生育委员会 发布

“发挥标准引领作用
加强监督
助推食品安全和高质量发展”

生产食品只有按照《食品安全国家标准 食品添加剂使用标准》的规定加入食品添加剂，才能得到安全可靠的食品。

课后讨论

《问政山东》报道了这样一起案件：一名湖南消费者购买了山东济南某企业委托惠民某企业生产的**香辣杏鲍菇**，产品中使用了**食品添加剂苯甲酸钠**。

消费者分别举报到了滨州市惠民县和济南市天桥区的市场监管局，**却得到了不同的反馈结果**。济南认为产品违规，惠民却出具了产品合规的结论。随后记者采访山东省市场监管局，某局长表示，苯甲酸及其钠盐不能添加在菌类腌渍食品中，是国家标准明确规定的，必须严格遵守，不能有半点马虎，惠民的报告结论是错误的。**省局将对本案件中的违法行为予以坚决查处**。（2021年）

结合该案件谈谈对食品添加剂安全性使用的理解。

“机器学习与数据挖掘”课程思政教学设计案例

一、课程简介

1. 课程性质

机器学习与数据挖掘课程是数据科学与大数据技术专业的专业选修课，第六学期开设，共68学时，4学分。

2. 课程内容

本课程主要介绍机器学习技术以及利用机器学习技术分析和挖掘数据中的知识，涉及关于监督学习和无监督学习基本方法、强化学习和深度学习框架、机器学习技术在数据挖掘中的典型应用。主要内容包括回归技术、分类学习算法、聚类学习算法、关联分析、神经网络、深度学习框架等。

3. 授课教师

曹立群，硕士，讲师，主讲分布式计算与云计算、机器学习与数据挖掘、大数据采集与预处理等课程，曾获安庆师范大学第二届课程思政教学设计大赛教学赛自然科学组二等奖。

二、课程思政资源分析

（一）课程思政建设目标

本课程旨在结合理工科特点，将爱国主义、科学精神和家国情怀贯穿融合到知识点教学中。通过系统的理论学习和课程实践，帮助学生掌握学科前沿的机器学习算法和知识挖掘方法，进而全面提升学生的工程能力和科学素养。学习正当潮流的科学技术，让学生自觉形成投身国家建设的报国理想，为社会培养立场明确、专业过硬和品德高尚的高素质人才。

思政目标 1:政治认同。挖掘本课程的文化内涵和人文精神,培育学生对中国特色社会主义的认知与情感,认同国家治理现代化的进程与成果,引导学生把自己看作中国特色社会主义政治信念的追求者,帮助学生塑就中国特色社会主义信念、形成社会主义核心价值观共识、建设符合社会主义要求的精神家园,最终有助于学生树立并坚定有科学理论支撑的信仰,从而实现个体的全面发展。

思政目标 2:使命担当。在又一次信息化浪潮中,计算机技术的不断革新和应用对经济社会发展起到了关键作用,作为新一代计算机相关专业的学生,应该进一步钻研、打磨专业技能,将个人发展与国家需要相结合。在课程教学中应坚定学生为中华民族伟大复兴而奋斗的理想,引导学生主动投身社会主义伟大实践,培养学生投身国家建设的信念和致力投身领域前沿的抱负,帮助学生学会用所学技术解决社会发展中遇到的一些问题或痛点。

思政目标 3:科学精神。高校教学要侧重科学精神的培养,让学生汲取近代科学诞生以来的科学理念和科学传统的积淀,通过系统性的科学训练,搭建科学学习与科学研究之间的桥梁。结合理工科专业特点,鼓励学生敢于、乐于和善于追求真理,帮助学生坚持认识的客观性和辩证性,重点培养学生的求实精神、创新精神、怀疑精神和宽容精神。

(二) 课程思政融入方式

本课程采用多种融入方式,主要包括教学渗透、案例示范、实践感知等方式。

(1) 教学渗透。通过系统地学习机器学习的理论知识和练习数据挖掘技巧,帮助学生们充分体会这些前沿技术和方法的科学内核,逐渐养成勤于思考、善于推理、充分严谨、尊重规律和勇于实践的学习习惯,逐步形成批判的、辩证的、客观的、试错的科学理念。

(2) 案例示范。在教学过程中融入思政元素的案例,巧妙地引导学生形成核心价值观,认同国家的日益强大、社会的高速发展和技术的不断进步,形成坚定的中国特色社会主义理想信念。

(3) 实践感知。通过带领学生使用计算机方法去解决现实生活中的实际问题,帮助学生充分理解计算机学科中理论方法和实现技术的高度一致,感知使用所学知识投身国家建设,助力社会发展的可行性和必要性,增加学生学习的信念感和使命感。

三、教学案例展示

最近邻分类算法

最近邻分类算法,或者说 K 最近邻(K-Nearest Neighbor,KNN)分类算法是数据挖掘分类技术中较基础的方法之一,是著名的模式识别统计学方法,在机器学习分类算法中占有重要的地位。作为一个理论上比较成熟的方法,其有助于学生初步理解基于实例的学习方法的理论内核,形成对分类算法的基本了解和观点,为后期决策树、聚类、朴素贝叶斯等方法的学习打下基础。

(一) 教学目标

1. 情感态度与价值观目标

(1) 通过乡村振兴案例的引入,引导学生认同脱贫攻坚和乡村振兴伟大事业对民族和人类文明的重要意义,认同脱贫攻坚取得的伟大成就和乡村振兴的重要意义,进一步形成爱国的情感和价值观念。

(2) 通过乡村振兴案例的解决,帮助学生体会运用计算机知识解决社会实际问题的过程,形成学以致用、立志报国的价值观和人生观。

(3) 通过最近邻分类算法原理的讲解和最近邻分类算法细节的讨论,引导学生产生善于使用计算机思维理解客观问题和乐于探究问题细节与本质的科学态度。

2. 知识与技能目标

(1) 通过本节课学习,让学生掌握最近邻算法原理及步骤。

(2) 通过本节课学习,让学生理解最近邻分类算法中的 K 值选择和不同属性数据统一问题。

3. 过程与方法目标

(1) 通过课堂教学,让学生掌握学习机器学习和数据挖掘相关算法的步骤和技巧。

(2) 通过自主学习、课上习题和课后探究的方式,引导学生主动思考教学内容,并将理论结合实践。

(二) 教学重难点

教学重点:最近邻分类算法原理及其使用方法。
教学难点:最近邻分类算法的 K 值选定问题。

(三) 教学方法、教学资源

教法:案例分析法、问题引导法、启发教学法。
学法:自主学习法、小组讨论发、探究学习法。
教学资源:

(1) 周志华.机器学习[M].北京:清华大学出版社,2016.

(2) 李航.统计学方法[M].2 版.北京:清华大学出版社,2019.

(3) 魏伟一,张国治.Python 数据挖掘与机器学习[M].北京:清华大学出版社,2021.

(4) 中国大学 MOOC 课程“机器学习”.https://www.icourse163.org/course/ZJU-1206573810?from=searchPage.

(5) 中国大学 MOOC 课程“数据挖掘与 Python 实践”.https://www.icourse163.

org/course/CUFE-1207262801? from=searchPage.

(四) 教学过程

教学环节一:新课导入

(1) 预习情况回顾探讨。本课程在学习通中前置了预习环节,同学们可通过在线学习提前了解本节课的重点和难点,并完成相应预习习题。

在课堂开始,通过查看习题完成情况摸底学生预习进度,并用提问的方式了解同学们对知识的掌握情况,其中包括对最近邻分类算法的理解和疑问。

(2) 树立课程学习目标。在课程的开始部分,直接向学生展示本课程的学习目标,其中包括2个知识与技能目标和3个思政目标。思政目标包括帮助学生形成正确的世界观、价值观和人生观,即希望能够将三观的正确引导贯穿在最近邻分类算法基本原理步骤和最近邻分类算法细节的教学当中。同时,通过任务的布置与目标的设立,让学生能够清晰了解课程学习的框架,促进学生提升学习专注力和增加自主学习意识。

(3) 案例导入展开学习。在树立课程学习目标之后,将乡村振兴中农业发展的实际问题具化成案例,进行案例导入教学,设立"使用什么技术可以解决这个问题"的悬念,为后面的主要内容——最近邻分类算法(KNN)学习作铺垫。

思政元素融入设计:在新课导入部分,思政元素通过案例的方式巧妙引入。案例紧贴时下令人关注的乡村振兴问题,结合该问题,以讲解的方式向学生诉说脱贫攻坚这一伟大事业的历史意义和国家在脱贫攻坚工作取得的伟大成就,并阐述乡村振兴和脱贫攻坚工作的衔续意义。最终帮助学生形成认同社会主义制度优势,认同国家脱贫攻坚伟大成就和乡村振兴重要意义的价值观。

教学环节二:讲解算法原理步骤

(1) 算法原理讲解探究。将课本上复杂的算法定义合理简化成生动易懂的一句话,再通过计算机思维对这句话进行合理解释,最后以一个简单的图例,解释最近邻分类算法的思想内核。在这一部分,学生会对算法的机理产生基本的了解。

(2) 算法步骤讲解探究。清晰阐述最近邻分类算法的具体实现步骤,帮助学生掌握最近邻分类算法的使用方法。

课堂练习:讲解后使用例题进行一个课堂小练习,巩固课堂所学,让学生在解题的过程中熟练算法步骤,为后面利用该算法解决实际问题打下基础。上述步骤完成后,学生已经能够掌握最近邻分类算法的原理及步骤,达成课堂开始设定的第一个知识与技能目标。

思政元素融入设计:通过使用计算机思维解释算法原理的演示,让学生体会和感知熟练使用计算机思维的重要性和实用性,帮助学生形成善于使用计算机思维思考客观问题的世界观。

教学环节三:讲解算法细节问题

在课堂讨论这一环节,首先设定一个问题,即"了解了算法的具体原理和步骤之后,我们是否对这个算法做到了真正的掌握?”并针对这个问题进行讨论,期待学生能够在讨论中进一步思考算法原理,关注算法细节。

通过课堂讨论,引出两个最近邻分类算法的细节问题,一是K值的选择问题,二是不同属性数据的统一问题。针对两个细节,用举例的方法进行详细解释,最终帮助学生充分理解这两个细节问题,达成课堂开始设定的第二个知识与技能目标。

思政元素融入设计:通过小组讨论,让学生思考究竟什么才是对问题的真正掌握,启发学生学习科学要持续深究问题本质和更深层次的细节,引导学生形成乐于探究问题细节与本质的世界观。

教学环节四:回归思考导入案例

回溯课程开始时导入的案例,在对最近邻算法有了全面掌握后,回过头解决之前悬而未决的问题,起到首尾呼应的效果。针对乡村振兴中农业种植问题,提出可以使用最近邻分类算法解决的结论,并且简述解决的过程和思想内核,帮助学生再次巩固所学知识点。

思政元素融入设计:以案例为切入点,让学生在实践中感知使用计算机技术解决国家发展实际问题的过程,同时使用举例的方式发散学生思维,比如利用知识图谱解决农业信贷风险问题,利用视觉技术应用到农业病虫害检测等,增强学生在专业学习时的责任感和主人翁意识,引导学生形成学以致用、报效国家的人生观。

教学环节五:课程小结

总结本节课学习内容,并布置课后作业,即通过编程的方式实现在课堂练习中出现的习题,通过理论结合实践的方法提升学生对知识点的掌握。

(五)教学反思

高校的理工科教学,要努力消除可能存在的思政壁垒,发掘课程中的思政元素,围绕世界观、人生观和价值观对学生进行充分引导。教师要加强思政元素的把握,选择合适的切入点,思政理念的引入不能太过生硬,不能牵强附会。教学过程中,要花时间和精力去思考并设立合适的教学目标,并在目标的指引下把控和调节教学方法,让学生能在学习中获得知识和乐趣,潜移默化培养学生的道德品质。本节课程,针对课程思政进行了若干尝试和创新,总结如下:

(1) 目标驱动,有的放矢。在课程开始时为学生树立明确的知识能力目标与思政目标,让整个学习过程变得清晰,有效激发学生主动学习的意识,提高学生课堂专注度。尤其是思政目标的设立,让思政环节拔高到和知识点教学同等的位置,起到思政引领专业学习、专业学习促进思政水平提升的作用。

(2) 案例引入,重点讲解。将思政元素——“乡村振兴的农业种植工作”作为案例引出课程教学内容,并在课堂最后对该案例进行升华性的探讨,首尾呼应,让课程思政的切入显得自然。学生在学习课程知识的同时,也意识到利用专业知识支持国家建设的可行性,用责任意识和爱国情怀推动学生认真学习专业知识,并且愿意学以致用,能够学有所用。

（3）三位一体，协同育人。课程思政是践行立德树人根本任务的切实举措，是引导学生形成正确的人生观、价值观和世界观的重要方法。本节课针对三观进行了详细的教学目标设定，包括认同社会主义制度优势、认同国家脱贫攻坚伟大成就和乡村振兴重要意义的价值观，善于使用计算机思维理解客观问题和乐于探究问题细节与本质的世界观，学以致用和报效国家的人生观。这种教学设计的目的是希望形成对学生全方位的引领，更好地培养全面发展的高素质人才。

四、课件

案例导入

西南部某县，为进一步推进乡村振兴工作，带领农民发家致富，经过调研，准备选定种子“振兴一号”进行广泛种植，农业研究机构提供了大量关于该种子在不同试验田种植的数据，如下图。

平均温度	平均湿度	年光照时长	氨气浓度	风速	……	是否种植成功
17摄氏度	67%	1880小时	5 ppm	6.7 m/s	……	否
24摄氏度	85%	2400小时	0.26 ppm	5.2 m/s	……	是
8摄氏度	35%	2259小时	0.15 ppm	10.8 m/s	……	否
……	……	……	……	……	……	……

为保证播种成功率，县相关部门提供了该县环境的相关数据，农业研究机构希望能够在播种之前大致判断**能否种植成功**，请问有什么技术可以帮助他们呢？

平均温度	平均湿度	年光照时长	氨气浓度	风速	……	是否种植成功
17摄氏度	80%	1600小时	3 ppm	5.7 m/s	……	?

核心思想

- 思想:
  - 如果它走的像一个鸭子，吃的像一个鸭子。那么它可能就是个鸭子。

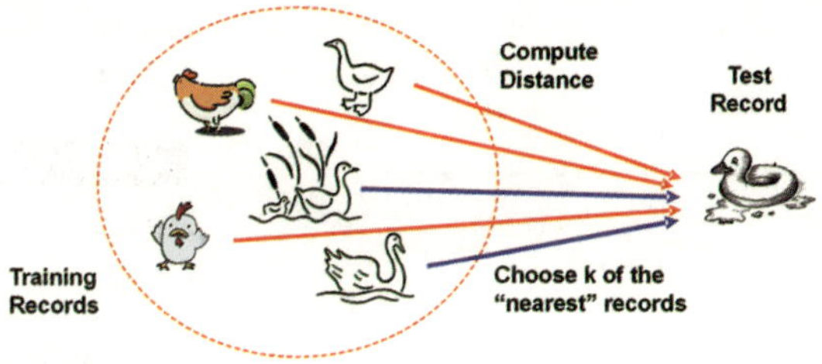

算法步骤

- 计算两个点之间的距离:
  - 欧氏距离（Euclidean distance）

$$d(p,q)=\sqrt{\sum_i (p_i-q_i)^2}$$

  - **找出最近邻居**
- 从最近邻列表决定分类
  - 在K个最近邻居中进行**多数投票**，投票最多的类别标签即为最后的分类结果。

例题

K-Nearest Neighbors Example (k=3)

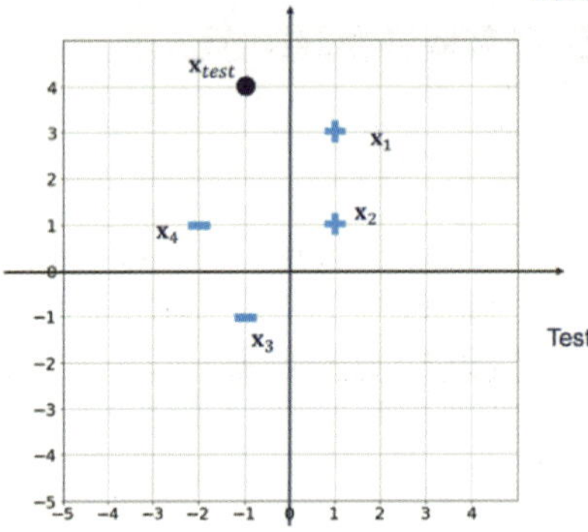

Training Data:

a	b	label
1	3	1
1	1	1
–1	–1	–1
–2	1	–1

Test Data:

a	b	label
–1	4	?

例题

K-Nearest Neighbors Example (k=3)

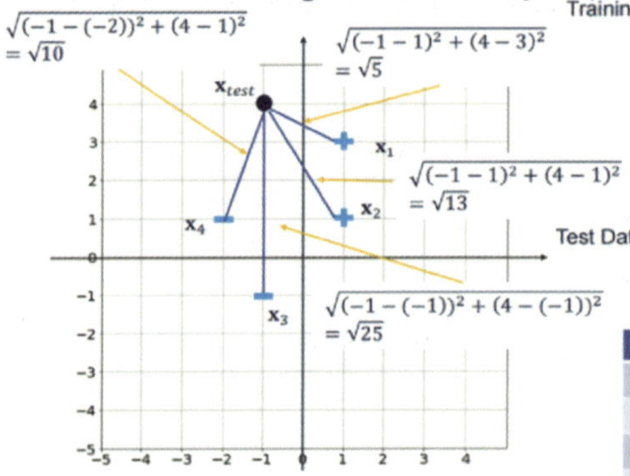

Training Data:

a	b	label
1	3	1
1	1	1
–1	–1	–1
–2	1	–1

Test Data:

a	b	label
–1	4	?

	x_{test}
x_1	$\sqrt{5}$
x_2	$\sqrt{13}$
x_3	$\sqrt{25}$
x_4	$\sqrt{10}$

Sort

	x_{test}
x_1	$\sqrt{5}$
x_4	$\sqrt{10}$
x_2	$\sqrt{13}$
x_3	$\sqrt{25}$

关于算法细节的思考

我们已经掌握这个算法了吗?

是否存在没关注的细节呢?

关于算法细节的思考

- KNN中，*K*值如何选择?
- 不同属性的数据是否需要统一?

*K*值的选择

- 如果*K* **太小**，则对噪音敏感
- 如果*K* **太大**，可能包含其他分类的点

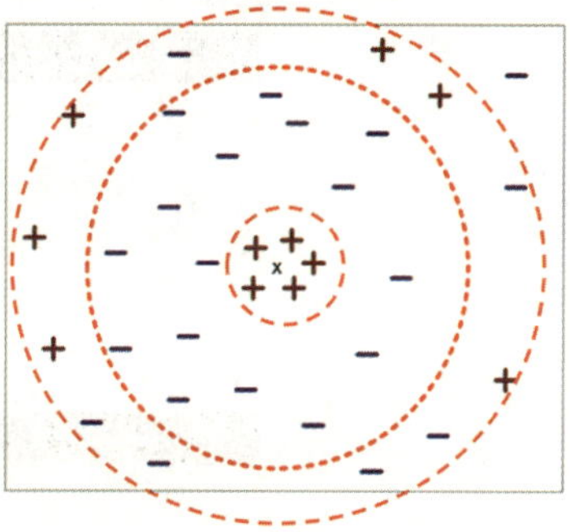

数据的统一

- 必须对属性进行**缩放**，以防止距离度量被某个属性所控制
  - Example:
    - 人的身高在1.5 m 和 1.8 m之间波动
    - 人的体重在40 kg 和 100 kg之间波动
    - 人的收入在 2000 元 和 100000 元之间波动
- **解决方案**: Min-max标准化, Z-score标准化, decimal scaling（十进制缩放标准化）

案例

平均温度	平均湿度	年光照时长	氨气浓度	风速	……	是否种植成功
17摄氏度	67%	1880小时	5 ppm	6.7 m/s	……	否
24摄氏度	85%	2400小时	0.26 ppm	5.2 m/s	……	是
8摄氏度	35%	2259小时	0.15 ppm	10.8 m/s	……	否
……	……	……	……	……	……	……

KNN为该案例提供了简便的解决方案！

平均温度	平均湿度	年光照时长	氨气浓度	风速	……	是否种植成功
17摄氏度	80%	1600小时	3 ppm	5.7 m/s	……	?

作业

代码实现

K-Nearest Neighbors Example (K=3)

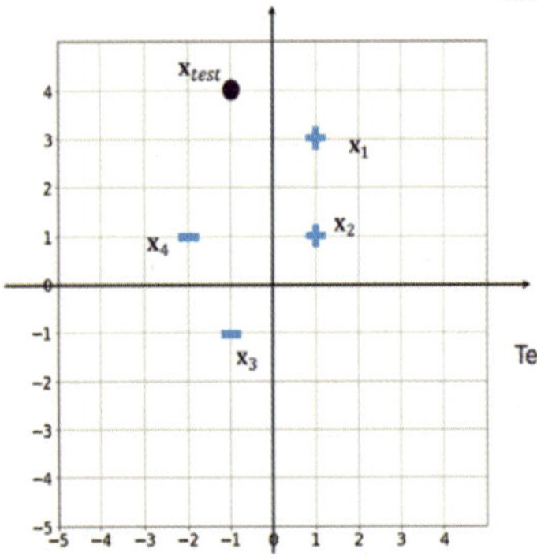

Training Data:

a	b	label
1	3	1
1	1	1
−1	−1	−1
−2	1	−1

Test Data:

a	b	label
−1	4	?

艺 体 篇

“装修施工与结构”课程思政教学设计案例

一、课程简介

1. 课程性质

装修施工与结构是普通高等学校环境艺术设计专业的一门必修课、专业核心课程，具有基础材料知识与施工工艺技能相结合的学科特点，对全面提升学生的专业设计技能与理论知识具有重要作用。修读对象为环境艺术设计专业大学本科一年级学生，开课时间为第三学期，共计40学时，2学分。

2. 课程内容

本课程通过基本理论知识的学习、市场装饰材料调查以及施工工艺实训教学环节，使学生能够掌握装饰材料的基本种类、性质及应用和施工的先后顺序与流程等特点，培养学生对装饰材料的运用能力、构造设计的绘制能力、施工工艺的技术能力。为环艺设计专业其他课程的学习打下良好的基础。

3. 授课教师

马丽，硕士，副教授，主要研究方向为环境艺术设计及理论研究。主讲装修施工与结构、环境设计软件基础、效果图技法、商业空间设计、室内陈设艺术等课程，主持省级一般项目“基于‘自然元素’提取的创新思维方法在环境艺术设计教学中的应用研究”、主持省级重点项目课程思政示范课“装修施工与结构”。

二、课程思政资源分析

（一）课程思政建设目标

本课程坚持立德树人的教育理念，把爱国主义、民族情怀、大国精神、工匠精神、职业道德和职业精神、创新中国、原创设计等贯穿渗透到课堂教学中。通过学习装饰材料、室内装饰的发展过程、装饰材料的发展趋势与主要装修风格，运用案例分析对国内外建筑大师作品的讲解，引导学生热爱祖国，做中国特色的原创设计，树立正确的爱国情怀、职业道德和职业精神，提升学生对中国传统文化的认同感及设计融合的能力。把思政元素及中华传统文化元素贯穿到教学的全过程，提升课程思想政治教育亲和力和针对性，形成全程育人、全方位育人的格局。

思政目标 1:家国情怀。通过对材料的介绍，让学生了解中国建筑有着悠久的历史和极高的文化品质，是世界建筑体系中的一个重要部分。通过案例讲解，教育学生要怀有爱国之心，进行方案设计时要立足中国国情，要彰显中国特色、中国韵味，充分挖掘中国优秀传统文化，树立民族自豪感，培养学生的中国精神与大国担当。

思政目标 2:工匠精神。通过对装饰装修工程特点的介绍，分析装饰工程项目都凝聚着普通工程技术人员的辛勤汗水，引导学生要珍惜装修工人的劳动成果、懂得感恩，让学生学会继续发扬艰苦奋斗、务实工作的传统美德，培养学生的工匠精神。

思政目标 3:职业道德。通过作品分析，介绍享誉世界的"华人建筑师"及其作品，激发学生的民族自豪感，认识到设计师的责任，做中国特色的原创设计，树立正确的爱国情怀、职业道德和职业精神，在传承中国传统文化的基础上，为创新中国设计做出贡献。

思政目标 4:文化自信。对比中西装修风格的不同，通过案例介绍找出造成中外装修风格迥异的根本原因在于东西方文化差异，警惕西方思想的渗入，不能盲目照抄西方设计，对待事物要学会甄别好坏，对设计要有分辨力。

(二) 课程思政融入方式

本课程思政融入方式主要是教学渗透、实践感知、课堂讨论。

(1) 教学渗透。在教学过程中通过分析案例让学生了解国内外不同时期室内装饰发展的过程及装饰材料的运用。导入一些享誉世界的华人建筑大师的建筑作品与国外建筑大师的作品进行比较，通过分析其作品，引导学生树立正确的世界观、人生观和文化观，懂得分辨与甄别，立足中国国情，不盲目模仿，运用中国传统文化元素进行设计，做中国特色、中国韵味的设计，激发学生的爱国之心。

(2) 实践感知。通过分析国内外建筑大师的作品的设计理念、材质的运用，使学生通过其作品看到因民族文化的差异与区别导致的设计风格上的差异。对待国外设计作品不能兼收并蓄，要理性看待，吸取其合理的设计理念与设计手法、制作方法，警惕西方意识的渗入，充分挖掘中国优秀传统文化，使之融入设计之中，树立民族自豪感与爱国情操，培养学生的中国精神和大国担当。

(3) 课堂讨论。通过小组对国内外室内装饰的发展及对国内外不同装饰风格的讨论、分析，找出其设计作品中大师对材质的运用方法、设计手法、设计理念、设计元素的高明之处，使学生加深对装饰材料的理解与运用，了解装饰材料的运用方法与设计手段，提升学生对装饰材料的甄别、选择与运用能力，提高设计水平。

三、教学案例展示

室内装饰概述

本次案例主要针对“室内装饰概述”开展设计，包括对装饰材料的定义、国内外室内装饰的发展及装饰风格，授课时长 2 学时。

（一）教学目标

1. 情感态度与价值观目标

（1）通过了解国内外室内装饰的发展过程，让学生感受建筑设计大师对材料的熟练运用与把握。

（2）通过学习装饰材料的发展及装饰风格，对设计作品学会甄别与分辨，不要盲目崇拜西方设计，引导学生树立民族自尊心与文化自信心，培养学生的爱国热情和中国精神。

2. 知识与技能目标

（1）了解装饰材料的概念。

（2）熟悉装饰装修的特点。

（3）了解室内装饰发展的过程。

（4）熟悉装饰材料的发展。

（5）了解主要的装修风格。

3. 过程与方法目标

（1）通过对装饰材料概念的学习，了解什么是装饰材料。

（2）通过分析装饰装修的特点，了解装修的时间、性质与工期。

（3）通过对国内外室内装饰发展过程的了解，掌握室内装饰中材料的运用。

（4）通过学习装饰材料的发展，了解装饰材料的发展过程。

（5）通过分析国内外不同的装饰风格，学会分辨设计作品的优劣，不盲目崇拜，学会熟练运用装饰材料进行合理设计。

（二）教学重难点

教学重点：理解装饰材料的概念与室内装饰的发展过程及风格。

教学难点：装饰材料的发展过程及装修风格的把握。

（三）教学方法、教学资源

教法：混合式教学法、实训教学法、案例分析法。

学法：自主学习法、小组讨论法、探究学习法。

教学资源：

（1）陈雪杰.室内装饰材料与装修施工实例教程[M].2版.北京：人民邮电出版社出版，2016.

（2）张琪.室内装修材料与施工工艺[M].北京：化学工业出版社，2014.

（3）中国大学MOOC课程“装修施工与结构”.https://www.icourse163.org/spoc/course/AQNU-1462022162.

（四）教学过程

教学环节一：线上学习小结

（1）通过慕课学习平台的线上选课人数、线上测试了解线上学习效果及存在的问题。

（2）通过手绘创意瓷砖作业，检查线上学习效果，深度剖析概念内涵。

（3）教学模式的创新，利用“线上慕课课程和线下对材料市场考察+参观装饰公司+施工工地实训+企业联合活动”，丰富学生的认知方法与学习手段，使学生对材料有真实感触，更好地进行学习。

思政元素融入设计：线上学习情况能够反映出“立德树人”的教育总目标，作业的质量能够反映出学生学习的能力、学习积极性与态度。创意材料作业能够反映出同学之间取长补短、团结协作的团队精神。

教学环节二：装饰材料概念

装饰材料一般是指主体结构工程完成后，进行室内外墙面、顶棚、地面和室内空间装饰所用的材料。装饰材料不仅包括构成建筑物的材料，还包括在建筑工程施工中的一些辅助性材料。

课堂提问：同学们，你们还知道哪些装饰材料？你了解它的特点吗？

主题讨论：在装修施工的过程中，你认为常用到的装饰材料有哪些？

通过讨论，讲述装修施工中常用的装饰材料，来引导学生对材料的认知，了解一些装修过程中常用装饰材料的用法、特点及施工要求。

思政元素融入设计：通过分析优秀作品中的装饰材料，加深学生对材料的认知与理解。在装修设计中，认真对待材料，合理选择材料，购买材料时要认真鉴别真假，选择环保的材料进行装修，学会分辨材料的等级、优劣，保证施工的质量与品质，在材料购买上，不弄虚作假，不收受贿赂购买劣质材料，做到诚实守信。

教学环节三：装饰装修的特点

（1）工程量大，表现在量大、面广、项目繁多。

（2）施工工期长，一般占总工期的30%—40%，高级装饰占总工期的50%—60%。

（3）耗用劳动量大（一般占装饰施工总劳动量的30%左右）。

（4）占装修总造价的比例较高（一般占总造价的30%以上，高档装饰则超过50%）。

（5）材料、工艺更新速度快（新材料的不断研制开发，一方面推动装饰技术进步，另一方面也要求从业者不断更新知识，适应发展）。

课堂提问：你知道哪些新材料？谈谈在你去过的室内空间中，给你印象深刻的材料是什么？

小组讨论：你知道上海世博会的场馆中运用了哪些新材料？举例说明。

通过讨论，让学生了解世博会场馆中新材料的运用及材料的发展情况，拓展学生对材料的理解，加深对材料的了解及拓展，熟悉一些新材料，了解新材料在实际的方案设计中的作用，把握材料的特点与性能，学会运用新材料进行装饰设计。

思政元素融入设计：分析装修施工过程的时间、工期长短、耗费的劳动量等，讲述装修施工是一项耗时费力的长期工程，耗费大量的金钱与人力物力，通过展示装修工人施工的图片，介绍从事装饰工程项目的艰辛，项目的完成都凝聚着普通工人的辛勤汗水，引导学生珍惜装修工人的劳动成果、懂得感恩，继续发扬艰苦奋斗、务实工作的传统美德，培养学生的工匠精神。

教学环节四：室内装饰的发展过程

从穴居到现代文明，人类经历了时代的变迁、文化的进步。从远古时代的穴居到现代的摩天大厦，这期间经历了哪些变革呢？

(1) 室内装饰的发展。室内装饰的发展与建筑相伴而生，最早的装饰活动仅仅是人们在居住空间中进行的一些简单的涂画，可以从岩洞绘画中看到(图 1、图 2)。

图 1　西班牙阿塔米拉洞窟壁画

图 2　中国敦煌石窟壁画

随着生产技术的发展，人们开始使用一些自然材料建造自己的居住空间和活动场所，并使用祭器、礼器、绘画、植物和兽皮作为装饰。

古希腊时期，建筑和室内装饰体现出完善的艺术形式，对世界建筑和装饰艺术的发展产生深远影响。

古罗马时期，其建筑空间、布局、室内外门窗造型及建筑立面，都与券拱形式密不可分。

中世纪，在建筑中既保留了古希腊和古罗马的传统风格，又吸收了阿拉伯和伊斯兰的东方文化，发展成拜占庭的建筑工艺形式和哥特式的建筑艺术形式。

15—16 世纪，文艺复兴以人文主义为文化特征，以古希腊和古罗马文化为基础，吸收了哥特式和东方风格，形成崭新的建筑形式，室内装饰朝雕琢、富丽方向发展。

18 世纪，洛可可风格转变成细腻的装饰形式，进入工业革命后，技术得到进一步发展，开始探索新的装饰形式。

19 世纪末，欧洲兴起的工艺美术运动和新艺术运动一起拉开了现代设计的序幕。反对纯艺术，功能决定形式，涌现大批现代建筑和现代设计的代表人物和作品。

作品讲解：列举不同时期的建筑作品，深入讲解其造型、材料、质感和色彩等方面的运用。

课堂提问：包豪斯的设计观是什么？

小组讨论：最后一位现代主义建筑师是谁？他的建筑作品有哪些？室内装饰材料发展的不同时期运用的装饰材料有哪些？

（2）装饰材料的发展。

① 古代人类最初是“穴居巢处”。

② 火的利用使人类学会了烧制砖、瓦、陶瓷与石灰。

③ 铁器时代后，建筑材料（木材、砖、石等）由天然材料进入人工生产阶段。

④ 封建社会中，建筑材料发展缓慢，长期限于砖、石、木材作为结构材料。

⑤ 资本主义的兴起，大跨度的工业厂房，高层的公用建筑以及桥梁、港口等推动了建筑材料的前进，在 18—19 世纪相继出现的钢材、水泥、混凝土以及钢筋混凝土成为了主要的结构材料，使建筑业的发展进入了一个新阶段。

⑥ 工业的发展使一些具有特殊功能的材料，如绝热材料，吸声材料，耐热、耐腐蚀以及防辐射材料应运而生，各种装饰材料层出不穷。

课堂提问：你知道的建筑材料都有哪些？

课堂讨论：你喜欢哪种建筑材料？在你的设计方案中你会用哪种装饰材料？为什么？

（3）作品分析。

① 国外设计大师：扎哈·哈迪德——非线性建筑。

分析国外建筑大师扎哈·哈迪德和国内建筑大师马岩松的作品（图 3），了解建筑大师的设计理念、设计方法、设计材料，加深学生对材料的理解、运用与把握，学会对建筑的外部和内部装饰材料的选用与设计。

朝阳门 SOHO 三期建筑

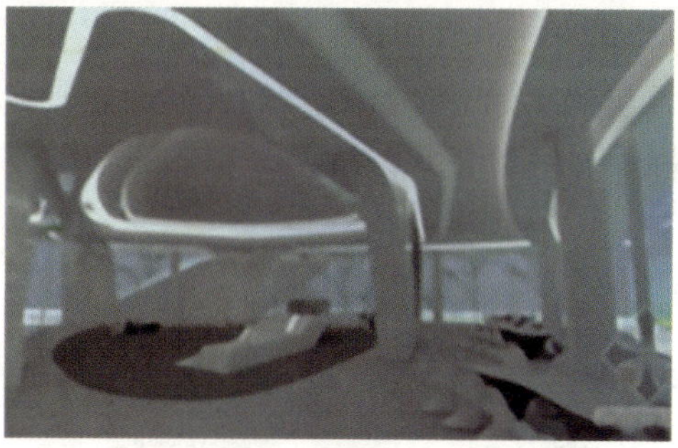

SOHO 三期建筑内部空间

图 3　非线性建筑

南京青奥中心

广州大剧院

图 3　非线性建筑(续)

课堂提问:扎哈·哈迪德作品中,运用了哪些装饰材料?

小组讨论:这些装饰材料对塑造空间环境的氛围起到了哪些作用?她是如何运用装饰材料把设计做得如此轻盈灵动的?

教师逐个分析其作品中蕴含的设计理念、设计手法、装饰材料、空间氛围的营造方法。

② 中国设计大师:马岩松——软体建筑。

抢答:这是什么?由什么材质做的?

课堂提问:这个作品有什么特色?它是做什么材料用的?它的设计理念是什么?你喜欢它吗?为什么?

小组讨论:设计大师是如何做到熟练运用材料的?

教师分析马岩松的设计作品(图 4),玛丽莲·梦露大厦、未来胡同及装置作品“鱼缸”的设计理念、材料运用、施工工艺技法、空间营造手法,激发学生的爱国热情,了解当代大学生作为未来设计师所肩负的责任与使命。解析“鱼缸”的设计理念,引导学生作为未来的设计师要有创新思想,进行原创设计。

思政元素融入设计:介绍享誉世界的“华人建筑师”及其作品,激发学生的民族自豪感,认识到设计师的责任,做中国特色的原创设计,在传承中国传统文化的基础上,为创新中国设计做出贡献。

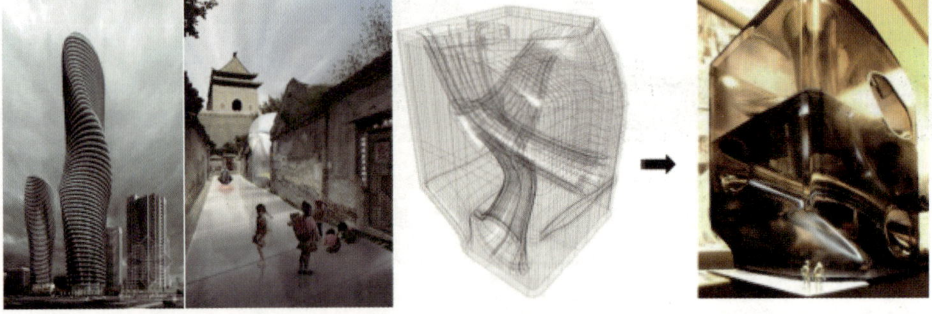

图 4　软体建筑

教学环节五:主要的装修风格

随着人们生活环境与流行趋势的不断变化,设计风格紧跟时代的步伐,出现了侘寂风、科技风、国潮风等设计风格。国潮风兴起的背后是中国实力提升、文化自信的彰显,更是中国优秀传统文化与现代设计元素融合的典范。

装修的设计风格有很多(图 5),常见的有现代主义风格、自然主义风格、欧式风格、美式田园风格、东南亚风格、地中海风格、中式风格、和式风格等。列举对比明显的中西方装饰风格,分析其特色。

图 5 各式装修风格

对比分析:分析洛可可风格、地中海风格、日式风格与中式风格的特点与区别。

小组讨论:为何会出现中西方迥异的设计风格? 原因是什么?

小组讨论深入探究,通过大师对材料的把控,引导学生对其设计理念、设计手法、施工工艺、材料选择方面进行深度思考。探索材料的创新,采用合适的设计风格进行原创设计。

思政元素融入设计:对比中西方装修风格的不同,找出造成中外装修风格迥异的根源在于文化的差异,警惕西方思想的渗入,不盲目照抄西方设计,对待事物要学会甄别好坏,对设计要有分辨力。引导当代大学生作为未来设计师所肩负的责任与使命,设计要有创新思维,做原创设计。

教学环节六:小结与作业

(1) 小结。通过对室内装饰概述的学习,对装饰材料的定义、装饰装修的特点、国内外室内装饰的发展过程、装饰材料的发展及风格有了较为深入的了解。

在进行装修方案设计时,吸取设计大师对材料运用的设计手法与理念,学习其实践方案实施中对材料与施工工艺的处理手法与工匠精神,对材料的性能、选择、工艺与风格有所熟悉与把控,拓宽眼界,更好地提升设计水平。

装饰材料与风格概述不仅对于高校环艺专业的学生来说是非常重要的专业内容,也是对未来设计师的标准考量,懂得了装修材料与风格,在装修中不会再走弯路,有利于装修质量的监督。同学们要是能很好地掌握装修材料与装修风格,将会成为一名非常受装修公司与企业欢迎的设计师。

（2）线上作业：

① 你知道的现代主义建筑大师有哪些？你还知道现代主义的哪些建筑，它们都是采用什么材料做的？有何特色？举例说明并做成 PPT 进行汇报。

② 以学习小组为单位，每组选择一个主题，进行材料作品创意绘制，完成作业报告，发送至学习平台。

（五）教学反思

装修施工与结构课程是实践及应用性非常强的课程，是环境艺术设计专业学生作为未来设计师必学的课程，它承载着培养新时代人才的重任。在教学章节、教学内容的安排上，打破了传统教学的束缚，努力探索课程教学的改革，走出课堂教学的藩篱，加强和装饰公司、装饰材料公司等的联系，进入装饰公司的工地和装饰材料公司的店铺进行直观学习，使教学内容的安排能更好地服务学生学习目标，不仅提升了学生的学习兴趣和积极性，还可以把课程思政中对中国传统文化与现代装饰设计的结合融入工地现场的教学中，使装饰设计不再是抄袭国外设计，转而立足国情，从中国传统文化中找寻设计灵感；懂得甄别是非，引导学生树立正确的爱国情怀、职业道德和职业精神，不仅形成“价值引领、能力培养、知识传授”相融合的教育教学内容，从侧面提升了学生对中国传统文化的认同感及设计融合的能力。为实施立德树人的教育理念，把爱国主义、民族情怀、大国精神、工匠精神、职业道德和职业精神、创新中国、原创设计等贯穿渗透到课堂教学中；不能空洞说教，切实落实思政育人理念，做到课程思政教育与教学内容的有机结合，通过装饰材料课程的学习，培养学生团结协作的精神；通过创意材料绘制与装饰风格的分析，让学生了解到东西方文化的差异，激发学生的民族自豪感，树立文化自信，传承和发扬中国传统文化。

四、课件

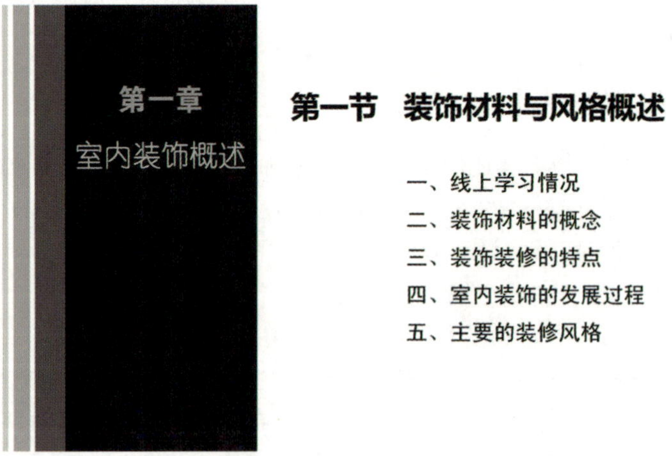

一、线上学习情况

（一）线上课程开设

一、线上学习情况

（二）线上测试情况

优秀！

王喆050519005_安庆师范大学_王喆_050519005	-	96.67	0	0	-	0/0	-	-	96.67	查看 修改总分
丁浩050519001_安庆师范大学_丁浩_050519001	-	96.67	0	0	-	0/0	-	-	96.67	查看 修改总分
王敬莲050519006_安庆师范大学_王敬莲_050519006	-	96.67	0	0	-	0/0	-	-	96.67	查看 修改总分
孙美霖050519010_安庆师范大学_孙美霖_050519010	-	96.67	0	0	-	0/0	-	-	96.67	查看 修改总分
张霞050519016_安庆师范大学_张霞_050519016	-	93.33	0	0	-	0/0	-	-	93.33	查看 修改总分
范傲杰050519018_安庆师范大学_范傲杰_050519018	-	93.33	0	0	-	0/0	-	-	93.33	查看 修改总分
胡威杰050519021_安庆师范大学_胡威杰_050519021	-	93.33	0	0	-	0/0	-	-	93.33	查看 修改总分
朱晋兰050519008_安庆师范大学_朱晋兰_050519008	-	93.33	0	0	-	0/0	-	-	93.33	查看 修改总分

教学模式创新

（三）教学模式的创新：

- 线上 → 慕课课程
- 线下 ↓

材料市场考察 + 参观装饰公司 + 施工工地实训 + 企业联合活动

施工工地实训：工地现场教学、工地实操

装饰材料市场现场教学

■ 对材料的真实感触

与企业举办联合活动

■ 对材料性能的把握及创作的快乐

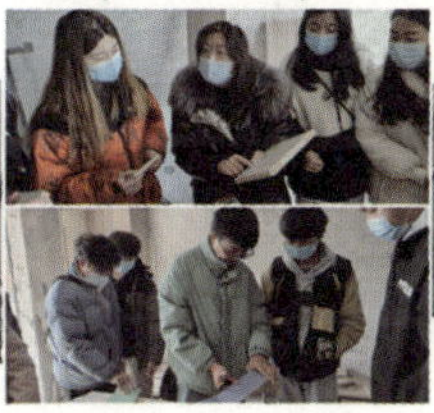

参观装饰公司

■ 了解设计师的工作及职责

二、装饰材料的概念

装饰材料 ⟶ 装修流程

一般是指主体结构工程完成后，进行室内外墙面、顶棚、地面和室内空间装饰所用的材料。

装饰材料不仅包括构成建筑物的材料，而且包括在建筑工程施工中的一些辅助性材料。

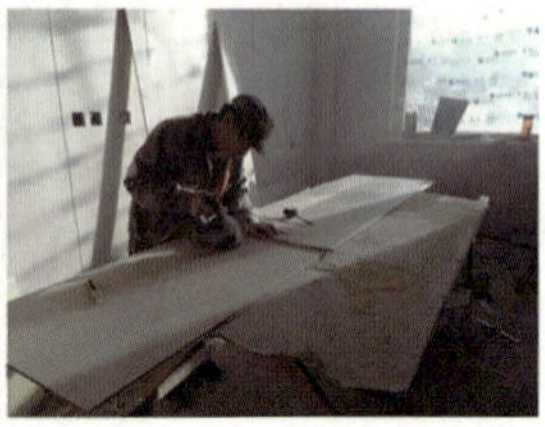

三、装饰装修的特点

(1) 工程量大，表现在量大、面广、项目繁多。

(2) 施工工期长，一般占总工期的30%~40%，高级装饰占总工期的50%~60%。

(3) 耗用劳动量大（一般占装饰施工总劳动量的30%左右）。

(4) 占装修总造价的比例较高（一般占总造价的30%以上，高档装饰则超过50%）。

(5) 材料、工艺更新速度快（新材料的不断研制开发，一方面推动装饰 技术进步，另一方面也要求从业者不断更新知识，适应发展）。

⟶ 装饰工程项目都凝聚着普通工程技术人员的辛勤汗水

珍惜装修工人的劳动成果、懂得感恩

↓

继续发扬**艰苦奋斗**、**务实工作**的传统美德

↓

“匠心聚，百业兴”，弘扬**工匠精神**。

四、室内装饰的发展过程

从穴居到现代文明，人类经历了时代的变迁、文化的进步。从穴居到现代的摩天大厦，这期间经历了哪些变革呢？

我们来回顾一些人类的装饰发展史，一起欣赏一下。

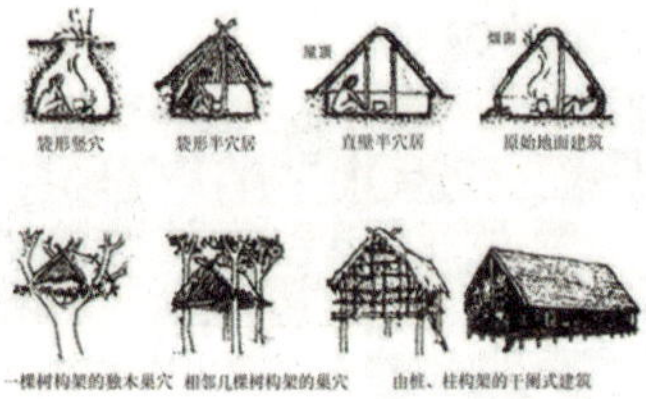

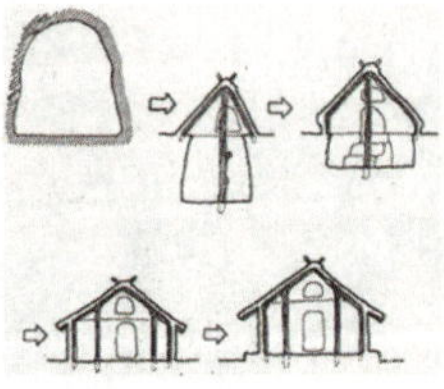

■ 从窑洞穴居到房屋居室发展示意图

四、室内装饰的发展过程

（一）室内装饰的发展

室内装饰的发展与建筑相伴而生，最早的装饰活动是：

人们在居住空间中进行的一些简单的涂画——岩洞绘画

随着生产技术的发展，人们开始使用一些自然材料建造自己的居住空间和活动场所，并使用祭器、礼器、绘画、植物和兽皮作为装饰。

古希腊时期——建筑和室内装饰体现出完善的艺术形式——对世界建筑和装饰艺术的发展产生深远影响。

到了古罗马时期——其建筑空间、布局、室内外门窗造型及建筑立面，都与券拱形式密不可分。

→ {在绘画作品、建筑遗迹中} → 庄重与华丽的装饰风格随处可见 → 万神庙是唯一保存完整的古罗马帝国时期的建筑物 → 庄重、稳健、华丽的装饰风格

西班牙阿塔米拉洞窟

中国敦煌石窟壁画

古希腊柏提农神庙

万神庙内部采光及装饰

四、室内装饰的发展过程

进入中世纪——{在建筑中既保留了古希腊和古罗马的传统风格；又吸收了阿拉伯和伊斯兰的东方文化} → 发展成拜占庭的建筑工艺形式和哥特式的建筑艺术形式

→ {在建筑的表面大量运用大理石板和锦砖装饰，同时运用地毯、壁挂、帷幔等织物，彩色玻璃镶嵌窗子，用各种纹样线脚装饰室内} → 室内装饰的发展

15、16世纪：文艺复兴以人文主义为文化特征，以古希腊和古罗马文化为基础，吸收了哥特式和东方风格——形成崭新的建筑形式，室内装饰朝雕琢、富丽方向发展。

由文艺复兴风格 蜕变而成 巴洛克风格 → 更注意装饰线型的流动变化 → {大量采用雕刻、壁画、镜面和大理石拼出的图案；精美的挂毯装饰；多重的线脚堆砌；艳丽的色彩} → 豪华气派

法国巴黎凡尔赛国王的寝宫 → 大量采用雕刻、壁画、挂毯及大理石 → 豪华富丽的巴洛克风格

四、室内装饰的发展过程

18世纪：洛可可风格 转变成 细腻的装饰形式 → {大量采用贝壳、花叶、飞禽等曲线形式；表现尺度上较巴洛克有明显缩小；造型上更繁琐、瑰丽}

→ 进入工业革命后，技术得到进一步发展，开始探索新的装饰形式。

19世纪末：欧洲兴起工艺美术运动+新艺术运动一起拉开了现代设计的序幕。

现代主义：注重新技术、新材料，强调简洁的造型形式和建筑空间自身的结构美。

→ {主张美术与技术结合，反对纯艺术；功能决定形式：奠定了现代设计和设计教育的基础，推动了现代设计的发展} → 涌现大批现代建筑和现代设计的代表人物、作品

思考：包豪斯的设计观是什么？

提问： 最后一位现代主义建筑师是谁？他的建筑作品有哪些？

四、室内装饰的发展过程

宋代李诫——《营造法式》：列举小木作、雕木作、石作、彩画作等工种，全面总结了装修的制造方法和设计图样。 “凡构屋之制，皆以材为祖”——“材”：标准木材。

中国古代以精巧的木质建筑结构，讲究对称美

⬇

建筑理念与儒家思想相结合

中国建筑与希腊、罗马和哥特式等建筑体系一样，有着悠久的历史和极高的文化品质，是世界建筑体现中的一个重要部分。 ⟹ 彰显中国特色、中国韵味。挖掘中国优秀传统文化，树立树立民族自豪感，培养中国精神与大国担当。

作品分析

国内外设计大师对材料的把握

⬇

扎哈·哈迪德

马岩松

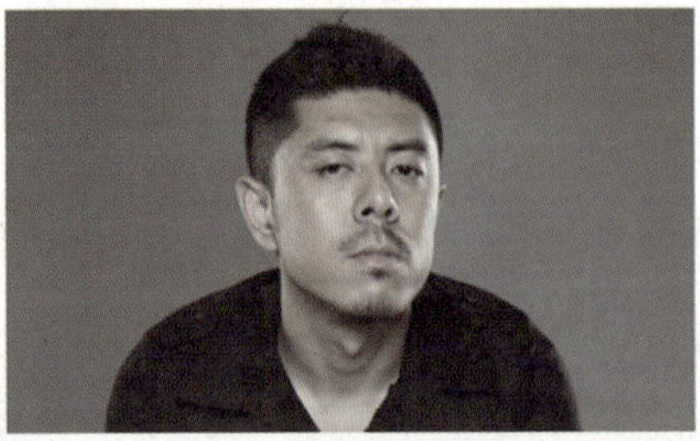

作品分析

国外设计大师

——扎哈·哈迪德 ：非线性建筑

■ 朝阳门SOHO三期建筑

■ 外观采用大面积的玻璃幕墙和钢筋水泥所建造的富有动感而又轻盈的造型。内部空间奇特神秘，造型独特. 从内部望向天空，空间层次错落丰富。

■ 广州大剧院

■ 坐落于广州CBD 的中心位置，建筑面积7.3万平方米，高43.1米，拥有歌剧厅、实验剧场、当代美术馆等艺术专馆和三个排练厅，以及票务中心、停车库、餐厅等配套设施。材料采用 “铸钢结构”，由5000多块玻璃和75000块石材组成。

■ 南京青奥中心

■ 南京青奥中心屋脱胎于帆船，而又不同于帆船。它是一艘更现代的帆船。扎哈·哈迪德以拆解题材和物件的方式，找出现代主义的根，塑造了全新的青奥中心景观。

作品分析

国内设计大师

——马岩松：软体建筑

■ 设计师——马岩松

■ 未来胡同

■ 玛丽莲·梦露大厦

■ CBD上空的浮游之岛

小组讨论：

设计大师是如何做到熟练利用材料的？

马岩松：创新材料——装置作品

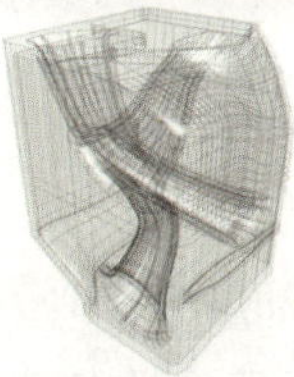

『鱼缸』

■ 设计师要有创新思想

通过了解世界“华人建筑师”及其作品，应进一步激发我们的民族自豪感，认识到设计师的责任与担当，做中国特色的原创设计，树立正确的爱国情怀、职业道德和职业精神，在传承中国传统文化的基础上，为创新中国设计做出贡献。

五、主要装修风格

装修的设计风格有很多，按照学院派的分法至少有十几种，常见的有现代主义风格、自然主义风格、欧式风格、美式田园风格、东南亚风格、后现代风格、中式风格、和式风格等。

■ 地中海风格　■ 新中式风格　■ 简欧风格　■ 东南亚风格

对比：洛可可风格、地中海风格、日式风格的特点与中式风格、新中式风格的特点。

东西方风格差异 —导致→ 文化差异

“取其精华去其糟粕”、不能盲目照抄西方设计，对待事物要学会甄别好坏，对设计要有分辨力。

课后作业

(1) 你知道的现代主义建筑大师有哪些？你还知道现代主义的哪些建筑？它们都是采用什么材料做的？有何特色？

(2) 以学习小组为单位，每组选择一个主题，进行材料作品创意绘制，完成作业报告，发送至学习平台。

要求：图文结合，举例说出其建筑作品、建筑特色及运用材料的手法。以PPT的形式进行汇报，课上抽查，讲述不少于10分钟，计入平时成绩。

“运动解剖学”课程思政教学设计案例

一、课程简介

1. 课程性质

运动解剖学是普通高校体育院系运动康复专业必修的主干专业基础理论课程，是康复专业课程与临床专业课程的桥梁，具有理论性和应用性的学科特点。课程旨在为学生后续课程的学习奠定必要的解剖学基础，为学生成为21世纪新型复合型人才提供必要的运动人体科学知识和相关技能的学习。该课程开设于大一年级第一学期，共56学时，3.5学分。

2. 课程内容

运动解剖学是在正常人体解剖学基础上研究体育运动对人体形态结构产生的影响和发展规律，探索人体机械运动与体育动作的关系，属于运动人体科学范畴的一门基础学科。本课程内容打破原来以学科为本位的系统性知识，重构以思政元素和职业技能体系为依据的课程内容体系。将课程内容知识分为五部分（图1），抽丝剥茧，深入课程肌理，深挖课程中所蕴含的思政育人元素，将价值塑造、知识传授与能力提升相结合，重新赋予课程质感和重量。

本课程依托智慧教学平台，构建基于“案例式+模块化”运动解剖学翻转课堂新模式，激发学生内在学习动力和兴趣，实现学生由被动学习到主动学习的转变。

3. 授课教师

王玉，硕士，助教，主要承担运动解剖学、运动生理学等课程教学任务，主持安庆师范大学校极质量工程项目1项。

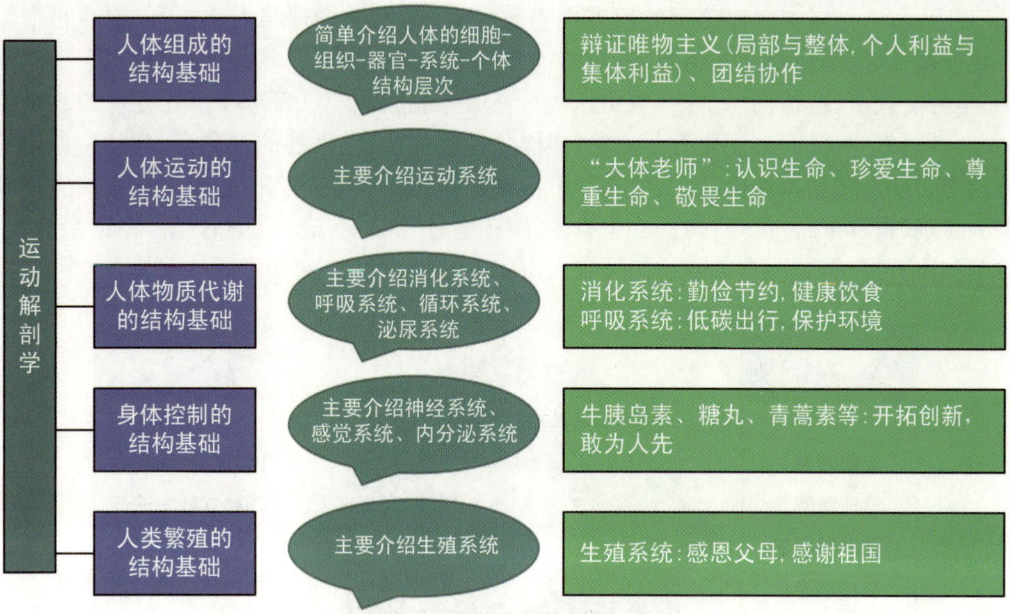

图1 课程内容

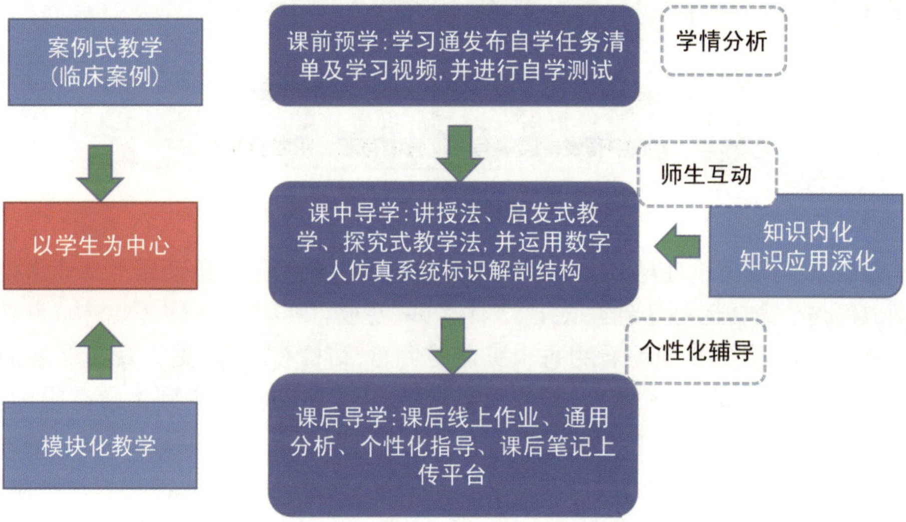

图2 课程模式

二、课程思政资源分析

(一)课程思政建设目标

本课程坚持"育人为本,德育为先"原则,结合学校、学科特色及专业人才培养的要求,构建"体医融合解剖学课程思政体系",围绕"医体思维、临床为本、防康并重、助推健康”理念，深入挖掘本课程蕴涵的四方面思政元素，即生命伦理与人文关怀、专业自信与职业道德、家国情怀与责任担当、科学精神与创新思维(图 3)。教师以时事政策、临床案例、学科发展史、科技前沿、中华文化、个人经历等思政素材为载体，凭借过硬的教学能力、巧妙式教学设计、多元化教学方法、多样化评价体系、感染性的亲和力，与学生产生情感共鸣，充分将“知识传授、能力培养和价值塑造”三位一体有机统一，引导学生树立正确的人生观、世界观、价值观，做到心中有爱、腹中有才、胸中有志、眼中有光。在课余时间，教师积极开展“第二课堂”活动，拓展育人空间。

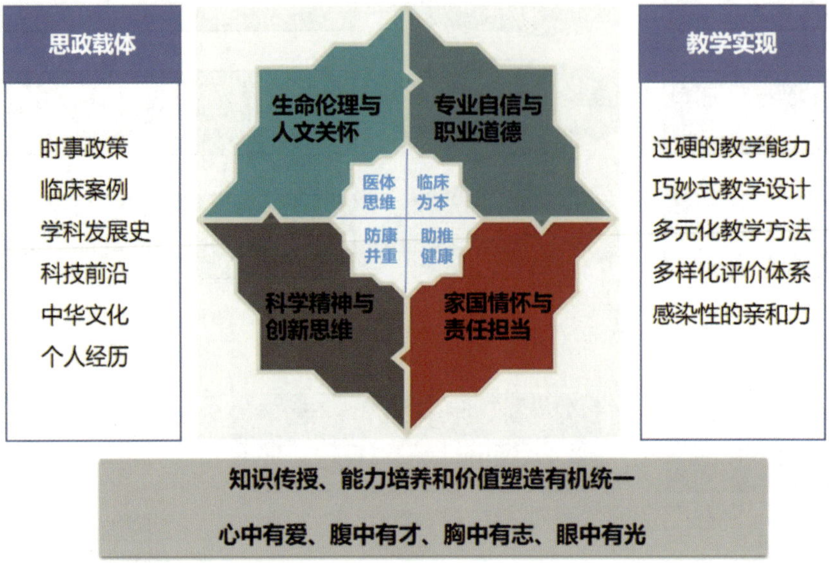

图 3　课程蕴涵的思政元素

思政目标 1:生命伦理与人文关怀。“健康所系，生命相托”，运动康复专业学生未来需要面对的是生命。运动解剖学依托“大体老师”身躯，为学生讲解人体结构，带领学生探索人体奥秘，让学生直观地看到每个脏器的形态、结构和毗邻，更直观掌握解剖学知识，夯实专业基础知识。“大体老师”的无私奉献，让学生切实感受到生命有限，而爱无限，他们如夏花般绚烂、秋叶般静美的生命以另一种形式得到了延续，让学生感触生命的厚重与庄严，引起学生的共鸣，让学生从认识生命、尊重生命、珍爱生命到敬畏生命，扎牢“生命至上”的意识，提升人文关怀。

思政目标 2:专业自信与职业道德。“医乃仁术”“大医精诚，泽被苍生”，运动康复学生作为未来医务工作者的一员，教师在解剖学日常教学中应潜移默化地培养学生的仁爱之心、关爱患者等高尚的品德，仁心仁术方为仁医，向学生传递大健康理念，建立关注全生命周期健康的意识，培养学生的专业认同感和职业道德，提升专业自信。

思政目标 3:家国情怀与责任担当。“修身、齐家、治国、平天下”，运动康复专业的学生作为社会的一分子、国家的一员，要恪尽兴国之责。教师在解剖学教学过程中通过讲授相关解剖专家前赴后继为国家解剖事业发展无私奉献、舍小家为大家的事迹，厚植学生的政治认同和家国情怀，以国为重、家为轻，以民为重、我为轻，常念民之冷暖，常思国之兴衰，常想党之安危，以一种历史责任感和使命感，敢于担当、勇于奉献，以主人翁姿态建设好生于斯、长于斯的家园，为祖国大厦添砖加瓦、有所作为。

思政目标 4：科学精神与创新思维。“创新是科学房屋的生命力”，解剖学不但是一门理论学科，也是一门实践和实验科学，是基础研究和临床诊疗的基础，这就要求在解剖实验教学中，教师应努力提高学生的动手能力和逻辑思维，培养学生的科学精神和创新思维。

（二）课程思政融入方式

本课程思政融入方式为教学渗透、案例示范、故事分享、实践感知（图 4）。

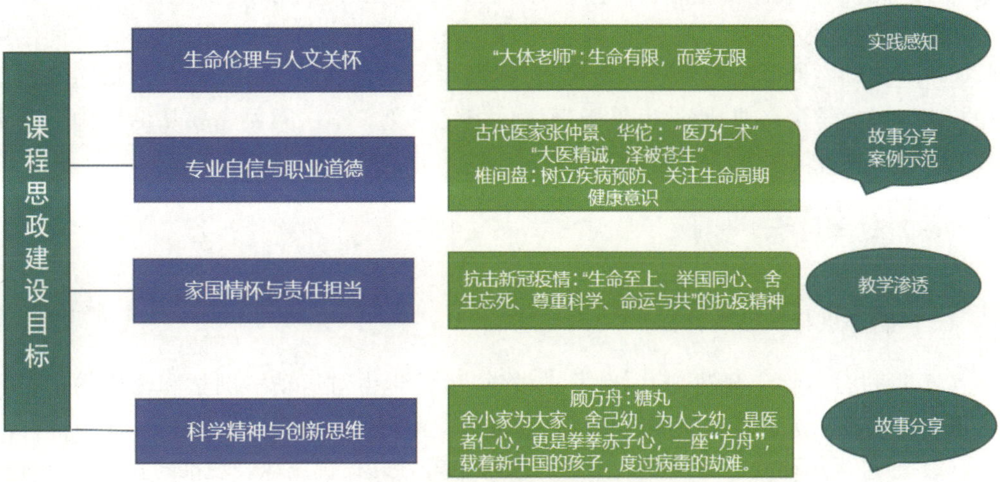

图 4　课程思政融入方式

（1）教学渗透。教师在讲呼吸系统时，可联系新冠疫情。作为抗击疫情这场战争的亲历者，学生见证了“中国奇迹”，在中国共产党的领导下，全国人民以“家国一体”的爱国情怀，凝聚起“生命至上、举国同心、舍生忘死、尊重科学、命运与共”的抗疫精神，从义无反顾、冲锋在前的医护人员到勇挑重担、无私奉献的科研人员，从群防群守的基层联防人员到闻令而动的人民子弟兵，中华儿女将爱国热情化为无私奉献，坚守工作岗位，用实际行动保障人民健康，培植学生爱岗敬业、甘于奉献的精神。教师可结合自己的求学以及工作经历，向学生传递踏实进取、精益求精以及责任与担当，帮助学生树立积极向上的人生价值观。

（2）案例示范。在椎间盘知识的学习中，教师可通过临床案例导入，向学生介绍腰椎间盘突出症。从生活中的现象——半弯腰持重导入，介绍椎间盘脱出症的发病诱因，进一步介绍发病原因，以及腰椎间盘突出症的临床表现和相应的治疗措施、预防措施，帮助学生树立疾病预防、关注生命周期健康意识。

（3）故事分享。在学习神经系统脊髓内部结构——灰质时，通过脊髓灰质炎引出科学家顾方舟老先生的事迹。他在国家危难时刻开始疫苗研发工作，舍小家为大家，舍己幼为人之幼，是医者仁心，更是拳拳赤子心，一座“方舟”，载着新中国的孩子，度过病毒的劫难，让中国在 2000 年成为无脊灰国家。教师在课堂中用顾先生严谨治学、求实创新和无私奉献精神感染学生。

(4) 实践感知。在解剖实验课，教师通过介绍实习标本的由来和制作过程，让学生发自内心地去珍惜标本、爱护标本，体会老一辈解剖学教师亲自制作标本的艰苦过程，培养学生爱岗敬业、吃苦耐劳、甘于奉献的精神。

三、教学案例展示

椎间盘突出的解剖学基础

椎间盘突出为临床常见病、多发病，对于椎间盘突出导致腰腿疼的原因，学生往往难以理解，本次教学运用医维度 App 及学习通 App 等智慧教学手段，突破时间空间的限制，通过立体动态地显示椎骨的一般形态，以及椎骨间的联结——椎间盘的形态和其突出的过程，激发学生兴趣，使学生易于理解且记忆深刻。本次案例主要从健康中国大健康理念切入，授课时长 1 学时。

(一) 教学目标

1. 情感态度与价值观目标

(1) 通过分享临床案例，运用启发式教学，激发学生对运动解剖学和临床的学习兴趣，巩固其专业知识，加深对解剖学的热爱，增强专业自信。

(2) 通过运用动画、人体标本、图片等教学手段，形象、直观地表现椎间盘的形态和其突出的动态过程，学生易于理解且记忆深刻，让学生树立关爱患者、预防疾病、关注生命全周期的意识。

2. 知识与技能目标

(1) 掌握椎间盘突出方向及腰椎间盘突出导致腰腿疼的原因。

(2) 熟悉椎间盘周围结构及其特点。

(3) 了解椎骨的一般形态。

3. 过程与方法目标

(1) 通过课前线上自主学习，让学生回忆椎骨的一般形态。

(2) 通过临床案例分享，让学生掌握腰椎间盘突出的体征和影像学改变。

(3) 通过启发式教学和小组讨论，循序渐进提出问题，将教学内容不断引向深入，激发学生思考，引导学生将解剖学知识的学习与临床疾病和生活实际三者充分结合。

(二) 教学重难点

教学重点：椎间盘突出的方向及腰椎间盘突出导致腰腿疼的原因。

教学难点：椎间盘周围结构及其特点；椎管、椎间孔和神经根的关系。

(三) 教学方法、教学资源

教法:混合式教学法、案例式教学、启发式教学、探究式教学法。

学法:自主学习法、探究学习法、小组讨论法。

教学资源:

(1) 徐国栋,袁琼嘉.运动解剖学[M].5版.北京:人民体育出版社,2012.

(2) 柏树令,应大君.系统解剖学[M].8版.北京:人民卫生出版社,2013.

(3) 中国知网.http://epub.cnki.net.

(4) 超星数字图书馆.http://www.chaoxing.com.

(5) 中国大学MOOC(幕课).http://www.icourse163.org.

(6) 康复医学网.https://www.kfyx.cn/.

(四) 教学安排

1. 课前自主学习

(1) 学生通过智慧教学平台(学习通)学习本章节知识点的微课视频,并完成线上课前预学题目。

(2) 教师通过平台批改线上作业并进行数据分析,把握学情。

2. 课中深入学习

(1) 以临床案例为导入,提出问题,吸引学生学习兴趣。

(2) 通过数字人仿真系统标识解剖结构,深入学习巩固。

(3) 紧扣教学主题,设计思考任务,通过学习通设计活动进行师生互动。

3. 课后拓展学习

(1) 分组讨论:预习下一节"脊柱生理弯曲"相关内容,并分组讨论老年人驼背原因。

(2) 查看学习通课后知识拓展资料。

(3) 将本章节的笔记上传至学习通平台。

(五) 教学过程

教学环节一:新课导入

教师播放课件,展示一段《本草纲目》健身视频,引导学生联系全民健康及健康中国进行分析,并指出不合理或过负荷训练会给身体带来不利影响,引入椎间盘突出的临床案例。

思政元素融入设计:

(1) 运用网络爆火的《本草纲目》健身视频吸引学生的学习兴趣,结合《"健康中国2030"规划纲要》和《健康中国行动(2019—2030年)》,总结出"一人健康是立身之本,人民健康是立国之本""没有全民健康,就没有全面小康",强调全民健身的重要性,"全民健身是实现共同富裕的内容",始终如一维护人民生命健康的执政理念,坚定不移推进健康中国建设。

(2) 引导学生树立辩证唯物主义观点，任何事物都具有对立统一的规律，强调正确的健身观。“运动本身就是康复医学的重要组成部分”，合理适度运动有利于身体健康，过负荷、不合理运动则会带来运动损伤。《论语》:“子曰:过犹不及。”凡事有度，过犹不及，强调正确合理健身。

(3) 引导学生关爱患者，医者仁心。在临床案例分享中，强调医生在给患者做体格检查前，一定要搓热手心，避免用冰凉的手触碰患者，虽是小小的举动，也能给患者带来温暖。

教学环节二:新课讲解

(1) 椎间盘周围解剖结构及作用。教师通过讲授法和师生互动法，带领学生类比“脊”字，回顾椎骨的一般形态，讲解椎间盘、前纵韧带、后纵韧带等结构特点和作用等相关内容，帮助学生记忆。

思政元素融入设计:引导学生树立辩证唯物主义观点，掌握事物发生发展的过程，结构与功能相互影响，局部和整体统一等思想；在讲解脊柱结构时，类比汉字“脊”，让学生领略汉字的魅力，树立民族自信。

(2) 椎间盘突出的好发部位。教师根据上述讲授内容，运用启发式教学引导学生思考椎间盘突出的方向并分析原因。

思政元素融入设计:引导学生树立辩证唯物主义观点，量变必定会引起质变。

(3) 教师运用启发式教学引导学生思考腰椎间盘突出容易引起腰腿痛的原因。

思政元素融入设计:培养学生主动思考问题、解决问题的能力。

教学环节三:应用拓展

教师通过引用相关文献，讲述不同姿势下腰椎负荷大小不同，引导学生思考在运动中应该如何进行腰椎防护，对于患有腰椎间盘突出的病人，应该给予怎样的运动指导。

思政元素融入设计:

(1) 引导学生树立未病先防的疾病防治理念，增强民族自信。古代医家指出“上医治未病”，提出未病先防的理念，与现代疾病预防完美契合，彰显中国古代医家的智慧和超前的医学理念，增强民族自信。

(2) 引导学生树立三级预防的理念。对于已经患有腰椎间盘突出的病人，给予正确的运动指导意见以及运动防护，可以避免疾病的恶化，符合三级预防的理念。

教学环节四:课程小结及作业

通过讲授椎间盘及其周围结构特点和作用，分析椎间盘突出的方向和引起疼痛的原因，并给予腰椎间盘突出病人日常生活正常防护和运动健身指导意见。

课后作业:联系朱自清《背影》，预习下一节脊柱生理弯曲相关内容，分析老年人驼背原因。

思政元素融入设计:引导学生关注老年人健康，尊老爱幼，学会感恩父母。哪有岁月静好，只是父母替你负重前行而已。朱自清文中父亲臃肿的背影、艰难的举动，都是父母负重前行最好的印记，学会感恩、孝敬父母。尊老爱幼是中华传统美德，注重关注老年健康。

（六）教学反思

“立德树人是高校立身之本”，课程思政强调“课程承载思政”与“思政寓于课程”，思政教育要与教学内容有机融合，巧妙渗透，润物无声，切忌牵强附会，空洞说教，注重在价值传播中凝聚知识底蕴，在知识传播中强调价值引领，注重课堂教学、社会实践、网络运用三维课程的统一。本章节主要以椎间盘突出为切入点，从结构特点分析椎间盘突出的方向和导致腰腿疼痛的原因，培养学生主动思考问题、解决问题的能力，将解剖学知识与日常生活、临床三者紧密联系。在知识教学过程中注重对学生的思政教育，强调大健康理念和全民健身的重要性，培养学生“以人为本”、关爱患者的高尚医德，树立正确的辩证唯物主义观点，学会感恩父母，弘扬尊老爱幼中华传统美德。本课程主要存在的不足在于没有注重社会实践，让学生在实践中感知，将理论运用于实践，达到知行合一，促进学生的全面成长，在后续课程中努力做到课堂教学、社会实践、网络运用三维课程的统一，更好地将显性教育与隐性教育相结合，将人文学科和自然学科有机整合，从育人的价值本位出发，坚持合目的性、合规律性与合必然性的统一。

四、课件

安庆師範大學
ANQING NORMAL UNIVERSITY

《“健康中国2030”规划纲要》

2016年10月25日，中共中央、国务院发布《“健康中国 2030”规划纲要》指出全社会要增强责任感、使命感，全力推进健康中国建设，为实现中华民族伟大复兴和推动人类文明进步作出更大贡献。

安庆師範大學
ANQING NORMAL UNIVERSITY

共建共享，全民健康

- 普及健康知识
- 参与健康行动
- 提供健康服务

安庆師範大學
ANQING NORMAL UNIVERSITY

健康中国，未来可期

- 政府积极主导
- 社会广泛参与
- 个人自主自律

案例

- 唐某，男，25岁。曾患有腰椎间盘突出症，近一个多星期连续跳“毽子操”。4月20日晚，唐某感受腰腿疼痛麻木，第二天疼痛加重。
- 查体：腰肌僵硬，L4、L5两侧椎旁明显压痛并向双下肢放射，直腿抬高试验双侧均为35°。
- 腰部MR提示L4-L5椎间盘突出。

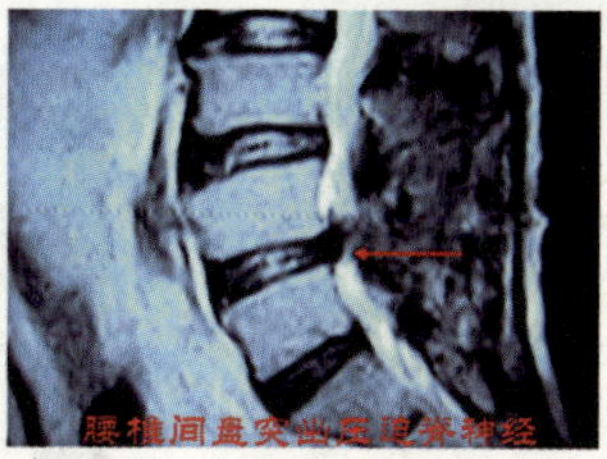

椎骨的一般形态

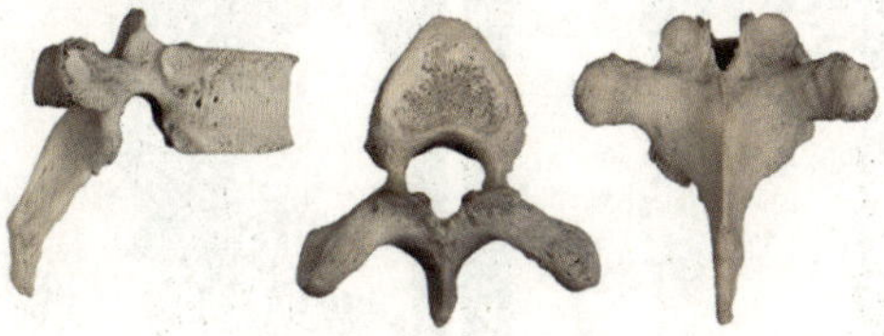

椎骨：一体、两弓、七突起

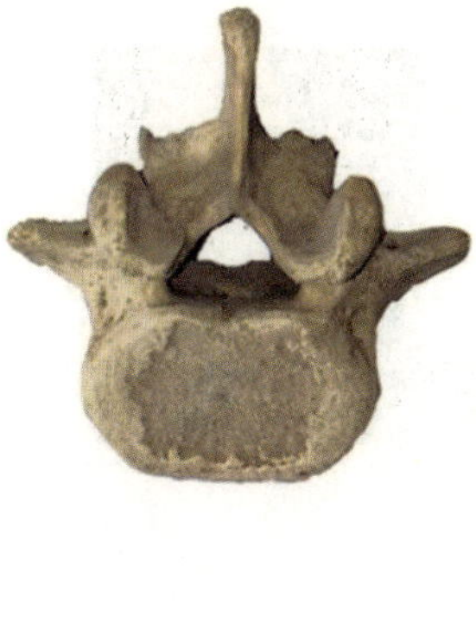

脊

安庆师范大学 ANQING NORMAL UNIVERSITY

椎体间联结——椎间盘

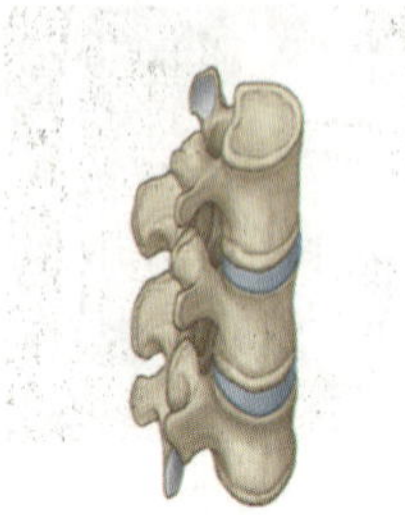

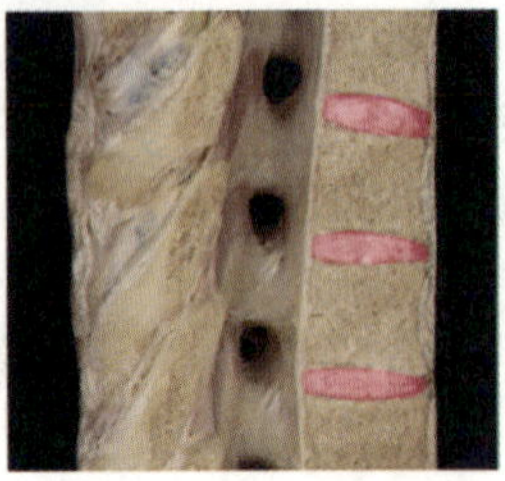

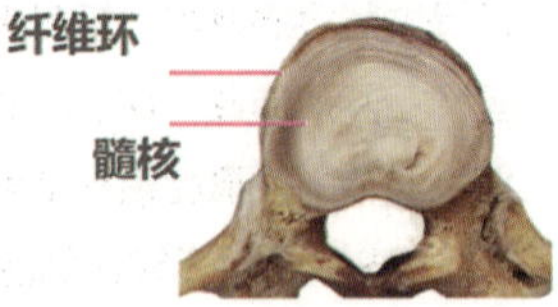

安庆师范大学 ANQING NORMAL UNIVERSITY

椎体间联结——前纵韧带

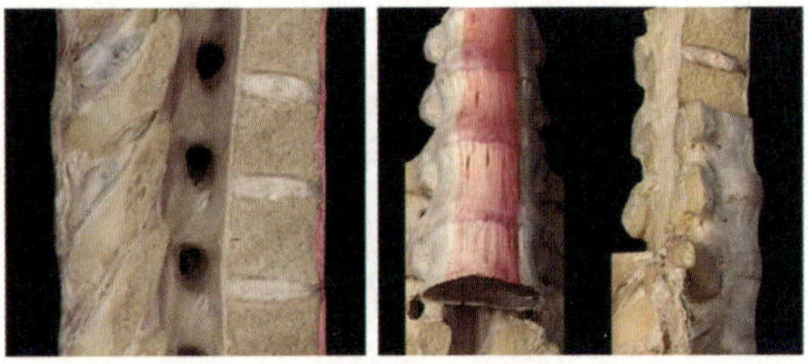

安庆师范大学 ANQING NORMAL UNIVERSITY

椎体间联结——后纵韧带

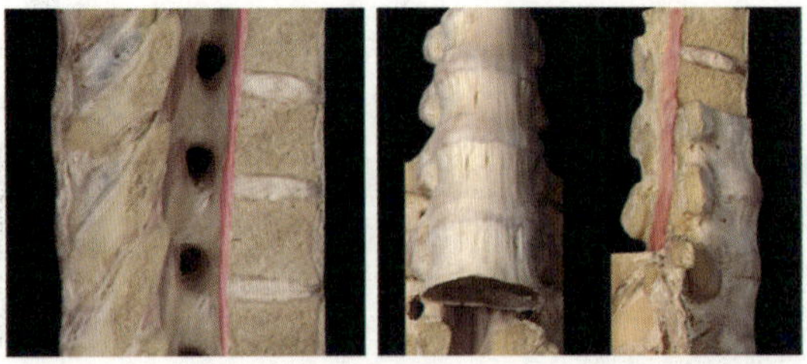

提出思考

1.椎间盘突出最容易发生的部位是哪里？原因是什么？

腰椎：承重大、活动范围大。

提出思考

2.椎间盘突出最容易向什么方向突出？原因是什么？

后外侧：椎间盘纤维环的后份较窄，前后有韧带加强，故易向后外侧突出。

提出思考

3.为什么腰椎间盘突出容易引起腰腿痛等症状？

椎间盘周围的结构（神经根、脊髓）

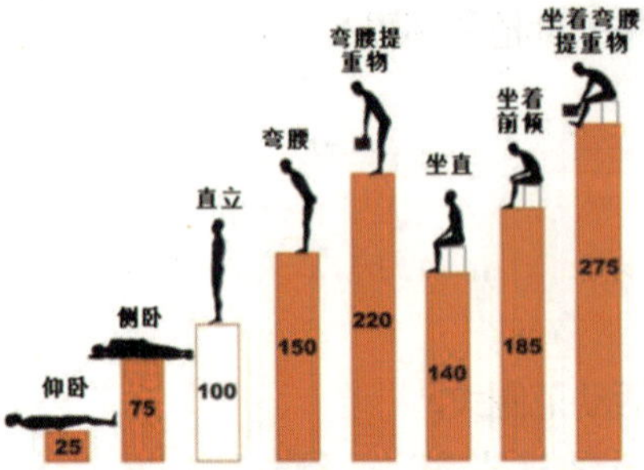

不同姿势的腰椎压力（Nachemson MD, PhD, 1976）

- 人平躺时，腰椎负荷最小，约为25%；
- 站立时，腰椎负荷为100%；
- 弯腰提重物时，腰椎负荷为220%；
- 坐位前倾时，上身直立腰椎负荷为140%。

01 椎间盘是脊柱中联结上下椎体的纤维软骨盘。

02 椎间盘由外部的纤维环和内部呈胶冻样的髓核组成。

03 椎间盘纤维环的后份较窄，而前后又有韧带加强，故易向后外侧突出，而此处恰是脊神经根穿出的椎间孔处，髓核在此突出，压迫神经根，导致腰腿痛。

作业

- 老年人健康牵动每个人的心弦，预习下一节“脊柱生理弯曲”相关内容，并思考老年人驼背原因。

“体育概论”课程思政教学设计案例

一、课程简介

1. 课程性质

体育概论是体育教育本科专业的学科基础课程、专业必修课，第一学年第一学期开设，共 28 学时，1.5 学分。

2. 课程内容

体育概论是从宏观上、整体上研究体育的本质、基本特征及其一般规律的课程，是体育专业学生全面了解体育的指导性课程，也是学生学习体育专业的逻辑起点。主要内容包括体育概念、体育功能、体育目的、体育过程、体育手段、体育科学、体育文化、体育体制、体育发展趋势，共 9 章 28 节。

3. 授课教师

林秋菊，硕士，教授，硕士生导师，主要研究方向为体育社会学、学校体育学。主讲体育概论、体育课程与教学论等课程，主持安徽省教育厅省级课程思政示范课程“体育概论”；曾获 2015 年安徽省普通高等学校体育教师说课比赛一等奖、2018 年安徽省教学成果一等奖（排名第二）、2021 年安徽省教学成果二等奖（主持）。

二、课程思政资源分析

（一）课程思政建设目标

本课程坚持立德树人，遵循体育学科特点，严格遵守教育法规和师德规范，将爱国主义精神、集体主义精神贯穿课程始终，传承“敬敷世范、勤学笃行”的校训精神，突出培育学生团队意识、规则意识、终身体育意识，养成积极乐观的生活态度。通过学习体育概念、功能、目的、过程和手段，提高学生的学科素养；通过学习体育科学、体育文化，引导学生对体育科研产生兴趣，增强文化自信；通过学习和了解当前体育发展趋势，拓宽学生对体育领域的认知深度。

思政目标 1：以体育德。具有坚定的理想信念，把握习近平新时代中国特色社会主义思想，践行社会主义核心价值观，热爱祖国，认同我国的教育理念。

思政目标 2：以体育人。传承中华优秀传统文化，在实践中践行“文明其精神、野蛮其体魄”，培养学生规则意识、竞争意识，以强烈的政治自觉、思想自觉和行动自觉践行体育人的初心使命。

思政目标 3：以体健体。以体育课程标准为依据，促进学生成长发育和提高身体机能，全面发展身体素质和人体基本活动能力，提高对自然环境的适应能力。

思政目标 4：以体启智。用体育润泽生命，用运动开发智慧。以体育心、以体启智，促进德智体美劳深度融合。

(二) 课程思政融入方式

体育概论课程在 2020 年获批安徽省质量工程项目课程思政示范课。思政融入方式主要有教学渗透、案例示范、课堂讨论、实践感知。

(1) 教学渗透。通过学习体育概念、功能、目的、过程和手段，提高学生的学科素养，培养学生的爱国主义精神、集体主义精神和家国情怀。

(2) 案例示范。通过体育名人、赛事的讲解，使学生了解北京冬奥精神和女排精神等。

(3) 课堂讨论。通过课程内容设问，培养学生用基础理论知识辩证分析体育有关问题的能力。

(4) 实践感知。通过课堂展示环节，培养学生学会以团队方式开展学习与研究，掌握倾听、表达的技能，有一定的沟通能力。

三、教学案例展示

奥林匹克文化

在前两节的学习中，学生已经认识了“体育文化的概念与含义”“中西方体育文化的比较”，并了解到世界各国一般都把体育看作教育或文化的组成部分，体育自身也在创造一种健康文化，推动人类社会进步；每个民族的文化都有其独创性和不同的历史渊源，体育文化也有东方体育文化和西方体育文化两大类别，其中，东方体育文化包括中国传统体育文化、印度体育文化、日本体育文化和伊斯兰体育文化等，西方体育文化主要是欧美体育文化等。本次案例主要针对奥林匹克文化开展设计，授课时长 2 学时。

(一) 教学目标

1. 情感态度与价值观目标

(1) 通过课前复习，使学生端正学习态度，扎实学好学科基础课程。

(2) 通过观看北京冬奥场景视频，培养学生积极进取、良好的体育锻炼习惯，努力成为全面发展的优秀人才。

2. 知识与技能目标

(1) 通过奥林匹克文化内涵学习，让学生理解和掌握奥林匹克文化的广义与狭义概念。

(2) 通过奥林匹克精神文化学习，让学生理解并掌握奥林匹克宗旨、格言、仪式文化等。

(3) 通过奥林匹克组织文化学习，让学生理解并掌握奥林匹克三大支柱组织以及它们之间的关系。

3. 过程与方法目标

(1) 通过导入法、知识问答法，使学生了解奥林匹克运动的相关知识。

(2) 通过讲授法，使学生掌握奥林匹克文化的内涵和基本特征、奥林匹克组织文化。

(3) 通过讨论法、交流分享法，使学生进一步认知奥林匹克精神文化、组织文化，理解其对当代社会的启示，培养学生反思能力与沟通能力。

(4) 采用播放视频法分享北京冬奥的成功举办，启发学生探索中国传统体育文化与奥林匹克文化在道德教育、文化传承、北京"双奥"文化遗产方面的融合共赢。

(二) 教学重难点

教学重点：奥林匹克文化的多元性特征对我国和谐社会的现实启示——体育就是和平。此为本课思政元素，也是本课重点所在。

教学难点：对奥林匹克精神文化的理解——更高、更快、更强、更团结；和平、友谊、进步；参与比取胜更重要。此为本课难点所在，分析起来较抽象化。

(三) 教学方法、教学资源

教法：混合式教学法、探究式教学法、启发式教学法。

学法：自主学习法、合作学习法、探究学习法。

教学资源：

(1) 体育概论教材编写组．体育概论[M]．北京：北京体育大学出版社，2016.

(2) 卢元镇．体育人文社会科学概论高级教程[M]．北京：高等教育出版社，2003.

(3) 杨文轩，陈琦．体育概论[M]．2 版．北京：高等教育出版社，2013.

(4) 中国大学 MOOC(慕课)．https://www.icourse163.org/course/scnu-1206433805.

(四) 教学过程

复习上次课内容(知识问答法)：

(1) 中国传统体育文化的基本特征有哪些？

(2) 西方体育文化的基本特征有哪些？

教学环节一：新课导入

播放北京冬奥场景视频，引出本次课新学内容。通过视频播放北京冬奥入场式部分场景，配合音乐，导出本次新学内容，引起学生的兴趣。

思政元素融入设计：北京冬奥会的成功举办，北京冬奥精神对当代青年的道德教育意义。

教学环节二：新课讲解

(1) 奥林匹克文化的内涵与特征（讲授法、讨论法）。

内涵：

① 广义内涵泛指奥林匹克运动在实践过程中所创造的一切物质和精神财富的总和。

② 狭义内涵指构成奥林匹克运动的意识形态及与之相适应的奥林匹克传统。

讨论：中国传统体育文化与奥林匹克文化的互通之处？

思政元素融入设计：通过讨论，使学生了解两者在道德教育方面的融合互通。

特征（讲授法、图片展示法）：

① 人文性。《奥林匹克宪章》中有明确的表述：奥林匹克的宗旨是使体育运动为人的和谐发展服务，以建立一个维护人的尊严、和平的社会。

② 象征性。奥林匹克标志、奥林匹克格言、奥林匹克圣火、奥林匹克吉祥物等。

③ 艺术性。奥林匹克精神的核心：通过体育运动追求真善美。

思政元素融入设计：通过奥林匹克仪式文化场景图片展示，启发学生思考中国传统体育文化与奥林匹克文化在美学价值、仪式文化、竞技运动文化方面具有的相通性。

④ 多元性。五大洲各个国家和地区绚丽多姿的民族体育文化，提供了奥林匹克运动取之不尽、用之不竭的生命源泉。

⑤ 划一性。竞技体育的物化、过度职业化和商业化。

思考：奥林匹克文化的多元性对我国构建和谐社会的现实意义？（讨论法、交流分享法进行翻转课堂）

思政元素融入设计：通过讨论、交流，对学生进行社会主义核心价值观教育——和谐社会的构建。

(2) 奥林匹克精神文化（讨论法、交流分享法进行翻转课堂）。

① 更快、更高、更强、更团结。

② 体育就是和平。

③ 参与比取胜更重要。

④ 和平、友谊、进步。

⑤ 体育为大众。

思政元素融入设计：顾拜旦的“体育就是和平”的理想。奥林匹克精神体现的是相互理解、友谊长久、团结一致、公平竞争。它象征着世界的和平、友谊与团结。

(3) 奥林匹克组织文化（讲授法）。

① 奥林匹克运动的三大支柱：国际奥委会、国际单项体联、国家或地区奥委会。

② 相互关系：三者是相互协调的关系。国际奥委会是奥林匹克的领导机构，国际单

项体联主要对奥林匹克竞技进行技术辅助，而各国家或地区奥委会是开展各种奥林匹克活动的基本单位。三大支柱在组织上是一种承认与被承认的关系，任何一个单项体联只有获得国际奥委会的认可，其管辖的运动项目才有可能被列入奥运会；任何一个国家或地区奥委会只有获得国际奥委会的承认，才有权组队参加奥运会。国际奥委会采用适当的方式对国际单项体联、国家或地区奥委会给予必要的经济支持，使三者形成了求同存异、利益分享的伙伴关系。

教学环节三：应用拓展

奥林匹克格言为什么新增加了“更团结”？

思政元素融入设计：“更高、更快、更强、更团结”的格言。2020年起，全世界受到新冠疫情的猛烈冲击，为了更好应对后疫情时代，国际奥委会主席巴赫提议将“更团结”加入到格言之中。当今世界彼此依靠，单靠个体已经无法解决这些挑战。

教学环节四：课程小结

奥林匹克文化源于古希腊，是一种以体育为载体，以西方文化为主导的多元文化，是当代世界体育文化最重要、最突出的表现形式。奥林匹克文化虽然起源于西方，但已融入中西方多元文化，在全世界范围内展示了它强大的生命力。

（五）教学反思

（1）如何通过课程思政设计，将奥林匹克精神与我国构建和谐社会、体育强国战略相接轨，体现体育的“育人”功能？

（2）如何通过课程思政的设计，引导青年大学生弘扬北京冬奥精神，争做时代有为青年？

四、课件

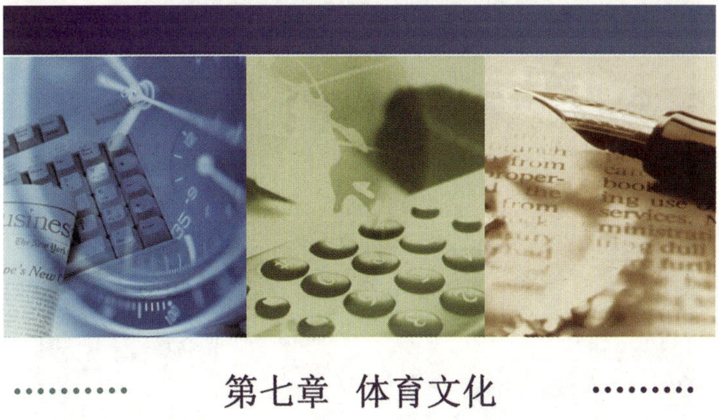

新课导入
www.themegallery.com
Company Logo

新课导入
中新网
Chinanews.com
www.themegallery.com
Company Logo

新课导入
新华社
www.themegallery.com
Company Logo

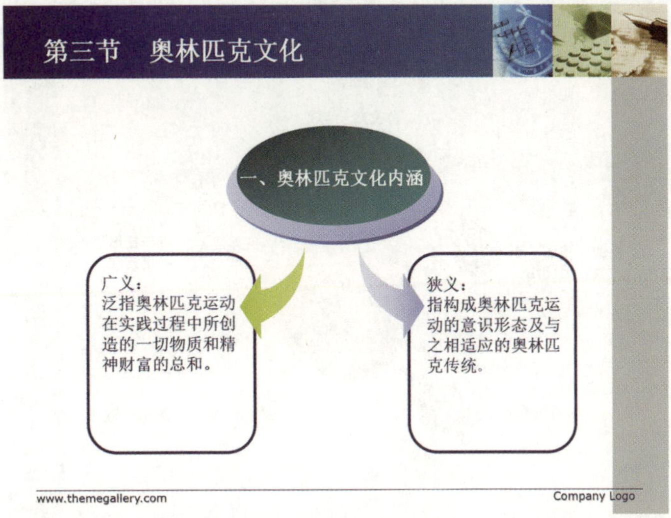

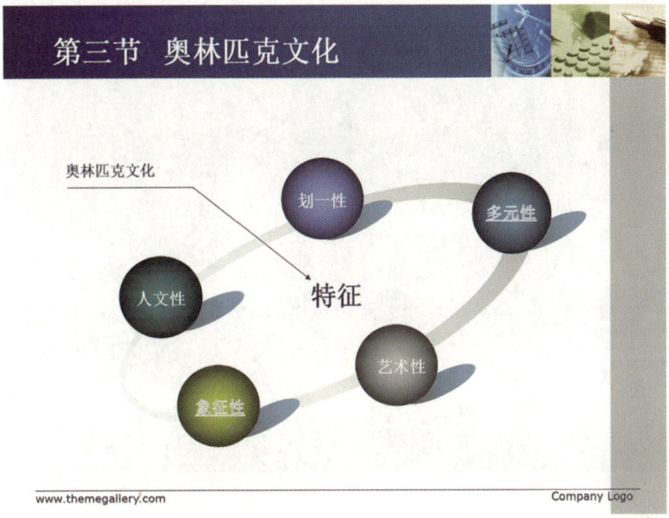

奥林匹克文化象征性特征

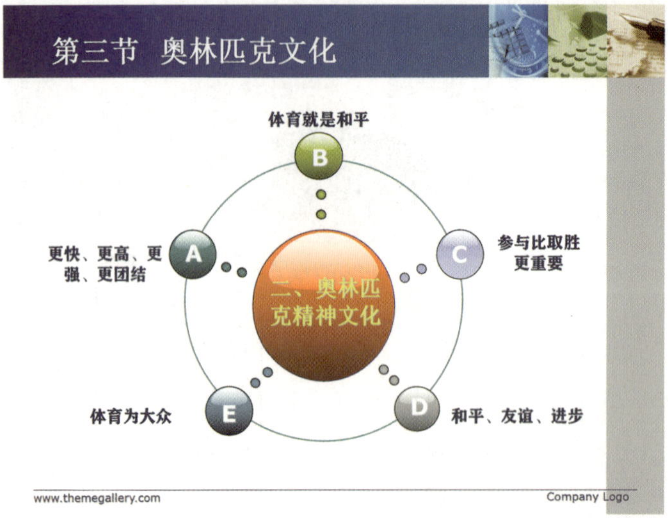
第三节 奥林匹克文化
体育就是和平
更快、更高、更强、更团结
参与比取胜更重要
二、奥林匹克精神文化
体育为大众
和平、友谊、进步
www.themegallery.com
Company Logo

“更快、更高、更强——更团结”
Faster, Higher, Stronger - Together
@新华网
www.themegallery.com
Company Logo

体育促进发展与和平国际日
Company Logo

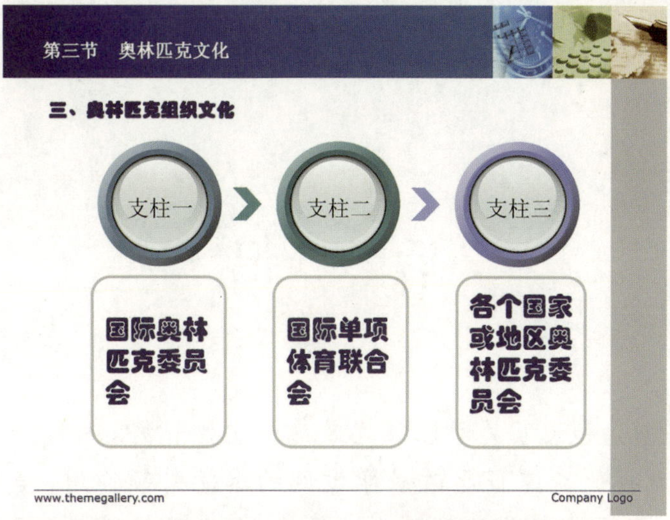
第三节　奥林匹克文化
三、奥林匹克组织文化
支柱一
支柱二
支柱三
国际奥林匹克委员会
国际单项体育联合会
各个国家或地区奥林匹克委员会
www.themegallery.com
Company Logo

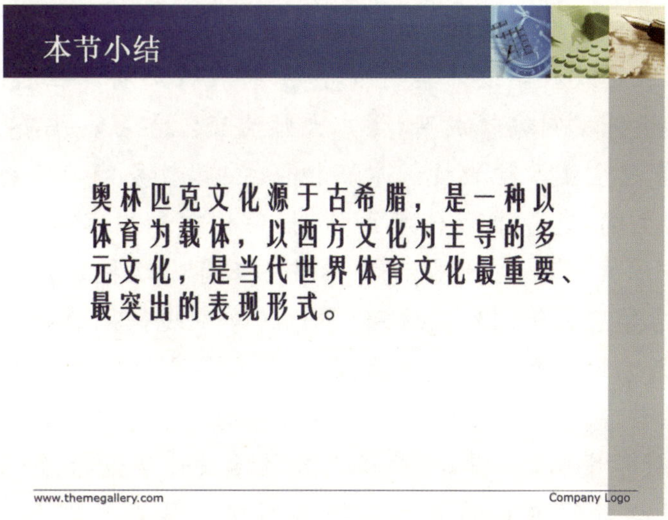
本节小结
奥林匹克文化源于古希腊，是一种以体育为载体，以西方文化为主导的多元文化，是当代世界体育文化最重要、最突出的表现形式。
www.themegallery.com
Company Logo

后　　记

为深入贯彻党和国家关于课程思政建设文件精神，不断提升教师课程思政建设能力，发挥优秀课程思政教学案例的示范引领作用，安庆师范大学始终坚持把思想政治教育贯穿于人才培养体系，全面推进学校课程思政建设，为学校教育高质量发展注入新活力。在校党委领导下，教务处组织成立了安庆师范大学课程思政教学设计案例编委会，将我校历届课程思政教学大赛产生的优秀教学设计案例编辑成册，供广大师生交流学习。编委会由校党委书记许继荣、马克思主义学院教授闵永新担任主编，教务处处长潘锦云、副处长阮建玲担任副主编，负责书稿选题设计、框架构建和内容审定等工作。成员包括数理学院陈素根教授、教师教育学院方玉芬副教授、马克思主义学院张铭副教授、音乐学院彭传山副教授、化学化工学院庞韬副教授、外国语学院王平副教授、学报编辑部刘海军副教授、创新创业学院刘华圆老师。

编委会综合考虑学科类别及其专业课程性质，精心挑选了人文、理工和艺体类22个教学案例，编辑成《课程思政教学设计案例选编(第二辑)》。所有承担课程思政案例编写的教师根据编写规范认真整理和完善了教学案例；在编委会共同努力下，完成了案例集的统改和定稿；金文斌教授、王先荣教授认真审阅了全部教学案例，提出了具体的修改意见和建议，在此表示衷心感谢。

在案例集编写过程中，全体编委深入教学一线，广泛听取师生和相关专家意见，进一步加深了对课程思政的认识。今后，学校将继续全面落实"立德树人"的根本任务，进一步加强课程思政建设经验交流与示范，实现"门门有思政、人人讲思政"的课程建设规划，让学生立志为中华民族之伟大复兴而努力奋斗，真正养成经世济民、服务新时代改革开放的品质与能力。